marebuch

Die erfolgreichste Werbung des letzten Jahrzehnts kann nur an einem Ort spielen – am Meer. Dieses Buch lädt Sie ein, die Glücks-Geheimnisse des Meeres zu entdecken, zu verstehen und für sich zu nutzen. Es rettet Sie dabei über Zeiten ohne Strand und Wellen hinweg. Und es hilft Ihnen, den nächsten Aufenthalt am Meer noch intensiver wahrzunehmen: Wenn Sie dieses Buch gelesen haben, werden die nächsten zwei Wochen am Meer zu gefühlten vier.

Eva Tenzer, geboren 1968, ist promovierte Historikerin und freie Wissenschaftsjournalistin mit dem Schwerpunkt Psychologie und Gesundheit. Sie arbeitet vor allem für Printmedien, u. a. Psychologie Heute, Bild der Wissenschaft, NZZ, SZ, DIE ZEIT, GEO, Vogue. Ihr erstes Buch «Älter werden wir jetzt» erschien im Krüger Verlag.

Unsere Adresse im Internet: www.fischerverlage.de

Eva Tenzer

Einfach schweben

Wie das Meer den Menschen glücklich macht

Fischer Taschenbuch Verlag
marebuchverlag

Erschienen im Fischer Taschenbuch Verlag,
einem Unternehmen der S. Fischer Verlag GmbH,
Frankfurt am Main, April 2009

© S. Fischer Verlag GmbH, Frankfurt am Main 2007
und marebuchverlag GmbH & Co. KG, Hamburg 2007
Typographie und Satz Farnschläder & Mahlstedt, Hamburg
Druck und Bindung CPI – Clausen & Bosse, Leck
Printed in Germany
ISBN 978-3-596-17940-4

Wie schön sich das Meer in Deinen Augen spiegelt.

Meiner Tochter Hannah

Inhalt

Leinen los!

Das Glück am, auf und aus dem Meer

Das Meer ist ja,
hols der Deibel, immer schön.

George Grosz

*M*illionen von Menschen brechen jedes Jahr auf zu Strandurlauben, Segeltörns, Kreuzfahrten, Tauchkursen. Sie suchen Entspannung am Mittelmeer, sinnliche Anregungen in der Karibik, Abenteuer auf dem Atlantik. Keine andere Landschaft bietet so vielfältige Glückskulissen wie das Meer. Nirgendwo sonst fällt es leichter, aus dem Alltag ab- und in die Natur einzutauchen. «Keine Staus. Keine Hektik. Keine Cocktailpartys. Keine Kompromisse», dann lässt man sich unter einem weiten Himmel in die Dünen fallen, das Flüstern der Wellen im Ohr. Der Bier-Werbespot, der auch nach Jahren immer noch im Fernsehen und im Kino gezeigt wird, macht deutlich, was ein Aufenthalt am Meer bedeutet: loslassen, den Augenblick genießen, zu sich selbst kommen. Wer kann, tankt am Meer auf, sooft es geht. Schon der Gedanke an den weiten Ozean kann die Sorgenfalten über dem Nasenrücken glätten. Nirgendwo ist das Büro weiter weg als am Strand.

Doch wie macht das Meer den Menschen glücklich?

Über das Glück wird viel geschrieben, geredet, gemalt und gefilmt. Glück ist ein zentraler Kristallisationspunkt des Denkens überhaupt. Von den alten Griechen bis zu aktuellen Kinofilmen geht es immer wieder um das kleine und große Glück des Menschen und die Frage, wie es zu erlangen sei. Philosophie und Forschung suchen es meist in Form der Lebenskunst, als rechte Lebensgestaltung oder selbstbestimmtes Leben. Mal ist es die Gesellschaft, mal die Tugend, mal die Liebe zu anderen Menschen, die das einzig wahre Glück verheißen, mal ist es die Selbstvergessenheit im Tun, *Flow* genannt. Augustinus war überzeugt, Glück bedeute, Gott geschaut zu haben, und Thomas von Aquin meinte, es gebe gar kein irdisches Glück, das diesen Namen verdiene. Die Mystiker wiederum bis zu den Zen-Buddhisten erdachten Paradoxien, die das rationale Denken ausschalten und so zum Glück führen sollten. Während die Stoiker ein tugendhaftes und vernunftgeleitetes Leben als ein glückliches betrachteten, verbreiteten die Epikureer die Idee der Lustmaximierung und Leidensminimierung. Epikur stellte die Sinnenfreuden in den Mittelpunkt seiner Glücksphilosophie, der zufolge am Meer sitzen und mit Freunden philosophieren, gut essen und trinken, Musik hören, Kunst genießen ein dauerhaft glückliches Leben garantieren. In diesem epikureischen Glücksverständnis spielt das Meer eine große Rolle. Aber nicht nur dort.

«Felizitologen», Glücksforscher aller Herren Länder, zerbrechen sich besonders intensiv seit den 1990er Jahren die Köpfe über die Bedingungen des Glücks. Was sind die Voraussetzungen für psychisches Wohlbefinden? Hirnbotenstoffe, in euphorischen Situationen ausgeschüttet, werden gemessen, Probanden befragt und ihre Gehirne durchleuchtet. Frühe Experimente an Ratten bis hin zu modernen bildgebenden Verfahren, die Zustände wie Verliebtheit, Meditation oder Rauscherlebnisse anhand von Hirnaktivitäten sichtbar machen, haben gezeigt, dass Glücksempfinden mit bestimmten Prozessen im Gehirn einhergeht.

Glück ist ein ephemeres Phänomen, flüchtig, kaum da und registriert, schon wieder verflogen. Aber es gibt ein Glück der Erinnerung, und das schlägt sich immer wieder nieder in Kunstwerken, Tagebüchern, Umfragen – und in den Buchungszahlen der Reisebüros. So wird Glück konserviert. Um der Hochstimmung am Meer auf die Spur zu kommen, lohnt es sich, zu untersuchen, welche Begegnungen mit dem Meer Menschen zu allen Zeiten berichtenswert fanden. Es gibt unzählige dokumentierte ozeanische Glückserlebnisse. Popsongs und Schlager berichten davon, wie *Yellow Submarine* der Beatles. Selbst die typische Urlaubspostkarte («Strand schön! Wellen super! Essen gut! Viele Grüße») verrät etwas über den Genuss sinnlicher Qualitäten am Meer.

Landschaften schaffen starke Emotionen, sie lösen Gefühle der Begeisterung oder Ablehnung aus. Sie sind majestätisch, harmonisch oder einschüchternd. Sie beruhigen und trösten – oder bewirken das Gegenteil. Auch das Meer wurde schon immer ambivalent wahrgenommen, als geheimnisvolles und rätselhaftes Element, von unerschöpflichem Reichtum, aber auch tückisch und voller Gefahren: Riffe, Strömungen und Stürme bedrohen die Schifffahrt, Sturmfluten die Küstenbewohner. Nicht wenige Inselvölker verabscheuen das Meer, obwohl sie davon leben. Die Bewohner der British Virgin Islands in der Karibik etwa geben freimütig zu, das Meer *auch* zu hassen, weil es sie vom Rest der Welt abkapselt. Sosehr Touristen diese Inseln lieben und als Paradies erleben – den Einheimischen wäre weniger Meer oft lieber.

Lange Zeit wurde das Meer alles andere als schön oder beglückend wahrgenommen. Ein Zeitgenosse Karls des Großen etwa hätte angesichts der Meereseuphorie unserer Tage verständnislos den Kopf geschüttelt. Im mittelalterlichen Skandinavien erzählte man von rotäugigen Meeresungeheuern, die an den Küsten lauerten, um Menschen in die Tiefen des blaugrauen Infernos zu ziehen. Die Menschen glaubten an riesige Seeschlangen, die Fischerboote überfielen und die Mannschaften verschlangen. Nord- und Ostsee oder die Steilküsten Britanniens galten als bedrohlich. Wie also kamen die Menschen auf die Idee, das Meer als schön, verlockend und beglückend zu erleben?

Heute übt die See eine magische Anziehungskraft aus, gerade auf diejenigen, die nicht davon leben müssen. Keine Bedrohung vermag es auf Dauer, dem Menschen seine Leidenschaft für das Meer zu nehmen – selbst der Tsunami im Indischen Ozean im Jahr 2004 macht da keine Ausnahme. Der Reiz weißer Strände und türkisfarbener Lagunen ist größer. Weder Seekrankheit noch gebrochene Deiche, weder Piraten noch Havarien haben es je vermocht, die Faszination des Menschen für das Meer zu brechen. Teilweise sicher aus wirtschaftlicher Notwendigkeit. Vor allem aber wohl, weil der Mensch am Meer glücklich sein kann wie an kaum einem anderen Ort.

Was sind die Bausteine dieser euphorisierenden maritimen Kulisse? Sind es die Farben, die Klänge, die scheinbare Unendlichkeit des Wassers? Ist es der symbolische Wert, den wir dem Meer und seinen Ufern beimessen? Was wissen Psychologen überhaupt über die Wirkung von Landschaften auf unser Gehirn? Und was muss eine Landschaft bieten, damit in Millionen von Menschen Glücksgefühle entstehen?

Die fünf Sinne des Menschen, die allerlei Impulse für berauschende Meeresaffären geben, liefern erste Antworten:

Schon etwas rieselnder Sand zwischen den Fingern, die salzige Luft in der Nase und das beruhigende Murmeln der Wellen im Ohr versetzen unser Gehirn in einen angenehmen Entspannungsmodus. Vielleicht hat Glück am Meer auch damit zu tun, dass dort viele Menschen von ihrer favorisierten Farbe umgeben sind: Blau ist immerhin seit Jahren Spitzenreiter unter den Lieblingsfarben vieler Nationen. Das Meer weckt die Sinne – diese Erfahrung machen Menschen seit der Antike von den römischen Senatoren in der Sommerfrische bis zu den heutigen Ballermann-Touristen. Und es lässt eine knisternde Sinnlichkeit entstehen. Das Strandleben beflügelte immer schon Zwischenmenschliches, lange vor dem *Topless*-Boom unserer Tage. Welchen Anteil am Meeresglück also haben die lustvollen Blicke am Strand?

Viele Urlauber finden es berauschend, einfach nur am Ufer zu stehen und auf den Ozean zu schauen. Am Meer erfährt man, was Unendlichkeit ist, man kann über die eigene Rolle darin grübeln. Anders als in den Bergen, wo man sich die grandiose Aussicht vom Gipfel erst erlaufen muss, reicht es an der See, sich einfach in den Sand zu setzen und schon da zu sein, wo ein Bergliebhaber erst hinkommen muss. Tourismusforscher haben – vom Sonnenschirm verdeckt – beobachtet, warum selbst ein «fauler» Strandurlaub, gestreichelt von Sonne und Meer, für die Psyche wohltuender ist, als man auf den ersten Blick vermuten könnte. Der Strand erlaubt eine glückliche Apathie; das 20. Jahrhundert entdeckte ihn als Vergnügungsort und Open-Air-Bühne. Potenziert findet sich das Uferglück auf Inseln, und auch dieses besondere *My Island In The Sun*-Feeling wird nähere Betrachtung finden.

Der Ozean war immer auch ein Ort zumeist männlicher Bewährung. Von griechischen Aristokraten bis zu den modernen Rekordseglern gilt die Fahrt übers Meer als Mutprobe und Initiationsritual in die (männliche) Welt, in der Tapferkeit und Selbstüberwindung stets gern gesehen sind. Ist dieses Unterfangen für Seeleute ein Risiko, das sie notgedrungen in Kauf nehmen, sieht die Sache bei Vielen, die freiwillig Mutproben auf sich nahmen, anders aus. Dem Ehrgeiz, im Schilfboot den Atlantik zu überqueren, die Welt alleine zu umsegeln, und dergleichen nautischen Wagnissen liegt die Sehnsucht nach persönlicher Bestätigung im Kampf gegen ein besonderes Element zugrunde. Auch das ist Glück auf dem Meer und lohnt ein genaueres Hinsehen.

Mit Blick auf meinen Bildschirmschoner *Karibiktraum,* der drei Palmen auf einer winzigen Insel im türkisfarbenen Meer zeigt, stellt sich noch eine weitere Frage: Wäre es möglich, dass uns nicht nur das tatsächliche Erleben am Meer glücklich macht, sondern auch die Vorstellungen, die wir über Meereslandschaften im Kopf haben? Sind wir möglicherweise wie Pawlows Hund durch Mythen und Legenden, durch Werbung, Kunst und Literatur darauf programmiert, uns am Meer frei und lebendig zu fühlen? Dann hieße Glück am Meer auch, eine Übereinstimmung mit abgespeicherten Idealbildern zu finden: Palmenstrand, wilde Steilküsten, liebliche Dünenlandschaften, die scheinbar grenzenlose See. Vielleicht freuen wir uns bei einem Aufenthalt am Meer vor allem darauf, Bilder zu finden, die wir längst im Kopf haben. Doch was sind das für Bilder, und woher stammen sie? Prägen uns Meerjungfrauen-Märchen, Gemälde und Heldensagen – oder Reisekataloge, Fototapeten und Dia-Abende?

Die Frage, warum bestimmte Landstriche glücklich machen, stellen sich Wissenschaftler erst seit kurzem. Dabei ist die Kulturgeschichte voll von Beispielen dafür, dass manche Landschaften wahre Glücksmaschinen sind. Kein Wunder also, dass auch Psychologen das Meer entdecken. Sie denken heute verstärkt darüber nach, warum Wald, Wüste oder Meer positive Emotionen freisetzen, und versuchen, den Wirkungen idealer Landschaften auf die Spur zu kommen, um dieses Wissen für Therapien zu verwerten. Welche Effekte erzielen Landschaften, wie tun sie das, und welche Faktoren machen eine beglückende Landschaft aus? Können «Bergtypen» am Meer glücklich sein, oder ist dieses Gefühl exklusiv für «Meerestypen» reserviert?

Ein weiterer maritimer Glücksfaktor ist die Gesundheit. Das Meer tut nicht nur dem Geist, sondern auch dem Körper gut und gibt damit ein sehr konkretes «Heilversprechen». Bereits in der Antike wusste man um die heilenden Kräfte des Ozeans: Luft, Algen, Fisch, Salzwasser. Das Erfahrungswissen um die Medizin aus Neptuns Reich wurde über Jahrhunderte weitergegeben. Im Seebäderwesen erlebte die Idee ihre Blütezeit. Die Menschen entdeckten, dass man von einem See-Aufenthalt eigenartig aufgeräumt zurückkommt. Adel und Bürgertum promenierten hingebungsvoll am Strand, in der Hoffnung, ihre Malaisen loszuwerden.

Was man früher mehr ahnte als wirklich erklären konnte, wird heute weltweit an Meeresforschungsinstituten untersucht. Immer mehr Schätze werden aus der Meeresapotheke geborgen: Algen, Bakterien, Pilze, Schwämme, Korallen, Muscheln. Wobei erst ein Bruchteil der heilenden Meeressubstanzen bekannt ist.

Pharmawissenschaftler und Meeresbiologen suchen nach Stoffen, die in Zukunft bei der Heilung selbst schwerster Krankheiten helfen könnten. Längst hat ein weltweiter Wettlauf um Patente eingesetzt. Die Meerespharmakologie produziert Hoffnungen, das hat sie mit der Tourismusindustrie und der Psychotherapie gemeinsam. Einblicke in die Labors der Meeresforschungsinstitute zeigen deshalb, woran heute schon geforscht wird und welche Wirkstoffe morgen vielleicht einsatzbereit sein werden.

Nicht zu vergessen der jüngste Wellness-Boom in den westlichen Gesellschaften. Kaum ein altes Seebad, das heute nicht entsprechende Angebote bereithielte. Diese Einrichtungen haben sich mittlerweile zu Tankstellen für die Psyche entwickelt. Die steigenden Buchungszahlen zeigen, dass sich eine latent überforderte Zivilisation am Meer regeneriert.

Wo so viel Genuss und Freude sind, liegt der Gedanke nahe, das Meer auch gezielt zur Schaffung positiver Emotionen einzusetzen. Der beruhigende Rhythmus der Wellen beispielsweise hilft in Situationen, die eine gewisse Anspannung mit sich bringen, wie ein Zahnarztbesuch oder sportliche Wettkämpfe. Solche Effekte macht sich die Psychotherapie zunutze. Sie entdeckt zunehmend die Potenziale von Meereslandschaften. Hypno- und Entspannungstherapeuten schicken Klienten auf fiktive Entspannungsreisen an den Strand. Verhaltenstherapien für hyperaktive Kinder oder überforderte Manager sind in der Kulisse von Meereslandschaften besonders erfolgreich. Selbst Coaching-Seminare *on the beach* werden bereits angeboten.

Nimmt man alle Augenzeugen mit ins Boot, Seebären wie Land-
ratten, Popsänger wie Psychoanalytiker, Weltumsegler und
Wissenschaftler, reden sie erst einmal alle durcheinander. Jeder
erzählt seine persönliche Ozean-Romanze und versucht, die anderen zu übertönen. Etwas sortiert, entsteht ein faszinierendes
Bild davon, was Glück am Meer so alles bedeuten kann. Dieses
Buch lädt Sie ein, die sieben glückproduzierenden Geheimnisse
des Ozeans zu entdecken. Es rettet Sie über Zeiten ohne Strand
und Wellen hinweg. Und es hilft Ihnen, den nächsten Aufenthalt
am Meer noch intensiver wahrzunehmen: Die Hirnforschung hat
nämlich herausgefunden, dass gute Gefühle desto stärkere Wirkung entfalten, je mehr man sich ihrer bewusst ist.

Sinne und Sinnlichkeit

Es ist ein unendlich
gutes und sinnliches Gefühl.

Strandgängerin

*D*as Meer umgibt uns mit Farben, die im Alltag selten sind, seine Wellengeräusche beruhigen. Die Zehen graben sich in den Sand, er rieselt zwischen den Fingern. Der Wind spielt sanft mit den Haaren, streicht wie eine natürliche Massage über das Gesicht oder pustet den Strandgänger kräftig durch. Man riecht das Meer, die klare Salzluft mit intensivem Algen- und Tanggeruch. Wer im Brandungsnebel wandert, schmeckt das Meer salzig, frisch, belebend. Und bei schönem Wetter lassen wir uns von den Wellen tragen und fühlen uns schwerelos, während die Sonne Haut und Seele streichelt. Das Meer weckt alle Sinne: Ein Aufenthalt an seinen Ufern ist ein Gesamtkunstwerk von Sehen, Hören, Riechen und Fühlen.

Sigmund Freuds Erkenntnis, dass das Glück im Kontrast zum Alltäglichen entsteht, könnte ein erster Schlüssel zum Glück am Meer sein. Das moderne Leben nämlich ist unsinnlich: kein Wühlen im Sand, wenig aromatische Luft oder phantasieanregende Farbspiele. Der Alltag schafft kaum sinnliche Glückserlebnisse. Dazu bietet das Meer ein anregendes Kontrastprogramm: Wer tagaus, tagein in einem schlecht gelüfteten Büro sitzt, erlebt am Meer, was sinnliche Wahrnehmung bedeuten kann. Reize werden über die Sensoren der Haut, über das Gehör,

Nase oder Augen direkt ans Gehirn weitergeleitet und sorgen dort für die Ausschüttung hirneigener Opiate, die Wohlgefühle entstehen lassen. So hält das Meer mit seinen elementaren Genüssen durchaus kleine Rauschmöglichkeiten bereit.

Das wohlhabende Bürgertum, das Ende des 19. Jahrhunderts massenhaft in die Seebäder an den Küsten strebte, wühlte mit unübersehbarer Lust die Strände um. Urlauber bauten Burgen von Ausmaßen, die heute die Strandwacht alarmieren würden. Was zu Hause verpönt war – sich bei körperlicher Arbeit die Hände schmutzig zu machen, wurde am Meer zur Tugend erhoben. Am Strand dürfen Kinder ihre Väter bis zum Hals im Sand eingraben, können Formen des Nacktseins ausgelebt werden, die anderswo deplaciert wirken. Und am Meer sehen wir intensive Farben bis zum Horizont, die dem Auge schmeicheln und die Psyche beruhigen. Kurz: Das Meer lässt uns Dinge spüren, die aus der Alltagswahrnehmung verschwunden sind. Und wir können dort Dinge tun, für die anderswo kein Platz mehr ist.

Und nicht zu vergessen: Bei Vielen – leicht bekleidet und angeregt – erwacht auch eine Sinnlichkeit, die sonst oft brachliegt. Das Strandleben weckt immer auch das Interesse an anderen leicht bekleideten und sinnlich beschwingten Menschen. Aufenthalte am Meer bringen immer auch dieses gewisse Knistern mit sich. Der Blick wandert zu entspannten und entblößten Körpern, das gehörte schon, als die Seebäder in Mode kamen, so selbstverständlich zum Strandurlaub wie ein gutes Fernglas ins Gepäck. Ist es möglich, dass das verbreitete Gefühl von Unbeschwertheit und Lebendigkeit am Meer mit dem Wiedererwachen der Sinne in diesen Landschaften zu tun haben könnte? Bei Strandspaziergängen an Nord- und Ostsee, an der Atlantikküste,

gerade) einen grauen Tag am Atlantik in Orten, in denen kein einziges Hotel mehr geöffnet hat, genießen und menschenleere, tangbedeckte Strände lieben. Aber die Massen dürften sich von diesem Anblick kaum angesprochen fühlen.

Welche Rolle also spielen die Meeresfarben, wie tragen sie dazu bei, dass wir am Strand entspannen und durchatmen, uns frei und unbeschwert fühlen? Und was verbinden die meisten Menschen eigentlich mit dem Weiß der Strände? Darüber haben Farbpsychologen einiges herausgefunden: Schon in der Steinzeit verwendeten Menschen Farben. In den Höhlen gewannen sie schnell auch magische Bedeutung. Unsere Urahnen entwickelten Systeme, in denen jede Farbe mit bestimmten Symboliken verbunden wurde. Seither ziehen Farben unsere Aufmerksamkeit an, sie transportieren Bedeutungen, lösen bestimmte Assoziationen und Gefühle aus. Die Farbpsychologie unterscheidet symbolische, kulturelle, organische und psychologische Farbwirkungen und versucht herauszufinden, wie sie Psyche und Körperfunktionen beeinflussen.

Für Naturwissenschaftler sind Farben nichts weiter als Photonen und elektromagnetische Wellen unterschiedlicher Länge. Rot beispielsweise hat eine Wellenlänge von rund 650 Nanometern (in einen Millimeter passen eine Million Nanometer), Blau von etwa 430 Nanometern. Wellen eines bestimmten Farbspektrums setzen einen physikalischen Reiz. Der wird über Nervenimpulse im Auge an das Gehirn weitergegeben. Dort angekommen, lösen die Impulse Reaktionen aus, die das Empfinden des Betrachters beeinflussen: Stimmung, Aufmerksamkeit, Wahrnehmung, Blutdruck, Atemfrequenz, Wärme- oder Kälteempfinden.

Farben sind im Grunde kurze Märchen, die die Welt uns erzählt. Denn die Dinge besitzen eigentlich gar keine Farbe. Farbigkeit ist keine wirkliche Eigenschaft der Materie, sondern eine Täuschung der Natur. Und die schminkt sich wie eine Dirne, wie Herman Melville in *Moby Dick* geschrieben hat. Oberflächen reflektieren lediglich unterschiedliche Wellenlängen des Sonnenlichts, die wir als Farben wahrnehmen. Aber wie das bei Märchen so ist: Wir glauben gerne daran, lassen sie uns immer wieder erzählen und sind schließlich von ihnen überzeugt. Wie Märchen bleiben auch Farben nicht ohne Wirkung. Sie beeinflussen unsere Wahrnehmung und unser Wohlergehen, schaffen Behagen und Hochgefühle – oder das Gegenteil. Farben beeinflussen unser Hormonsystem und unser Temperaturempfinden. Sie erschaffen und verändern Gefühle, Eindrücke, Erinnerungen. Sie täuschen uns, aber sie tun es effektvoll – besonders am Meer.

Blau: Ferne und Freiheit

Die Psychologin Eva Heller fand 1989 im Rahmen einer großen Studie heraus, dass Blau der absolute Spitzenreiter unter den Lieblingsfarben der Deutschen ist. Sie befragte fast 2000 Personen: 40 Prozent der Männer und 36 Prozent der Frauen wählten diese Farbe zu ihrem Favoriten. Dabei stellte sich auch heraus, dass es kaum jemanden in diesem Land gibt, der Blau überhaupt nicht mag: Lediglich zwei Prozent der Männer und nur ein Prozent der befragten Frauen gaben an, Blau sei die Farbe, die ihnen am wenigsten gefalle. Die Vorliebe für Blau ist seit Jahren stabil. So bestätigte auch die aktuelle Umfrage eines bekannten Modeverlags: Blau ist nach wie vor unangefochtener Klassenprimus. Und das gilt nicht nur für die Deutschen, sondern auch für andere Nationen. Zählt man Türkis und Grün hinzu, stellt man fest, dass die Hälfte der Bevölkerung sich am Meer von ihrer Lieblingsfarbe umgeben sieht.

Was assoziieren Menschen mit der Farbe Blau, und wie beeinflusst sie unser Empfinden? Die Befragten sollten in Hellers Studie die Farben auch mit 200 Begriffen von *Angenehm* und *Angeberei* bis *Zorn* und *Zuverlässigkeit* verbinden. So wollte die Psychologin herausfinden, wofür eine Farbe steht und welche Empfindungen sie auslöst. Dabei zeigte sich, dass Blau vor allem Sympathie, Harmonie, Freundlichkeit und Freundschaft symbolisiert. Die Konkurrenz hat es schwer, selbst das eigentlich freundliche Gelb wurde in der Umfrage mit negativen Eigenschaften wie Egoismus assoziiert. Als mit Abstand hässlichste Farbe gilt Braun, das für Dunkelheit und Vergänglichkeit steht.

Wenn also so viele Menschen Blau lieben und positiv erleben, liegt der Gedanke nahe, dass ein Teil des Glücks am Meer darauf zurückgeht, dass wir dort von dieser Farbe umgeben sind. Der Blick fällt auf das blaue Meer, steigt von dort aus ungehindert in den ebenso blauen Himmel, der am Meer besonders weit wirkt. Allenfalls ein Schwarm Möwen oder ein Wölkchen stören die Sicht. Am allerblausten ist das Meer übrigens auf hoher See, denn dort gibt es keine Pflanzen an der Oberfläche, Sand oder sichtbaren Meeresboden, die die Farbe verfälschen.

Blau ist die Farbe der Ferne, der unbegrenzten Dimensionen, der Freiheit und der Unendlichkeit. Eine Farbe wirkt umso näher, je wärmer sie ist, und umso ferner, je kälter sie ist. Alle Farben werden in der Ferne blauer. Da Blau die kälteste Farbe ist, schafft es am stärksten die Illusion von Perspektive. Das hat sich auch in Redensarten niedergeschlagen: Man fährt «ins Blaue», gut, auch «ins Grüne», aber nie «ins Graue» oder gar «ins Braune», obwohl diese Farben beispielsweise im Gebirge durchaus dominieren. (Die Aufforderung «Lass uns eine Fahrt ins Braune machen» wäre Garant für einen einsamen Nachmittag.) Und Blau steht auch für Phantasie, für utopische Ideen: «Das Blaue vom Himmel herunterlügen», «ins Blaue hinein reden».

Johann Wolfgang von Goethe kam beim Anblick des Meeres der Gedanke, das nasse Element sei eigentlich ein «tiefer Himmel», ebenso blau, weit und unergründlich. Die enge Verbindung von Meer, Blau und Himmel spiegelt sich auch in den offiziellen Bezeichnungen für die verschiedenen Blautöne: Aquamarinblau, Ätherblau, Karibikblau, Lagunenblau, Meerblau, Orientblau, Ozeanblau, Waschblau, Wasserblau und Wolkenblau – ein Namensreigen wie aus dem Reiseprospekt.

Dass Blau als Farbe der Freiheit empfunden wird, schlägt sich auch in gesellschaftlichen Symbolen nieder: In den meisten Staaten ist Blau die Farbe der liberalen und fortschrittlichen Parteien, etwa der Demokraten in den USA. Die deutsche FDP hat noch das frische Gelb dazugenommen. (Dass diese Farbe in Hellers Farbtest ausgerechnet mit Egoismus assoziiert wurde, ist sicher reiner Zufall.) Auch in der französischen Trikolore symbolisiert der blaue Streifen die Freiheit. Und in der abendländischen Farbsymbolik steht Blau außerdem für die Sehnsucht; man denke nur an die blaue Blume der Romantik. In China symbolisiert Blau die Mächte des Himmels und der Unsterblichkeit. In orientalischen Ländern werden Türen und Fenster blau gestrichen. Das soll die Aufmerksamkeit der guten Geister und Götter auf die Hausbewohner lenken.

Blau ist außerdem die Farbe der Männlichkeit. Nach wie vor kaufen frischgebackene Eltern eines Jungen vorwiegend blaue Strampler. Neben Grün und Schwarz wird Blau seine bevorzugte Farbe bleiben, während seine Schwester sich in roter, rosa oder gelber Kleidung wiederfindet. Blau symbolisiert bis in die Geschäftswelt hinein die kühlen, leidenschaftslosen Tugenden: Mut, Leistung, Sportlichkeit, Selbständigkeit, Konzentration, die gemeinhin als männlich gelten. Blau ist auch eine Hauptfarbe der Arbeit und des Geistes, die ihrerseits der männlichen Welt zugeordnet werden: Klugheit, Wissenschaft, Genauigkeit, Pünktlichkeit.

Matrosenanzüge sind blau, ebenso viele Uniformen, nicht nur die der preußischen Soldaten, die ein eigenes Blau populär gemacht haben, das Preußischblau. Ein Pilot in orangefarbener Uniform würde zwar freundlich wirken, aber weniger Vertrauen erwecken als sein Kollege *en bleu.* Auch Wachpersonal oder Zugschaffner tragen Blau, künftig auch die deutsche Polizei. Wer Blau trägt, signalisiert, alles unter Kontrolle zu haben, und wirkt vertrauenerweckend. Politiker und Manager tragen gerne Blau. Kein Meeting geht ohne blaue Anzüge oder Krawatten. Blaue Kleidung verleiht ihrem Träger den Nimbus von Autorität, Zuverlässigkeit und Kompetenz. Sie soll nach Erfahrung von Farbberatern übrigens auch eine magische Wirkung auf potenzielle Schwiegermütter ausüben (diese Angabe ohne Gewähr).

Obwohl Blau auch meine Lieblingsfarbe ist, habe ich einen blauen Anstrich meines Arbeitszimmers sofort wieder überpinselt, sobald die Farbe getrocknet war – und zwar mit Orange. Sosehr ich den Blick in den Himmel und aufs Meer liebe, so unerträglich war es, in einem Zimmer mit blauen Wänden zu sitzen. Das geht interessanterweise den meisten Blau-Liebhabern so. Blau ist eine Außenfarbe, als Raumfarbe ist es äußerst ungemütlich. Farbpsychologen erklären das damit, dass die Farbe der Ferne den Innenraum auflöst. Das verwirrt und schafft Missbehagen. Unser Gehirn ist konservativ, es mag geordnete Verhältnisse: Drinnen ist drinnen und draußen ist draußen.

Womit wir bei den organischen Wirkungen wären: Natürlich hat kaum einer, der am Ufer steht und aufs Meer hinaussieht, die abendländische Farbsymbolik im Hinterkopf. Doch um sich unter freiem Himmel in einer blauen Umgebung wohlzufühlen, bedarf es keinerlei Vorwissens. Die Verarbeitung von Nervenimpulsen, die durch die Farben ausgelöst werden, funktioniert ganz automatisch. Blau entspannt, es beruhigt. Die organischen Wirkungen seines Lichtspektrums sind: Kühle oder sogar Kälte, es ist ein Fröstelfaktor. Blau senkt die Pulsrate und den Blutdruck.

Aufgrund der entspannenden Wirkung glaubte man früher sogar an bestimmte Farbheilkräfte. Im alten Ägypten beispielsweise war Dunkelblau die Farbe des Wassers und damit auch der lebensspendenden Nilgottheiten. Da die Ägypter überzeugt waren, dass die Farbe heilende Kräfte hatte, war blauer Schmuck besonders beliebt. Heute nutzen Farbtherapeuten die organischen Wirkungen des Lichtwellenspektrums und setzen blaues Licht bei Nervosität, Einschlafstörungen, Fieber, Entzündungen oder Bluthochdruck ein. In einer blauen Umgebung ist Entspannung angesagt – genau das Richtige in Stressphasen oder bei stressbedingten Erkrankungen. Keine Termine, keine Cocktailpartys – keine andere Farbe. Außer vielleicht

Zwar ist Blau der Spitzenreiter unter den Meeresfarben, ein Blick in Reisekataloge, Kalender oder Bildbände zeigt aber, dass die Idealvorstellung verbreiteter Meeressehnsucht in mal sanftes, mal kräftigeres Türkis getaucht ist. Türkis ist die Farbe des Meeres bei sonnigem Wetter und in bestimmten Landstrichen. Türkisfarbenes Wasser sehen wir, wenn viel Sonnenlicht von einem sehr hellen Untergrund, etwa hellen Felsen oder einem reinweißen Samduntergrund, reflektiert wird. Das hellt das Blau des Wassers zu einem sanfteren Türkis auf. Vor allem in tropischen Gegenden findet man besonders schönes türkisfarbenes Wasser. Als einer der schönsten Strände der Welt gilt Whitehaven Beach vor der Nordostküste Australiens. Mitten im tropischen Meer liegen dort die 74 Whitesunday-Inseln. Die Gegend ist ein Paradies für Segler und entspricht mit ihrem türkisblau-grünen Farbspiel und ihren blütenweißen Stränden sämtlichen Idealvorstellungen einer Meereslandschaft.

Die Erfahrung, dass das Meer in sonnigen Tropenlandschaften geheimnisvoll türkis schimmert, dürfte auch der Grund dafür sein, warum Besitzer von Swimmingpools mit Vorliebe zu türkisfarbenen Modellen greifen, die ein «Südsee-Feeling» garantieren. Ein anderer Begriff für Türkis ist daher *Schwimmbadblau*. In der Modewelt wird Türkis gerne mit Weiß kombiniert. Der Betrachter hat sofort die passende Meer-und-Strand-Assoziation.

In der Farbpsychologie steht Türkis für Wachheit, Bewusstheit und Offenheit. Die Farbe soll das Wahrnehmungsvermögen erhöhen und entkrampfend wirken, sie soll harmonisieren und die Psyche stabilisieren – ein Grund dafür, warum Kreißsäle oft in hellem Türkis gehalten sind. Das soll Gefühle der Glückseligkeit und Zufriedenheit hervorrufen. Farbtherapeuten setzen Türkis außerdem bei Lymphdrüsenentzündungen ein, bei Allergien, einem schwachen Immunsystem oder bei grippalen Infekten. Ein Tipp für Urlauber: Auch bei einem Sonnenstich soll Türkis Linderung verschaffen – sofern man es von einem schattigen Plätzchen aus auf sich wirken lässt.

Grün: Erholung und Beruhigung

Auch die Farbe Grün ist untrennbar mit dem Meer verbunden, wie schon die Namen seiner Töne verraten: Meergrün, Nilgrün, Schilfgrün, Seegrün, Wassergrün und Flaschengrün. Einen grünlichen Einschlag bekommt das Meer, wenn im Wasser pflanzliche Humusstoffe oder winzige Algen, das Phytoplankton, gelöst sind. Anders als «reines» Wasser reflektieren diese auch die grünen Lichtwellen. Je nach Menge der gelösten Pflanzenstoffe schwappt das Meer smaragd- oder dunkelgrün ans Ufer.

Grün wird als frisch, kräuterig und herb empfunden. Jugend und Lebendigkeit werden mit dieser Meeresfarbe assoziiert. Gesundes Gemüse ist grün und auch die Jugend, die noch grün hinter den Ohren ist. Während Rot aufdringlich, vereinnahmend und nah wirkt, Blau dagegen fern und unnahbar, liegt Grün genau in der Mitte. Es gleicht aus und beruhigt, ohne anzustrengen. Eva Heller: «Extreme sind aufregend, gefährlich. Grün, in vollendeter Neutralität zwischen allen Extremen, wirkt beruhigend und sicher. Grün an sich ist jenseits von Gut und Böse.» Eine Mehrheit der von Eva Heller Befragten verband mit Grün etwas Angenehmes, Beruhigendes, Natürliches; Lebendigkeit, Ruhe und Sicherheit. Goethe soll über die Farbe gesagt haben: «Man will nicht weiter, und man kann nicht weiter.»

Von allen Farben ist Grün am angenehmsten über einen längeren Zeitraum zu betrachten. Deshalb sind Tafeln, viele Maschinen, Billard- und Roulettetische grün. Auch die Operationskittel in Krankenhäusern sind in beruhigendem Grün gehalten. Möglicherweise profitieren davon nicht nur die Patienten, sondern auch die operierenden Ärzte. Und einer italienischen Studie zufolge reagiert die Besatzung eines Helikopter-Rettungsdienstes ruhiger und stressfreier, wenn sie vor ihrem Einsatz mit grünem Licht bestrahlt wurde.

Grün soll außerdem Entzündungen lindern und die Haut straffen sowie die Pulsrate herabsetzen. In der Farbtherapie wird Grün zur Beruhigung und Regeneration des Organismus eingesetzt, etwa bei Herzbeschwerden und Schlafstörungen.

Weiß: Reinheit und Leichtigkeit

Fast überall auf der Welt findet man schwarze Strände, auf La Palma oder Hawaii ebenso wie an den afrikanischen Küsten. Wo Vulkane das Land hervorgebracht haben und die Zeit das Lavagestein fein zermahlen hat, können Urlauber ihre Handtücher auf dunklem Sand ausbreiten. Auf Lanzarote beispielsweise gibt es einen Strand, den die Einheimischen *Die schwarze Schönheit* nennen. Viele Touristen mögen ihn so sehr, dass sie immer wieder dorthin zurückkommen. Die meisten Urlauber jedoch ziehen eine *Playa Blanca* vor. Entsprechend werden die meisten Reisekataloge mit weiß-gelben Stränden bestückt. Die Bilder sind eindeutig.

Viele Menschen, die einmal in schwarzem Sand standen, wissen danach weiße Strände umso mehr zu schätzen. Das liegt nicht nur daran, dass schwarzer Sand im Sonnenlicht heißer wird als weißer, sondern hat auch psychologische Gründe: Weiße Strände üben auf den Betrachter eine positivere Wirkung aus als dunkle. Und je dunkler Strände, desto kleiner und enger wirken sie, je heller, desto größer. Der weiße Strand gehört zum Meer wie die Sterne zum Nachthimmel. Erst die Kombination beider macht die Sache perfekt.

Im physikalischen Sinne ist Weiß keine Farbe, sondern die Summe aller Farben des Lichtspektrums. Insofern ist Weiß die vollkommene Farbe, der keine Wellenlänge fehlt. Eva Heller fand in ihrer Farbstudie heraus, dass Weiß fast ausschließlich positive Assoziationen weckt. Für weniger als ein Prozent der Befragten war Weiß die unbeliebteste Farbe. In vielen Sprachen steht Weiß für Licht, Helligkeit oder Leuchten, und in solchen Assoziationen taucht die Farbe dann traditionell auch auf. Gefragt, welche Farbe für sie am ehesten das Vollkommene oder das Gute verkörpere, antwortet die Mehrheit: Weiß.

In einigen Kulturen, etwa bei den alten Ägyptern oder den Römern, galt Weiß als Farbe des Glücks. Und Weiß ist auch die Farbe der Unschuld und der Wahrheit (in einigen Ländern, etwa in China, Japan oder Korea, auch der Trauer). In vielen Ländern tritt die Braut in Weiß vor den Altar. Wer in Frieden kommt und zu Verhandlungen bereit ist, hisst eine weiße Fahne. Und auch bei Tugenden wie Ehrlichkeit, Klugheit oder Genauigkeit rangiert diese Farbassoziation an erster Stelle. In der männlichen Geschäftswelt ist Weiß die häufigste Hemdfarbe. Auch für die Damen ist die weiße Bluse nach wie vor ein *Basic* fürs Business-Outfit. Grellbuntes gilt als billig und geschmacklos. Goethe sagte in seiner Farbenlehre «Naturmenschen, rohen Völkern und Kindern» eine Neigung zum Bunten nach, wogegen Weiß unter seinen Zeitgenossen als höchst kultiviert galt. Weiß ist in unseren Köpfen schon lange positiv besetzt.

Dass wir uns an einem weißen Strand so wohlfühlen, hat aber noch weitere psychologische Gründe. Auch Sauberkeit und Reinheit werden mit der Farbe Weiß assoziiert. Berufsgruppen, bei denen Hygiene wichtig ist, kleiden sich entsprechend: Bäcker, Köche und Ärzte. Und wie Blau gilt auch Weiß als kühlend und frisch, verstärkt also die entspannende Wirkung des Meeres.

Dass Weiß psychologisch außerdem mit dem Leisen, Sanften und Zarten verbunden wird, die gemeinhin als weibliche Charakterzüge gelten, dürfte zusätzlich positive Gefühle produzieren. Ebenso wie die Tatsache, dass Weiß als hellste Farbe überhaupt leicht und luftig ist. Weiß gibt Freiheit, es engt nicht ein, bedrückt nicht. Ein weißer Strand und weiße Dünen lassen Raum, wirken groß und weit. Es gibt kaum einen Anblick, der ein stärkeres Gefühl von Freiheit vermittelt als ein Strand, der sich bis zum Horizont erstreckt und dann mit dem Himmel verschmilzt. Dieses Gefühl schätzen Menschen auch in ihren Wohnungen: Selbst in Zimmern mit farbigen Wänden bleibt die Decke in der Regel weiß und schafft so eine Illusion von Unbegrenztheit.

Eva Heller fragte ihre Versuchspersonen, welche Farben sie am ehesten mit dem Wort Erholung verbinden. Nur vier verschiedende Farben wurden angeführt: 63 Prozent der Befragten nannten Grün, weitere 18 Prozent Blau, zehn Prozent Weiß und neun

Prozent Gelb. Es ist die komplette Farbpalette einer Meereslandschaft, die in den Köpfen der Befragten einzig und allein *Erholung* bedeutet. Das Meer macht uns mit seinen Farben glücklich. Der englische Schriftsteller James Hunt sah in den Farben das Lächeln der Natur. Und es scheint, als hätten die Meeresfarben ein besonderes Potenzial, uns glücklich zu lächeln.

Wer am Strand steht, auf den Wellen surft oder den Ozean überquert, erlebt aber viel mehr als nur ein Farbschauspiel. Zwar ist für den Menschen der Sehsinn der wichtigste (wir nehmen gut 80 Prozent aller Informationen über die Augen auf), doch das Meer ist ein sensorisches Gesamtkunstwerk. Greifen wir also einmal mit geschlossenen Augen in den Sand. Was für ein Genuss!

Sand rieselt durch die Finger

Strandleben bedeutet immer auch: Kinderrücken über Sandburgen gebeugt, bis zum Hals eingebuddelte Familienväter, Füße, die sich in den Sand graben, schmatzender Schlick. Barfußlaufen im Sand oder eine Wattwanderung sind eine wirksame und kostengünstige Fußreflexzonenmassage. Sie regen die Durchblutung an und bauen Stress ab. Ob weißer, schwarzer oder (selten) rosafarbener und grünlicher Strand, ob fein rieselnd oder grob kiesig – Sand stimuliert den Tastsinn. Jeder, der einmal mit Kindern am Meer war, kennt die magische Wirkung, die Sand auf sie ausübt. Während das laute, riesige Meer vor allem kleine Kinder oft erschreckt, können sie sich der Attraktion des Sandes umso weniger entziehen. Sehr deutlich wurde mir das einmal am Strand von Long Island auf den Bahamas: Ein paar Meter von mir entfernt saß ein kleines Mädchen aus England. Sie war zum ersten Mal am Meer, und sie fürchtete sich vor dem Wasser. Also drehte sie den Wellen demonstrativ den Rücken zu und wühlte umso hingebungsvoller im Sand. Der schien ihr die nötige Rückversicherung gegen die Wassermengen zu geben. Stundenlang buddelte sie mit einer beneidenswerten Freude darin herum. Nur unter Mühen (und Tränen) war sie wieder aus der riesigen Sandkiste herauszubekommen.

Joachim Ringelnatz kannte offensichtlich solche Szenen. Er beschreibt das rieselnde Vergnügen in seinem Gedicht *Kindersand:*

> Das Schönste für Kinder ist Sand.
> Ihn gibt's immer reichlich.
> Er rinnt unvergleichlich zärtlich durch die Hand.
> Weil man seine Nase behält,
> wenn man auf ihn fällt, ist er so weich.
> Kinderfinger fühlen, wenn sie in ihm wühlen,
> nichts und das Himmelreich.

Auch Erwachsene kommen im Spiel mit dem Sand auf ihre Kosten, selbst wenn sie ihre Lust nicht so offen zeigen. George Grosz schwärmte in einem Brief an seinen Freund Mark Neven Du Mont von einem Strandurlaub in Ahrenshoop an der Ostsee: «... die mir von mir selbst verordnete eine Stunde Sandschippen verscheucht meine Grillen und tut wohl gegen meine acht Pfunde zu viel.»

Was genau mit den Grillen gemeint war, darüber schweigt Grosz sich aus. Aber er gibt einen interessanten Hinweis darauf, was Menschen erleben, wenn sie ungestört im Sand buddeln dürfen. Und da spielt es auch keine Rolle, ob es sich dabei um große oder kleine Menschen handelt. Denn das, was gemeinhin als kindliches Vergnügen beschrieben wird, schenkt auch Erwachsenen genussvolle Momente und Entspannung.

Dieser Umstand war ein starker Motor der typisch deutschen Strandburgenkultur, die man als frühe Form der Landschaftstherapie interpretieren kann: kein reiner Zeitvertreib, sondern eine besondere Möglichkeit der aktiven Entspannung. Während um die Jahrhundertwende der Alltag alles Sinnliche verpönte, wurde es am Strand zur Etikette erhoben. Auch später, als die Angestellten und Arbeiter an die Strände strömten, die bis dahin nur von einer kleinen Oberschicht bevölkert worden waren, blieb die Sache populär. Menschen, die zu Hause, im Büro, im Haushalt, in Fabrik oder Handwerk arbeiteten und einseitig gefordert waren, konnten sich hier an frischer Luft körperlich betätigen und ganz neue sinnliche Erfahrungen beim emsigen Buddeln machen. Denkt man nun noch einmal zurück an Freuds Diktum vom Glück, das im Kontrast zum Alltäglichen entsteht, wird deutlich, dass der rieselnde Sand genau das ermöglicht.

Da das Strandburgenbauen außerdem mit organisierten Wettbewerben eine Konkurrenzsituation schuf, ermöglichte es die Fortsetzung des normalen Alltags mit anderen Mitteln. Wer baut und schafft, erreicht ein Ziel, er entspannt sich tatkräftig. Der Kunstwissenschaftler Harald Kimpel hat das Phänomen untersucht und kommt zu dem Schluss: «Schon früh wurde erkannt, wie hervorragend das Graben im öffentlichen Raum zur

Erholung vom Arbeitsalltag durch Alltagsarbeit geeignet ist. Burgenbauen empfiehlt sich als beschäftigungstherapeutische Maßnahme gegen den Stress des Berufslebens und zur Reproduktion erschöpfter Kraftreserven.» Das Wühlen und Graben mit den Händen im rieselnden, schmatzenden Sand ermöglicht sensorische Erfahrungen, die zu Hause nicht möglich sind. (Ein Grund, warum auch *gardening* in regelmäßigen Abständen zum neusten Wellness-Trend erkoren wird.)

Nicht nur der saubere weiße Sand, der durch die Finger rieselt, verleiht sinnliche Freuden, auch sein schmuddeliger Bruder – der Schlick – hat einiges zu bieten. Über frischen Schlick freuen sich nämlich nicht nur die Wattvögel: Das Wasser zieht sich zurück, gibt Sand, Steine und Muscheln frei. Es gluckert und schnalzt, wenn man die graue Fläche betritt. Die erste Kontaktaufnahme mit den Füßen geht unter lauten «Ihhh»-Rufen über die glitschige Bühne. Dann sinkt man bis zu den Fersen ein und hat sich schon an das Gefühl gewöhnt. Kinder werfen sich mit Lust in den schmatzenden Schlamm. Die schönste Strandszene, die ich je erlebt habe, war nicht der Sonnenuntergang bei Capri, sondern waren fünf Bochumer Teenager, die komplett mit Schlick bedeckt über einen Nordseestrand rannten. Sie sahen aus wie aus einem Museum entlaufene grün-graue Statuen. Nur die Augen waren frei und leuchteten aus den dunklen Gesichtern. In diesem Zustand posierten sie für Touristen und ließen sich bereitwillig auf Fotos verewigen. Ihr Klassenlehrer nahm es gelassen: «Wo ist denn so was noch möglich? Die kennen richtigen Schlamm doch gar nicht mehr. Das macht denen mehr Spaß als die Disco heute Abend.» Sprach's und warf noch eine Hand voll Schlick nach seinen kreischenden Schülern.

Meeresrauschen

Das Meer regt nicht nur den Seh- und Tastsinn an, sondern ist auch die einzige Landschaft mit einem Eigengeräusch. Gleichmäßige Wellenlaute werden als beruhigend empfunden (falls nicht gerade eine stürmische Brandung ans Ufer donnert). Es ist herrlich, in einem Ferienhaus inmitten der Dünen die ganze Nacht lang dem Plaudern der Wellen zuzuhören. Und falls man das Glück hat, dieses Konzert im milden Klima des Indischen Ozeans zu hören und von warmer Luft und berauschenden Düften eingehüllt zu werden, kann man leicht in einen Trancezustand fallen. Die Monotonie der Wellen macht schläfrig, träge. Sie lockt den Hörer, in der Geräuschkulisse zu versinken. Schon die alten Römer wussten um diesen Effekt und entspannten sich hinter den Mauern ihrer Villen vorzugsweise beim Plätschern von Springbrunnen.

Auch heutige Strandurlauber schätzen das beruhigende Wellenrauschen. Nur das Knistern eines Kaminfeuers schafft eine vergleichbare Behaglichkeit. Interessanterweise besteht zwischen beiden Klangkulissen mehr Ähnlichkeit, als man vermuten würde. «Tontechniker kennen das Phänomen, dass Wasserrauschen mit Feuerknistern verwechselt wird, wenn das Klang verursachende Objekt nicht gesehen werden kann», erzählt Justin Winkler von der Universität Basel. Er erforscht Klangumwelt und Landschaftsästhetik.

Auch Schriftsteller haben über das Phänomen Meeresrauschen sinniert. Der spanische Dichter Rafael Alberti flüsterte dem Ozean zu: «Ich denke, Meer, dass die Erde dir nicht erwidern kann mit einem so glücklichen Rauschen, wie es deines ist.» Und

Thomas Mann schrieb in seinem Roman *Buddenbrooks:* «Wie sie daherkommen und zerschellen, daherkommen und zerschellen, eine nach der anderen, endlos, zwecklos, öde und irr. Und doch wirkt es beruhigend und tröstlich, wie das Einfache und Notwendige. Mehr und mehr habe ich die See lieben gelernt.» Er mag oft in seinem Strandkorb an der Ostsee bei Travemünde gesessen und dem Monolog der Wellen gelauscht haben. Wer weiß, wie viele seiner Inspirationen auf die tonisierende Wirkung dieser Naturerscheinung zurückgingen? Aber wie erklärt sich eigentlich diese Wirkung von Wellengeräuschen auf die Psyche?

Die Natur ist mit ihrem Vogelgezwitscher, ihren gurgelnden Bächen und raschelnden Blättern auch ein musikalisch-klangliches Phänomen, das heute von einer interdisziplinären Klanglandschaftenforschung analysiert wird. Psychologen, Umweltforscher und Musikwissenschaftler versuchen herauszufinden, welche Geräuschkulissen Landschaften produzieren, wie sich diese auf die Psyche des Menschen auswirken und wie der Mensch wiederum die natürlichen Klangteppiche verändert. Zu Letzterem haben die Forscher wenig Erfreuliches festgestellt: In unserer industriellen Gesellschaft wurden natürliche Klangräume zurückgedrängt und vom menschengemachten Lärm übertönt. Ein akustisches Gleichgewicht der Natur existiert nur noch in abgelegenen Gegenden. Aber die Forschung konzentriert sich nicht nur auf den Lärm, sondern auch auf die Wirkung natürlicher Klangräume. Und dort finden sich frische Spuren des Meeresglücks.

Über dieses akustische Glück in der Natur hat sich schon Jean-Jacques Rousseau den Kopf zerbrochen. Er sah in der Hinwendung zur Natur nicht nur einen Weg zum Glück, sondern gar die Grundbedingung wahrer Glücksgefühle. Entscheidend war für Rousseau dabei das rechte Maß: «Es darf weder vollständige Stille noch zu viel Unruhe sein, sondern eine gleichförmige und mäßige Bewegung, ohne Erschütterungen oder Unterbrechungen.» Werde die Bewegung ungleichmäßig oder zu heftig, zerstöre sie den Zauber der Träumereien und gebe dem Betrachter das Gefühl seines Elends wieder. Eine durchgängige Stille dagegen führe zur Traurigkeit. Die bewegte Gleichmäßigkeit der Wellen erschafft ein solches existenzielles Naturglück, wie es Rousseau vorschwebte: «Das hin und her fließende Wasser, sein unaufhörliches, von Zeit zu Zeit aber verstärktes Rauschen, das mein Auge und Ohr unablässig betäubte, ersetzte die durch meine Träumereien erloschene innere Seelenbewegung, und dies war hinreichend, mich mein Dasein mit Vergnügen spüren zu lassen, ohne die Mühe des Denkens zu haben.»

Aufschluss über solche psychoakustischen Wirkungen bringt ein kleiner Seitenblick auf die Musik: «Die Musikpsychologie belegt eindrücklich, dass Musik die Fähigkeit besitzt, Stimmungen, Emotionen und Verhalten des Menschen zu beeinflussen. Es konnte beispielsweise festgestellt werden, dass schnelle Musik die Ess- und Trinkgeschwindigkeit erhöht. So wie Musik individuelle und soziale Funktionen erfüllt, tun dies auch Klanglandschaften: Natürliche Umgebungen stellen Klanglandschaften der Erholung und Entspannung dar, das laute Faschingstreiben solche der Freude und Ausgelassenheit, die Klangatmosphäre des eigenen Heims solche der Vertrautheit», so Alexander Lorenz, der an der Universität Zürich Klanglandschaften aus sozialpsychologischer Perspektive untersuchte. Er stellte in einer für die Schweiz repräsentativen Befragung fest, dass Orte der Ruhe an erster Stelle mit «Natur» identifiziert werden und weniger als «Abwesenheit von Lärm». Für Menschen, die in ländlichen Gebieten aufgewachsen sind, sind Entspannung, Ruhe und Natur besonders stark miteinander verbunden. Aber auch der gestresste Großstadtmensch erholt sich in einer natürlichen Klangumgebung am besten. Gleichmäßiges Rauschen schafft die Illusion, man befinde sich mitten in der Natur. Das ruft meist positive Emotionen hervor.

Meeresrauschen, Bachplätschern oder Vogelgezwitscher gelten als wichtiges Kriterium für den Erholungswert einer Landschaft, wie landschaftspsychologische Studien gezeigt haben. Rainer Brämer von der Universität Marburg untersucht seit Jahren die Effekte von Landschaften auf unsere Psyche. Er fand heraus, dass die Vorliebe für Naturgeräusche sogar für die angeblich so lärmversessene Jugend gilt: «Darauf befragt, was ihnen an der Natur besonders gefällt, setzten Studierende der Universität Marburg die Ruhe an die erste Stelle. Auch hierauf angesprochene Schüler behaupten zu rund vier Fünfteln, dass ihnen besonders an der natürlichen Stille gelegen sei.» Naturgeräusche erhöhen den Landschaftsgenuss. Wellen erfüllen für unsere Sinne also eine Doppelfunktion: sie regen den Tastsinn an, weil wir uns ihnen entgegenwerfen und von ihnen tragen lassen können, und sie stimulieren das Hörsystem des Gehirns.

Klangumwelten lösen Ärger, Furcht, Langeweile, Lust oder Freude aus. Dabei könnte man meinen, dass das Geräusch des Meeres eigentlich als unangenehm empfunden werden müsste, denn Rauschen ist im Allgemeinen nichts Positives. In der von der Elektroakustik geprägten Klangästhetik wird Rauschen als Defekt, als Sinn- und Raumstörer wahrgenommen. Eine CD oder neue Lautsprecher, die rauschen, wird der kritische Kunde in den Laden zurückbringen. «Wir stehen vor dem Paradox, dass in der zunehmend von äußerem Rauschen beherrschten Zivilisationswelt eine Besessenheit von Rauschfreiheit ganze Märkte öffnet», berichtet Justin Winkler. Am Meer dagegen lieben wir seltsamerweise gerade sein Rauschen.

«Im *Eintauchen* ist die metaphorische Entsprechung von Wasser und Klang bemerkenswert. Klanglandschaften evozieren vor allem ‹andere Zeit› und ‹anderen Ort›. Die Klangumgebung hat die Eigenschaft, ‹Jetzt› zu schaffen, und das gilt für Echtzeit ebenso wie für das Wiedereintauchen in eine Aufnahme», meint Winkler. Die Entspannung durch das Meeresrauschen müsste also mit der Kraft der Evokation zu tun haben, folgert der Klangforscher. Diese sei vor allem kulturell geprägt und nicht «von Natur aus» vorhanden, so wie wir ein visuelles Panorama aufgrund von jahrhundertealten malerischen Konventionen schätzen. Wir sind also auch kulturell darauf programmiert, Wasserklänge und Wellenrauschen positiv zu erleben. «Glücksgefühle können wohl erst aufgrund einer Disposition des Hörenden entstehen. Alter und Biographie geleiten das Glücksgefühl, erklären, ob ein röhrender Auspuff oder das Gluckern einer Quelle es auslöst», so Winkler. Wer einmal am Meer glücklich war, einen Strandspaziergang oder eine Kreuzfahrt genossen hat, in dem lebt dieses positive Gefühl wieder auf, sobald er erneut in dieser Klangkulisse steht.

Aber es steckt noch mehr dahinter: Auch in der Musik gibt es gleichförmige Wiederholungen, und zwar gerade in Musikstilen, die als besonders entspannend gelten, wie Barock-, New-Age- und Meditationsmusik. «Von gleichbleibenden Reizeinströmen geht stets ein beruhigender, entspannender, einschläfernder Eindruck aus», erklärt der Potsdamer Klangforscher Günter Olias. Wellengeräusche kann man also als eine Form der Minimal Music wahrnehmen, die unser Gehirn, das an der Entstehung von Freude oder Glück beteiligt ist, beeinflusst. Das lässt sich mit der Positronenemissionstomographie (PET) zeigen, mit der die Hirntätigkeit aufgezeichnet wird. Der Hirnforscher Michael Koch dazu: «Interessanterweise zeigte eine neue Arbeit mit PET, dass von Probanden als extrem schön empfundene Musik zur Aktivierung genau derjenigen Hirngebiete führt, die aus anderen Untersuchungen und auch aus Tierexperimenten als an der Verarbeitung primärer Belohnungsreize (Sex, Nahrung) beteiligt ausgewiesen wurden, also des *Nucleus accumbens septi,* aber auch von Teilen des frontalen Cortex.» Auch der Philosoph Georg Picht ist überzeugt, dass Klänge eine tiefgehende Wirkung auf die Psyche haben: «Durch Klänge werden Menschen in Erregung versetzt. Sie werden erschüttert. Sie geraten außer sich. Der Klang spricht durch das Ohr zu den Affekten. Hier geschieht also die Wahrnehmung nicht aus der Distanz. Die Wahrnehmung hebt die Unterscheidung zwischen außen und innen, die für die Distanz des Sehens so wesentlich ist, auf.» Das Ohr nimmt seine Klangwelt als eine Welt von Möglichkeiten auf. Insofern, so der Philosoph weiter, hören wir im Sausen des Windes oder im Rauschen des Meeres auch die Macht der Elemente. Aufs Meer gewendet: Im Wellenrauschen hören wir auch die Gezeiten und den Wind – den Atem des Planeten. Der französische Philosoph Gaston Bachelard erkannte, dass Wasserklänge als lebendig und klar wahrgenommen werden. Wir ordnen ihnen unbewusst Attribute wie Frische, Lachen, Jugend und Natürlichkeit zu.

«Das Meer und die gleichförmigen Meeresgeräusche assoziieren wir mit Entspannung. Dabei kann es auch zu einer Dopaminausschüttung kommen», berichtet Jürgen Beckmann, Sportpsychologe an der Technischen Universität München. Und der Stoff sorgt im Gehirn für angenehme Gefühle. Über das Ohr wirken Wellen also unmittelbar auf das Gehirn und damit auch auf unsere Emotionen. Das bleibt, wie Wahrnehmungspsychologen wissen, nicht ohne Effekte auf das Befinden. Die intensive Wahrnehmung von Wellen, Wasser und Brandung versetzt das Gehirn in einen Entspannungsmodus. Glücksexperte Stefan Klein: «Wenn wir intensiv schauen, lauschen oder fühlen, können wir alles andere und sogar uns selbst vergessen. Manchmal überkommt uns eine solche Konzentration wie von allein, etwa, wenn wir die Gischt auf dem Meer beobachten, als wären wir hypnotisiert – oder beim Sex.» Meereslandschaften so beglückend wie Sex? Was will man mehr? Klein erklärt auch, was Hirnforscher über diesen Zustand herausgefunden haben: «Wenn sich die Gedanken beruhigen, lockern sich die Muskeln, verschiebt sich die elektrische Hirntätigkeit in den ruhigeren Rhythmus der so genannten Alpha-Wellen, sinken schließlich die Pulsfrequenz, Sauerstoffverbrauch und der Blutdruck. Zugleich zirkulieren weniger Stresshormone im Blut.» Der Mensch geht also in einen Zustand über, den das Gehirn als angstfrei, entspannt und wohlig beurteilt.

Es gibt übrigens bereits erste Studien über die entspannende Wirkung des Wellenrauschens: Mit der CD *Meer* des Komponisten Martin Buntrock konnte nachgewiesen werden, dass gleichmäßiges Meeresrauschen entspannt, angstfrei macht und sogar Schmerzen reduziert. Auf der CD ist durchgängig

Meeresrauschen zu hören; auf diesem Klangteppich werden Musikstücke gespielt, die gezielt zur Entspannung komponiert wurden. Eine Untersuchung an der Universität Witten/Herdecke wies die angstlösende und schmerzreduzierende Wirkung der Aufnahme nach. Im Vergleich zu normalen Patienten war die sogenannte Empfindungsreizschwelle bei den meeresumbrausten Leidensgenossen um rund 30 Prozent erhöht. Das heißt, sie empfanden erst bei stärkeren Reizen Schmerzen und Angst. Bei einer weiteren Gruppe, die zusätzlich per Videobrille «Wellenspiele am Atlantik» sehen durfte, war diese Reizschwelle sogar um rund 40 Prozent angehoben. Buntrocks CD kommt mittlerweile in vielen Kliniken, Arztpraxen, Therapieeinrichtungen, im pädagogischen Bereich und im Sport zum Einsatz. So bereitete sich das afrikanische Leichtathletik-Team mit *Meer* erfolgreich auf den World-Team-Cup 1994 in London vor.

Neben seinen Farben und Tönen bietet das Meer noch einen weiteren Genuss: das Schweben im salzigen Wasser. Auch das produziert Hochstimmung – und zwar nicht nur, weil wir da unsere überflüssigen Pfunde weniger spüren.

Wellenspiele

«Wenn ich eben noch bis an die Knie im Wasser stehe, so kommt eine haushohe Welle, dreht mich zehnmal rundum und wirft mich zwanzig Schritt davon entfernt in den Sand, ein einfaches Vergnügen, dem ich mich aber täglich con amore so lange hingebe, als es die ärztlichen Vorschriften irgend gestatten.» Dieses kleine Glück im Spiel mit den Wellen erlebte kein Geringerer als Otto von Bismarck, preußischer Ministerpräsident und späterer Reichskanzler, bei seinen Aufenthalten auf den Ostfriesischen Inseln. Spricht man einen Urlauber an einem x-beliebigen Strand an, dürfte er denselben Spaß erleben wie der knorrige Staatslenker. Unabhängig von Alter und sozialem Status bereiten Wellen allen Menschen auf der Welt die gleiche Freude.

Die Romantiker schwärmten vom lustvollen Eintauchen in die Meeresfluten. Es verleiht das Gefühl, Verbindung zu den elementaren Kräften der Erde aufzunehmen. Je tiefer man eintaucht, umso enger die Verbindung mit einem weiten, scheinbar unbegrenzten Element. Die Generation unserer Urgroßväter war vom Wellen-Phänomen so angetan, dass Erfinder sogar eigens eine Wellenbadewanne konstruierten: Dittmann's patentierte Wellenbadschaukel versprach in der zweiten Hälfte des 19. Jahrhunderts ein «nervenstärkendes Wellenbad». Sie war wie eine Kinderwiege geformt und ermöglichte dem Badenden, durch schaukelnde Bewegungen *al gusto* Wellengang zu erzeugen. Der Berliner Hersteller versprach: «Dieses Wellenbad wirkt so wohltuend auf den Blutkreislauf und hinterlässt ein so unbeschreibliches Wohlbehagen, dass man sich geradezu verjüngt fühlt.» Soll noch mal einer sagen, Wellness sei eine moderne Erfindung. Ob Bismarck die Wellenwanne kannte? Der Preis für die verzinkte Stahlblechwanne lag bei 45 Mark, und für weitere zehn Mark konnte man einen Dampferzeuger dazukaufen.

Am besonderen Genuss des Wellenbads hat sich bis heute nichts geändert. Der französische Soziologe Jean-Claude

Kaufmann wollte es noch genauer wissen und befragte für seine Strandstudie *Frauenkörper – Männerblicke* 300 Frauen und Männer, die es sich an verschiedenen Stränden des Landes gutgehen ließen, danach, was die Strandgänger beim Schwimmen im Meer und beim Spiel mit den Wellen besonders schätzten. Er erfuhr, wie es die Sinne aufs angenehmste anregt: Es wird als eine Art des Streichelns empfunden. «Die Folge: Frauen gehen für dieses Vergnügen oben ohne ins Wasser, obwohl sie sich ansonsten in aufrechter Position ohne Oberteil nicht wohlfühlen. Andere lösen dieses Problem eleganter: Sie rollen den Badeanzug hinunter oder ziehen das Bikini-Oberteil aus, sobald sie im Wasser sind.» Hingabe pur also. Die sinnliche Erfahrung verlockt dazu, sich dem Meer völlig nackt entgegenzuwerfen, «wegen des angenehmen Gefühls», wie eine der Befragten zu Protokoll gab, und eine andere erzählte: «Das ist ein Gefühl von Freiheit. Ich empfinde meinen Körper als viel freier, und es macht mir wirklich Freude, oben ohne im Wasser zu sein, das ist echt klasse.»

Endorphine und Enkephaline zählen zu den körpereigenen Opiaten: Transmitterstoffe des Gehirns, die Wohlgefühle produzieren. Sie können durch sportliche Betätigung oder ein gutes Essen freigesetzt werden. Aber auch Berührungen schaffen wohliges Behagen. Strandgänger erleben kleine beglückende Massagen: Der Sand unter den Füßen stimuliert die Reflexzonen, das strandübliche «Creme-mir-bitte-mal-den-Rücken-ein» ermöglicht zärtliche Berührungen, die sanfte Massage von Wasser und Wellen tut ein Übriges, um unser Gehirn mit freundlicher Unterstützung der neuronalen Transmitter in Hochstimmung zu versetzen. Sonne, sinnliche Anregungen und das knisternde Lustgefühl setzen die körpereigenen Glücksstoffe frei. Dieses

Genuss-Glück macht das Hirn wohlig träge, wie Neuropsychologen über Experimente mit Ratten herausgefunden haben, die bei einer Überdosis Serotonin ihre Körperspannung verlieren und bewegungslos werden. Und das erklärt vielleicht zum Teil auch die Trägheit des Strandes, das müde Blinzeln über das Wasser, die seichte Konversation und die zunehmende Unlust, sich zu verausgaben. Kurz, man fällt in einen Zustand, der zur Hektik des Alltags in einem wohltuenden Kontrast steht.

Einfach schweben

Tanzen, Fliegen, Tauchen, halluzinogene Drogen oder ein Orgasmus haben eins gemeinsam: Wir haben das Gefühl zu schweben. Wer schwebt, fühlt sich frei und schwerelos, lässt Grenzen, Gewicht und Alltagssorgen hinter sich. Schwebeerlebnisse machen nicht nur glücklich, sie können sogar regelrecht süchtig machen. Und frisch verliebt schwebt es sich noch mal so gut.

Dass der Mensch für das Schweben allerdings nur unzulänglich ausgestattet ist, hat ihn nie abgehalten, stets davon zu träumen. Chagalls Bilder sind bei Vielen so beliebt, weil seine Figuren der Schwerkraft entkommen. Unser Blick folgt den fliegenden, gleitenden Wesen in der Luft und im Wasser neidvoll, zumindest wehmütig. Doch diese Wehmut hat den Menschen erfinderisch gemacht. Er baute kuriose Flugapparate, um sich in die dritte Dimension zu erheben und sich den uralten Traum zu verwirklichen. Mit echtem Schweben hat das technische Fliegen freilich nicht viel zu tun. Nur im Wasser kommt man der Sache wirklich näher, denn dort ist das Schweben ganz ohne technische Hilfsmittel möglich.

Wasser, vor allem Salzwasser, lässt das tatsächliche Körpergewicht vergessen. Es gibt selbst übergewichtigen Körpern einen angenehmen Auftrieb. Je nach Salzgehalt fühlt man nur noch zehn Prozent der eigenen Pfunde – und Zentner. Eine Wohltat nicht nur für Wirbelsäule und Gelenke, sondern auch für unsere Psyche. Menschen bekommen im Meer eine Ahnung von Schwerelosigkeit. Die meisten Wassersportarten, aber auch das einfache Schwimmen lösen von der erdenhaften Schwere und sind bereits der halbe Weg zum Schweben in der Luft. Taucher etwa berichten oft von meditativen Zuständen und einer besonderen Gefühlsintensität: die Außenreize sind ausgeschaltet, das psychische Erleben verdichtet sich.

Schweben ist ein Zustand von Ausgewogenheit und Ausgeglichenheit; die Bewegungen verlangsamen sich, werden ruhiger und weniger. Man bringt den Körper in Balance. Wer schwebt, hat eine Mitte gefunden, die Bedeutung von oben und unten, innen und außen ist relativiert. Die Atmung wird regelmäßig und ruhig. Falls Sie mit dem Gedanken spielen, jemals ins Weltall zu fliegen, wo inner-, aber vor allem außerhalb einer Raumstation der ultimative Schwebezustand wartet, beginnen Sie das Training einfach im Meer. Keine andere Art des Schwebens kommt dem kosmischen im Vakuum so nahe: Astronauten können sich im Wasser realitätsnah auf Einsätze im Weltall vorbereiten. Sie lernen unter Wasser die nötigen fließenden Bewegungen; wer hektisch wird, verliert Zeit, wer schnell sein will, verfehlt sein Ziel, das lehrt die Schwebeübung im Wasserbecken. Und es ist eine Erfahrung, die bei Einsätzen im gravitationsfreien All lebensrettend sein kann. Nur Astronauten, die das Sein im Wasser beherrschen, dürfen später aus der Raumstation aussteigen.

Wer allerdings, wie die meisten von uns, kaum je in den Genuss eines aquatischen Astronautentrainings kommt, findet im Wellness-Studio Ersatz: In sogenannten Floating-Becken, Badekammern mit einem extrem hohen Salzgehalt des Wassers, ist ein Schwebeerlebnis wie im Toten Meer möglich. Mit Wasser in den Ohren hört man dort nur den eigenen Atem. Besonders schön sind Kammern mit einem Sternenhimmel unter dem Deckel. Denn darin schwebt man wie ein Astronaut, ohne Helm und Raumanzug, die Sterne fest im Blick. Ab und an stößt man sich mit den Zehen sacht ab und gleitet einen Meter auf der Wasseroberfläche, eigentlich aber eine Million Meilen durch die unendlichen Weiten des Weltalls. Wie das auch gezielt zur Entspannung gestresster Zeitgenossen eingesetzt werden kann, dazu später mehr.

Gerade Wasseranwendungen, die das Gefühl von Schwerelosigkeit und Wärme vermitteln, sind seit Jahrtausenden sehr beliebt, Kaltwasseranwendungen deutlich weniger. Wer jemals in die blaue Lagune auf Island inmitten grauer Lavafelsen tauchen durfte, weiß, wie glücklich allein dieses Gefühl des Schwebens im warmen Wasser machen kann. Wie meditierende Medusen gleiten die Badenden durch die Fluten und betrachten die surrealistische Szenerie. Übrigens juchzen schon Säuglinge beim Babyschwimmen vor Freude. Gerade kleine Babys fühlen sich bis zum sechsten Lebensmonat wie zu Hause in dem Element.

Sie können unter Wasser sogar ein bis zwei Meter gehen und halten automatisch die Luft an, sobald sie untertauchen. Dieser Reflex verschwindet erst ein halbes Jahr nach der Geburt. Diese erstaunliche Vertrautheit begründet sich mit unserer Urerfahrung, dem Heranwachsen im wohltemperierten Fruchtwasser, an die uns auch ein Aufenthalt am Meer erinnert: «Man kann von einer Regression im Dienste des Ichs sprechen. Das gleichmäßige Wellenrauschen, die Schwerelosigkeit im Wasser reaktivieren Gefühlszustände, die mit dem pränatalen Erleben im Mutterleib zusammenhängen. Mit solchen Erfahrungen emotional in Kontakt zu treten, hat eine heilsame Wirkung auf die Psyche», ist der Gießener Psychoanalytiker Hans-Jürgen Wirth überzeugt. Auch der amerikanische Psychiater Stanislav Grof, der seit Jahren für die Legalisierung psychedelischer Drogen kämpft, sieht das Schweben im Wasser als ozeanischen Glückszustand eines Embryos.

Schweben ist reine Bewegung und Körperwahrnehmung; keiner analysiert, diskutiert oder rechnet gerne dabei. «Schweben heißt: weder noch sagen können», meint der Philosoph Peter Sloterdijk – es ist ein Zwischenzustand jenseits fester Kategorien.

Ist man schließlich den Fluten entstiegen, lässt man den Körper am Strand trocknen und genießt die Atmosphäre, die wiederum etwas Leichtes, Schwebendes hat. Der freie Blick, die emotionale Unbeschwertheit der Strandgänger wirken ansteckend. Sonnenstrahlen liebkosen die Haut, Wind streicht sanft über den Körper – der nächste sinnliche Genuss kündigt sich an.

Von der Sonne gestreichelt

Als Jean-Claude Kaufmann sich unter Strandgängern nach der Bedeutung des Sonnenbadens erkundigte, gaben die Befragten zu Protokoll, es sei wie eine «warme Berührung». Die meisten fühlen sich nach einem Sonnenbad besser, entspannter, einige gar wie ausgewechselt.

Vor allem Anhängerinnen des Oben-ohne-Sonnens betonen immer wieder, wie sehr sie Sonne und Meer genießen. So gaben einige der von Kaufmann befragten Frauen zur Auskunft: «Es ist angenehm, die Sonne auf der Haut zu spüren, den Wind und all das zu fühlen.» Oder: «Die Luft auf den Brüsten ist angenehm, man fühlt sich gut.» Und eine Befragte gab zu Protokoll, die Wärme, die Wellen und der Sand liebkosten sie regelrecht. Ihre Strandnachbarin stimmte ein: «Es ist ein unendlich gutes und sinnliches Gefühl.» Der Soziologe kommt zu dem Schluss: «Was hier im Wasser, in der Sonne und im Wind gefällt, ist der direkte Kontakt, die Berührung der Haut, und dies an intimen Stellen, was das Gefühl sinnlichen Vergnügens verstärkt, als wäre es eine Art Substitut, um einen Mangel an Zärtlichkeiten auszugleichen.»

Das Strandleben bietet also sensorische Empfindungen, die ansonsten allenfalls bei einem Wellness-Aufenthalt mit Massageabteilung oder in einer intimen Paarbeziehung möglich sind. Gesundheitspsychologen, die sich mit dem Phänomen Wellness auseinandersetzen, haben herausgefunden, dass in der modernen, sinnenverarmten Welt Massagen gerade deshalb so beliebt sind, weil durch sie das tiefe Bedürfnis nach Berührung befriedigt wird.

«Männer sind zwar langsam aufgeschlossener für solche Behandlungen, doch es zieht vor allem Frauen magisch an. Ich habe bisweilen den Eindruck, dass sie in der Wellness-Abteilung Bedürfnisse decken, die zu Hause unbefriedigt bleiben», meint der Psychologe und Vorsitzende des Deutschen Wellness Verbandes, Lutz Hertel. Und am Strand passiert das Gleiche.

Diese Eindrücke – Farben, Gerüche, rieselnder Sand, viel Himmel und Sonne, Schwerelosigkeit, streichelndes Meer – regen die Wahrnehmung an. So fühlen sich nicht wenige Menschen, deren Sinne durch die Meereslandschaften geweckt wurden, schon nach kurzer Zeit auch zu einer besonderen Sinnlichkeit inspiriert.

Sinnliches Knistern

Odysseus eilte auf seiner langen Seereise nicht nur von einer Heldentat zur nächsten, sondern auch von einer Frauengestalt zur anderen. Die Liste seiner Eroberungen kann sich sehen lassen: Nausikaa, Kalypso, Kirke, Leukothea. Noch erstaunlicher ist, wie viel Zeit er bei Königstöchtern, Zauberinnen und Nymphen verbrachte. Den weitaus größten Teil seiner Reise war Odysseus nämlich nicht mit Seefahrt beschäftigt, sondern mit Frauengeschichten. Jahrelang blieb er bei der Nymphe Kalypso hängen, einer Art antiker Claudia Schiffer und Sinnbild für weibliche Traummaße. Erst dann durfte er auf einen Ratsschluss der Götter hin per Floß weiterziehen – nur um kurz darauf an den Strand der sagenumwobenen Insel der Phäaken gespült zu werden, wo sich die Königstochter Nausikaa seiner annahm. Auch sie nicht ohne. Homer lässt ihn beim Anblick Nausikaas, deren Schönheit und Ebenmaß den Reisenden blendeten, ausrufen: «Meine Augen sahen noch nie solch einen sterblichen Menschen, nur auf Delos fand ich einst an Apollons Altare einen dir gleichen Wuchs: eine neu aufgesprossene Palme.» Odysseus war also nicht nur ein Held, sondern auch ein Weiberheld, das antike Epos ist ebenso Weltliteratur wie Roadmovie eines Womanizers. An allen Gestaden lockte stets das Weib, forderte ihn heraus, versprach ihm Erholung, Regeneration und Sinnenfreuden, denen er sich mal mehr, mal weniger freiwillig hingab. Es dürfte sich damit um eine der ältesten dokumentierten Lustreisen der Welt handeln. Ohne diese sinnlichen Eskapaden wäre die Geschichte mit Sicherheit nie so populär geworden. Amouröse Abenteuer gehören bis heute zum Meer wie Wellen und Salzgeruch.

Was einem Helden wie Odysseus recht war, konnte späteren Strandurlaubern nur billig sein. So beschert das Strandleben bis heute auch überraschende Ein- und Ausblicke auf das andere Geschlecht. Glück am Strand hatte immer auch etwas damit zu tun, sich näherzukommen. Wo immer möglich, entledigte man sich seiner Kleider, zog sich «menschlich an», wie George Grosz es augenzwinkernd ausdrückte.

In den deutschen Seebädern herrschten zunächst noch grundlegend andere Verhältnisse als auf Kalypsos Eiland, wo die Tage lang und die Sitten locker waren. Hier unterlag das Knistern Vorschriften, wie der Schriftsteller Hans Fallada noch zu Beginn des 20. Jahrhunderts bei seinen Strandaufenthalten beobachtete: «Es gab zwei kleine Badeanstalten, ein Damen- und ein Herrenbad, und die Trennung nach Geschlechtern wurde aufs strengste durchgeführt. Der Gedanke, einfach vom Strand aus zu baden, war so sittenlos, dass er noch in keinem Schädel seine Sumpfblasen aufgetrieben hatte. Wohl kamen vereinzelt Entartete vor, die sich während der Badezeit in den Dünen herumtrieben und sogar mit Ferngläsern die Damenbadeanstalt beobachteten, aber das waren nur Ausnahmen, die bald von wachhaltenden Fischern ermittelt wurden und der allgemeinen Verachtung anheimfielen.»

Heinrich Heine besuchte die Insel Norderney, um seiner Gesundheit Gutes zu tun. Aber er beschränkte sich nicht darauf, als Patient die täglichen Anwendungen über sich ergehen zu lassen. Sobald er die Türen des Kurhauses hinter sich geschlossen hatte, war er Tourist und Beobachter, als der er sich der erotischen Spannung des Strandlebens nicht entziehen konnte: «Ich denke hier an ganz andere, jüngere Göttinnen. Absonderlich, wenn ich am Strande über die schaurige Stelle wandle, wo noch jüngst die schönsten Frauen gleich Nixen geschwommen. Denn weder Herren noch Damen baden hier unter einem Schirm, sondern spazieren in die freie See. Deshalb sind auch die Badestellen beider Geschlechter voneinander geschieden ...» Aber ganz so sittenstreng kam es letztlich nicht: «... doch nicht allzuweit, und wer ein gutes Glas führt, kann überall in der Welt viel sehen!» Ob der Dichter selbst ein gutes Glas bei sich führte, erfährt der Leser nicht; aufmerksam beobachtet hat Heine das Strandgeknister jedenfalls.

Das einfache Volk badete immer schon, ohne sich von der gekünstelten und kulturell überfrachteten Prüderie der Oberschicht beeindrucken zu lassen. Erst 1871 wurde beispielsweise in Großbritannien das Nacktbaden für Männer untersagt. Doch von

Beginn des organisierten deutschen Strandlebens an versuchten Bürokraten, Gedanken an nixenhafte Frauenkörper zu unterbinden. Vorschriften zwecks moralisch einwandfreier Zustände an den Stränden wurden erlassen, wie der «Zwickel-Erlass» des preußischen Innenministers von 1932. Der sollte den Strand-Voyeurismus mäßigen und besagte, dass Frauen öffentlich nur baden durften, wenn sie einen Badeanzug trugen, der Brust und Leib an der Vorderseite vollständig bedeckte. Unter den Armen musste der Badeanzug fest anliegen, damit sich keine unerwünschten Einblicke ergaben. Des Weiteren mussten die Badeanzüge mit angeschnittenen Beinen sowie einem Zwickel versehen sein. Nimmt man Strandfotos aus dieser Zeit unter die Lupe, entdeckt man sie tatsächlich, die ordnungsgemäßen Zwickel.

Die Strände waren in den dreißiger Jahren in mehrere Abschnitte unterteilt; die Badenden wurden nicht nur nach Geschlecht, sondern auch nach ihrer sozialen Herkunft separiert. Dies ist etwa vom deutschen Seebad Swinemünde überliefert. Jungen durften bereits ab dem fünften Lebensjahr ihre Mütter nicht mehr in den Frauenbereich begleiten, um ihre Phantasie nicht allzu früh anzufachen. Zwischen dem Männer- und Frauenstrand war sicherheitshalber eine etwa 500 Meter breite Pufferzone eingerichtet, um neugierige Blicke im Sand verlaufen zu lassen. An den Rändern dieser Zone befanden sich die Abschnitte für die niedrigeren sozialen Schichten, die sich weder Umkleidekabinen noch die teuren Badekarren leisten konnten und ohnehin Badesitten pflegten, die Adel und gehobenem Bürgertum ein Sandkorn im Auge waren.

Anfangs schrieb ein strenges Badereglement den Gästen vor, wie sie sich zu verhalten hatten. Über die Einhaltung wachten offizielle «Badepolizeidiener». Man zog sich in einem Bade-karren um und wurde dann damit aufs Wasser geschoben. Dort ließ man sich geschützt vor den Blicken der anderen Badegäste ins Wasser gleiten.

Wurde das erotische Knistern anfangs noch niederge-halten, änderte sich die Situation nach dem Zweiten Weltkrieg gründlich. Die Idee der Sonnenbräune kam auf, und das Verhält-nis der Geschlechter zueinander lockerte sich. Die Szenerie wird deutlich freizügiger, der Zwickel ist vergessen.

An den modernen Sommerstränden hat sich die Situation seit Heines Zeit in ihr Gegenteil verkehrt. Heute gilt *topless* als ungeschriebene Norm. Erst löste der Bikini den Zwickel-Anzug ab, schließlich folgten Monokini und Stringtanga. Viele Frauen, die im heimischen Schwimmbad nie auf die Idee kämen, oben ohne herumzulaufen, tun das beim Strandurlaub mit größter Selbstverständlichkeit. Am Strand von Rimini oder an der Costa del Sol braucht man längst kein gutes Fernglas mehr, um etwas zu sehen. Man sieht alles. Und manchmal mehr, als einem lieb ist. So brauchte man heute manchmal eher eine magische Brille, die die nackten Menschen verhüllt, um das erotische Knistern wie-der aufkommen zu lassen. Knielange Badeanzüge für beide Ge-schlechter? Ein moderner Zwickel-Erlass? Der Phantasie würde ein neuer Dresscode jedenfalls wieder mehr Raum verschaffen.

Lustvolle Blicke

Der Strand ist eine interessante Bühne kurioser Handlungen: Flirtversuche, Imponiergesten, neugierige Seitenblicke hinter aufgeschlagenen Zeitungen. Die meisten Menschen würden behaupten, am Strand lediglich spontanen Launen zu folgen. Wissenschaftler sind allerdings anderer Meinung. Kaufmann zum Beispiel kommt zu dem Schluss: «Nichts stimmt weniger. Jede Geste, auch die kleinste, hat einen Sinn, jede Geste, auch die kleinste, hat Folgen.» Man solle sich deshalb nicht von der scheinbaren Lethargie und Indifferenz täuschen lassen: «Der Strand beobachtet und kontrolliert auch die kleinsten Details.» Der Wissenschaftler und seine fünf Interviewer fanden heraus, dass Urlauber, die sich an den Strand legen, sich dieser Kulisse ihres Verhaltens nicht bewusst sind, wenn sie sich auf dem Handtuch ausstrecken und nichts anderes im Sinn haben, als vor sich hin zu dämmern, zu dösen, sich zu sonnen, wie eingehüllt in eine glückliche Apathie. Den meisten sei nicht bewusst, dass das Leben an diesem Landschaftsabschnitt durchaus Einfluss auf das Verhalten hat.

Traditionell sehen Kulturwissenschaftler den Strand als Ort des männlichen Schauens und einer Inbesitznahme des weiblichen Körpers durch den männlichen Blick. Kaufmann schreibt: «Der Mann schaut und fährt seine Ernte ein, mit der er sein kleines, heimliches Kino speist. Das Auge wird von einem Bild eingefangen, der Traum in Geschichten davongetragen.» Er berichtet, wie geeignet der Strand als Bühne für Männerphantasien ist; sie scheinen das sehr bewusst zu genießen. So gab bei der Befragung durch den Tourismussoziologen Walter Kiefl an der Küste von Rhodos ein 46-jähriger Betriebswirt zu Protokoll: «Ich beobachte hier gern – besonders die Frauen. Es gefällt mir, dass immer mehr Frauen ‹oben ohne› sind. Das fasziniert mich. Unauffällig hinschauen kann man ja, so ganz diskret, und sich darüber freuen und träumen.» Die Interviews mit den Strandgängern zeigten, dass der Strand ein Ort des heimlichen erotischen Austauschs in aller Stille ist: «und zwar über winzigste Zeichen, die den Phantasien auf die Sprünge helfen», wie Strandforscher beobachten. Die männerkritische Perspektive ehrt die Forscher. Aber sie übersehen, dass auch Frauen schauen: einfach dezenter, aber dennoch mit Freude und Lust. Männerkörper sind vor dem weiblichen Blick keineswegs sicher. Das scheint den männlichen Strandbesuchern durchaus bewusst zu sein – anders ist das verbreitete Imponiergehabe kaum zu erklären.

Der Mensch ist ein Augenwesen. Und seine fleißige visuelle Arbeit verträgt sich bestens mit der gewohnheitsmäßigen Untätigkeit des Strandes, wie Kaufmann feststellte. Wer vorgeblich träge unter seinem Sonnenschirm liegt, hat viel Zeit, seine Blicke wandern zu lassen. So beobachten Tourismusforscher, dass Strände, ähnlich wie Bars oder Diskotheken, heute zu Orten der körperlichen Begegnungen geworden sind. Dort geht das Knistern immer häufiger und schneller in ein loderndes Feuer über. Man kennt sich nicht, keiner wird sich später an einen erinnern. Und niemand weiß von den Schwierigkeiten oder Problemen, die man zu Hause hat. Der soziale Status ist nivelliert. Die Zeit ist knapp. All das verringert natürliche Berührungsängste. Vor allem an Stränden, wo viele junge Leute sind, spielen lustvolle Blicke und erotische Wunschträume – und ihre Realisierung – eine große Rolle. Und das dürfte auch ein Grund sein, warum

die meisten Urlauber sich gar nicht unbedingt nach diesen einsamen weiten Stränden sehnen, die die Reisekataloge so gerne
versprechen, sondern froh sind über die vielen Mitreisenden am
Strand. Die geben zum einen interessante Beobachtungsobjekte
und Darsteller in Tagträumen ab. Zum anderen sind Mitreisende
letztlich auch die Zuschauer unserer eigenen Selbstdarstellung
in maritimer Kulisse. Robinsonaden sind deshalb gar nicht unbedingt jedermanns Sache.

Mare *und* amore –
des Meeres und der Liebe Wellen

Dem lustvollen Blick hat die Natur den Drang zum Höhepunkt an die Seite gestellt. Denn natürlich verlaufen nicht all
die hoffnungsfroh ausgesandten Blicke im warmen Strandsand.
Sie prallen nicht gänzlich ab an kalten Schultern oder zurecht-
gerückten Sonnenbrillen. Und sie sind auch nicht restlos verdammt, bis zum Horizont auf dem Wasser zu tanzen. So mancher
von ihnen wird nach kurzer Irrfahrt von einer Düne oder einer
Steilklippe aus erwidert. Zwei Augenpaare wissen innerhalb von
Sekunden die Signale zu deuten. Die meist leichte Bekleidung
erleichtert das Taxieren; man liest ineinander wie in geöffneten
Büchern. Überhaupt: die Bücher – sie sind beim Wunsch nach
mehr am Strand ein unverzichtbares Requisit. Der Blick auf die
Seiten, das langsame Umblättern, das gedankenverlorene Spiel
mit dem Papier sind oft reine Staffage. Ein Vexierspiel, dessen

Ziel darin besteht, die Blicke auf begehrenswerte Mitmenschen zu tarnen. Dabei kommt dem literarischen Werk eine doppelte Funktion zu: Es vertreibt die Zeit in flirtfreien Phasen, und es ist die perfekte Tarnung, falls ein geeignetes Objekt der Begierde auftaucht. So mancher Strandflirt findet seinen anfänglichen Rhythmus im Umblättern von Seiten, im sanften Umwickeln eines Fingers mit dem seidigen Lesebändchen, im zunehmend forscheren Blick über den Buchrand.

Das Flüstern des Windes, das Rauschen der Wellen und das Pochen in den Schläfen begleiten das hormonale Crescendo. Die Flut der Hormone stimmt in die Brandung des Ozeans ein. Der Anregungen sind genügend aufgesogen, die Natur schaltet auf Autopilot – im Dienste des Erhalts ihrer selbst. Was dann folgt, ist zwar in allen Landschaften möglich, doch bietet das Meer auch hier ganz eigene Qualitäten. Man muss dafür gar nicht die aus dem Wellenschaum geborene Aphrodite – hauptberuflich als Liebesgöttin unterwegs – bemühen. Jede Klassenfahrt bietet Anschauungsmaterial für den besonderen Reiz von Meereslandschaften.

Es soll hier dennoch selbst im ekstatischen Strudel der Leidenschaften nicht verschwiegen werden, dass sich am Sex in Meeresnähe die Geister scheiden. «Bedenke das piksende Seegras und den Sand in den Körperritzen»!, rufen die einen. Und ihrer sind viele. Also der Ritzen, in denen Sandkörner reiben. «Erst das Meer gibt den wahren Rhythmus und das ultimative kosmische Gefühl vor», schwärmen die anderen. So wie Benoîte Groult in *Salz auf unserer Haut:* «Sie läuft los über den nassen Sand, manchmal schlägt sie einen Haken und streift mit dem Fuß durch das Wasser, das schäumend den Strand hochzüngelt und sich wieder zurückzieht, als würde es von der See eingesogen; dann kommt es wieder im geheimnisvollen Rhythmus der Wellen, der irgendwie Ähnlichkeit hat mit dem Rhythmus der Liebe.» Es gibt viele Menschen, die den Gedanken reizvoll finden, engumschlungen in Dünen oder Wellen zu sinken und nach den vielen lustvollen Blicken den Gefühlen freien Lauf zu lassen. Eine Umfrage des Magazins *Men's Health,* an der sich 1542 Männer beteiligten, ergab, dass 66 Prozent der Befragten von Sex am Strand träumen. Allerdings haben dies nach eigenen Angaben lediglich 25 Prozent schon in die sandige Tat umgesetzt. Angesichts von etwa 30 Millionen sexuell aktiven Männern allein in Deutschland wären das knapp siebeneinhalb Millionen Männer und ungefähr ebenso viele Frauen. Nimmt man die anderen europäischen Länder dazu, in denen die Bevölkerung laut Umfragen mehrheitlich sexuell aktiver ist als die deutsche, müsste es eigentlich langsam eng werden in den Dünen. Übrigens gaben auch 40 Prozent der befragten Männer zu, am Strand den Bauch einzuziehen. Ob die nun zu denen gehören, die tatsächlich Sex hatten, oder zu denen, die nur davon träumen, darüber sagen die Zahlen leider nichts.

Im kollektiven Gedächtnis der Menschheit haben theoretische und praktische Erotik von jeher ihren festen Platz am Meer. Über dem Guckloch in die Kulturgeschichte maritimer Erotik hängt eine Girlande einschlägiger Gassenhauer, die dazu einladen, in das «Traumboot der Liebe» einzusteigen, und die von der Liebe am Strand schwärmen, jedenfalls so lange, bis sie schwand wie die Spuren im Sand und die Liebste sich anders orientierte.

In Thomas Manns *Der Tod in Venedig* verzehrt sich Gustav von Aschenbach nach dem Jüngling Tadzio: «Wie er nun aber so tief ins Leere träumte, ward plötzlich die Horizontale des Ufersaumes von einer menschlichen Gestalt überschnitten, und als er seinen Blick aus dem Unbegrenzten einholte und sammelte, da war es der schöne Knabe, der von links kommend vor ihm im Sande vorüberging.» Die homoerotischen Phantasien kumulieren im Angesicht des Meeres, wo Aschenbach, inzwischen cholera-krank, im Liegestuhl sitzt. Tadzio geht noch einmal am Strand spazieren, Aschenbach beobachtet ihn – und stirbt. Traurig, aber romantisch.

Auch der Roman *Helena oder das Meer des Sommers* des spanischen Schriftstellers Julian Ayesta ist ein Hohelied auf die Liebe am Ozean. Der Autor begegnet als pubertierender Junge in rauschhafter, sinnlicher Meereskulisse seiner ersten Liebe. Sie werfen sich «einer kalten, weißen, sprudelnden Welle entgegen, wunderschön, eine Wonne und ein rasendes Glück, dass man ganz verrückt wurde vor Freude ... Glücklich kehrten wir zum Strand zurück und legten uns in die Sonne ... Helena legte den Kopf auf meine Schulter und hinterließ mit einem Sandstrahl Zeichnungen auf meinem Körper, und das kitzelte ... Bebend, mit heiserer Stimme, einer Stimme, die nicht meine war, von der man nicht wusste, woher sie gekommen war, sagte ich zu ihr: ‹Helena, ich liebe dich.› Und Helena war ganz ruhig, nahm ihren Blick nicht von mir, ernst und wunderschön, ließ sich heranzie-hen und sagte, als unsere Lippen sich sehr nah waren: ‹Ich dich noch mehr.›» Ach ja, das Meer.

So haben Kunst und Literatur viele der erotischen Phan-tasien realisiert und weiteren damit Nahrung geliefert. Ob Brigitte Bardot in *Und immer lockt das Weib,* Bo Derek als *Die*

Traumfrau, Ursula Andress als schöne Muschelsammlerin in *James Bond – 007 jagt Dr. No* oder Brooke Shields in *Die blaue Lagune* – immer wieder enden die Geschichten in der Brandung der Leidenschaften – immer wieder geht es – zumindest in Andeutungen – um Sex am Strand. Und in der blauen Lagune planscht schließlich sogar das Produkt einer solchen Liebe in den Wellen herum. Strand, Meer und ihre exotischen Kulissen wirken wie ein Aphrodisiakum. Apropos: Schon Aphrodite war amourösen Abenteuern zugeneigt, ihre Liebschaften legendär. Verheiratet mit Hephaistos, dem Gott des Feuers und der Schmiedekunst, war sie notorisch untreu. Wenig wählerisch, nutzte sie bei Sterblichen wie Göttern jede Gelegenheit. So wurden Pflanzen, die erotisierend wirken, bald mit dem unwiderstehlichen Liebreiz der Meeresgöttin in Zusammenhang gebracht. Das gilt bis heute, das Meer selbst wirkt wie ein Aphrodisiakum. Liegt es am Rhythmus der Wellen, an den Sonnenuntergängen, dem Funkeln der Sterne, den sanften Winden oder am sachten Schaukeln der Boote? Mysterien sind komplex.

Nicht nur Künstler feiern die maritime Ekstase, auch die größte Quasselbude der Welt, das Internet, diskutiert in unzähligen Foren Für und Wider dieser erotischen Variante: Wunschphantasien werden berichtet, Tipps weitergegeben, Erfahrungsberichte ausgetauscht, meist mit der Warnung versehen, sich bloß nicht erwischen zu lassen und beim Gebrauch von Kondomen auf Sandkörner zu achten, die zu folgenreichen technischen Pannen führen können.

Die Tourismusindustrie kennt die erotischen Phantasien und geheimen Wünsche der Kundschaft natürlich genau und spielt gerne damit, streut Symbolmagnete wie «Paradies der

Sinne» oder «knackige Preise», verspricht «Alles – aber günstig».
Wer könnte da schon nein sagen? Nur die Wissenschaft hat das
Thema bisher gemieden. Sexualwissenschaftler fühlten sich dafür nicht zuständig oder ließen Anfragen unbeantwortet. Für
jede noch so exotische Frage gibt es eine Expertenmeinung, nur
nicht für den Sex am Strand, der immerhin über 60 Prozent der
deutschen Männer in Gedanken beschäftigt.

Darauf einen Sex on the Beach, wie ein beliebter Cock-
tail heißt. Sie brauchen dafür: Kirsch-, Ananas- und Orangensaft
sowie Wodka; kräftig schütteln und gutgekühlt mit karibischer
Dekoration servieren. Vielleicht ist «Sex on the Beach» als Ant-
wort auf die typische Bar-Frage «Möchtest du noch was?» der
Schlüssel zu einem besonderen Abend, zumal dann, wenn die
Bar tatsächlich in der Nähe einer absinthfarbenen Lagune liegt.
Bis dahin gilt: Ruhig einfach mal probieren, also den Cocktail.

Denn, und damit hinterher keiner behaupten kann, er
wäre nicht gewarnt worden: Sex am Strand kann teuer werden.
Man tut gut daran, das Land mit Bedacht auszuwählen, in dem
man seine romantischen Beach-Phantasien in die Tat umsetzt.
Das Auge des Gesetzes sieht an den meisten Stränden dieser
Welt kopulierende Pärchen äußerst ungern. In manchen Ländern
kommen Sie glimpflicher davon, wenn Sie auf See Rohöl ver-
klappen.

Die Zeitschrift *Fit for Fun* hat dankenswerterweise die
Aufgabe übernommen, sich auf der Welt umzusehen, wo die dra-
konischsten Strafen für Sex am Strand drohen – eine Frage, die
ja immerhin für 66 Prozent der deutschen Männer von Belang
sein könnte. Aus der Liste lässt sich vor allem eins ableiten: Tun
Sie es nie, niemals in Rumänien. Machen Sie Familienurlaub

am Schwarzen Meer, buchen Sie einen Surf-, Segel- oder Tauch-urlaub, aber fahren Sie nie dorthin, um am Strand Sex zu ha-ben – es drohen sieben Jahre Haft. Unbedingt empfehlenswert sind dagegen Kanada, Norwegen, Finnland und Schweden, denn dort kommen Sie mit einer Verwarnung davon. Nun mag man einwenden, dass es an den Küsten dieser Länder ohnehin zu kalt sein dürfte. Aber ein Schnupfen ist allemal besser als Gefäng-nis. Die meisten warmen Länder mit ihren malerischen Küsten wie Kroatien, Marokko, Italien, die Türkei, Griechenland näm-lich bringen *Sex on the beach*-Fans mehrere Jahre hinter Gitter. In Österreich winken immerhin noch sechs Monate. Das allerdings nur am Rande, da das Land ja gar nicht am Meer liegt und Sex an einem Binnengewässer nur halb so viel Spaß macht. In Spanien bleibt Ihnen zwar das Gefängnis erspart, dafür drohen bis zu 75 000 Euro Strafe. Teurer kann ein Urlaubsflirt nirgendwo sonst kommen, außer vielleicht in Finnland, das Ihnen zehn Prozent des Einkommens abknöpft.

In den USA wiederum hängt das Strafmaß davon ab, in welchem Staat man sich erwischen lässt. Vorher also besser nach den lokalen Gesetzen erkundigen. Im sicher attraktivsten Reise-ziel Kalifornien drohen immerhin sechs Monate Gefängnis. Der Liste nach gibt es vor allem ein Eldorado für die Erfüllung eroti-scher Strandphantasien: Jamaika. Die Insel hat einfach alles, die schönsten Küsten, die beste Musik, die prallsten Joints und offen-sichtlich auch die nachsichtigste Justiz. Inwiefern nun das eine mit dem anderen zu tun hat, kann nur spekuliert werden. Auch hier wartet allenfalls eine Verwarnung und eine nicht festgelegte Geldstrafe.

Wer jeglichen Ärger mit dem Gesetz vermeiden möchte,

kann die Lust am Meer auch in organisierter Form ausleben – in einem der immer zahlreicheren *Hedonism Resorts* oder *Superinclusive Hotels* in der Karibik. Die werben an den schönsten Stränden der Welt mit «Gärten der puren Lust» in sinnlicher Umgebung. Singles und «aufgeschlossene» Paare werden mit Einzweideutigem gelockt in der Art: «Früher oder später wird es passieren. Der Drang, sich einfach fallenzulassen. Entfesselt. Befreit. Sie sind nicht alleine. Ihre Gedanken gelten nur dem, was Sie als Nächstes machen wollen. Wann. Und mit wem.» Das lässt der Phantasie freien Lauf und sorgt für gute Umsätze. Der Urlaub in diesen Clubs steht unter dem Motto: «Be wicked for a week», was frei übersetzt so viel heißt wie «Lass dich eine Woche lang von der Lust leiten». Entsprechend die Kleiderordnung: «Dress down. As bare as you dare», so entblößt wie beliebt. Straffrei bleibt man an den Privatstränden allemal, es nimmt der Sache aber vielleicht etwas den Reiz.

Wie wir nun so sinnlich angeregt am Strand sitzen, die Füße im feinen Sand und den Wind im Haar, schleicht sich eine neue Lust von den Zehen an aufwärts: Es fühlt sich sicher an, dieses Ufer, dieser Hafen in der blauen Unendlichkeit. Gibt es neben dem Meeres- auch ein Uferglück? Viele Menschen sind gar nicht erpicht darauf, sich auf See Gefahren auszusetzen, und sei es nur der eigenen Seekrankheit. Macht uns das Meer also auch deshalb glücklich, weil es ein Ufer hat? Diese Frage ist ein Kapitel für sich ...

Aloha! Beglückendes Ufer

Es ist merkwürdig, dass der Mensch,
wenn er an einer Küste steht,
natürlicherweise vom Land aufs Meer schaut
und nicht umgekehrt vom Meer ins Land hinein.

Carl Schmitt

*H*aben Sie bei dem Satz von Carl Schmitt auch erst gestutzt? Er klingt nach Nonsens, da er unserer gewohnten Perspektive widerstrebt, und verrät zugleich doch eine Menge über das Verhältnis von Land und Meer. Wer am Ufer steht, schaut aufs Meer. Die See zieht den Blick an und hält ihn bis zum Horizont fest. Von dort schnellt er zurück zum Strand, fährt die Uferlinie entlang und dann erneut aufs Meer hinaus. Ufer und Meerblick sind untrennbar miteinander verbunden. Der Blick landeinwärts ist keine Konkurrenz. Doch der Blick aufs Ufer lohnt sich!

Ein großer Teil der Weltbevölkerung lebt in Küstennähe. Und auch für Menschen, die an oder über das Meer fahren, hatte das Ufer schon immer eine spezielle Bedeutung: beim Landgang auf einer Kreuzfahrt, als Refugium der Kontemplation und des süßen Nichtstuns, als Vergnügungsstätte und als monumentale Freilichtbühne für die Selbstdarstellungsbemühungen von Strandgängern. Keine Frage: Das Meeresufer ist ein ganz besonderer Ort.

Genüssliche Landgänge

«Und des Matrosen allerliebster Schatz bleibt weinend stehn am Strand», so besingt das Lied *Winde wehn, Schiffe gehn* die zurückbleibenden Matrosenbräute. Ich bezweifle allerdings, dass der Schatz allzu lange am Strand stand und weinte. Die Zurückgelassene wird sich die Tränen getrocknet haben, noch bevor die Mastspitze am Horizont verschwunden war. Dann wird sie sich auf den Weg nach Hause gemacht haben, wo sie gemeinsam mit anderen Matrosenbräuten am Feuer sitzend einen langen Schwatz hielt, heilfroh, nicht aufs Meer hinausfahren zu müssen. Sie wird sich abends wohlig und unbeschadet von Seekrankheit und Skorbut im Bett ausgestreckt haben, dankbar für den festen Boden unter den Füßen.

Auch Odysseus, der Ahnherr aller Seefahrer, wurde übrigens nicht von der Liebe zum Meer zu seinen Abenteuern angetrieben. Er begehrte die wunderbaren Gestade Ithakas, nicht das Meer selbst. Auch viele seiner Zeitgenossen sehnten sich nach den Ufern, oft ein Symbol für Rückkehr und überstandene Gefahren. Schon Seneca vermutete lästerlich, dass Odysseus nicht deshalb so lange unterwegs war, weil Poseidon ihm ständig Hindernisse in den Weg legte, sondern weil der Held unter Seekrankheit litt und so oft wie möglich ein rettendes Ufer ansteuerte. Und Seneca wusste, wovon er sprach: Er war selbst einmal auf dem Golf von Neapel seekrank geworden. Historiker erzählen, Seneca habe sich, als der Steuermann sich weigerte, das Ufer anzulaufen, über Bord gestürzt und sei an Land geschwommen.

Was wahres Uferglück bedeutet, weiß man erst dann, wenn man nach einer Überfahrt, gequält von Seekrankheit, wieder zum ersten Mal Land unter den Füßen hat. Ich habe einen der glücklichsten Momente meines Daseins erlebt, als ich nach einer stürmischen Fahrt von Island zu den Westmännerinseln endlich das tanzende Schiff verlassen konnte. Bis dahin hatte ich keine Ahnung, wie rapide der Lebenswille auf einer Schiffstoilette gegen null sacken kann. Auf der Insel angekommen, brauchte es eine Weile, bis ich den geplanten Aufstieg auf einen Vulkankrater beginnen konnte. Das Gestein war von der jüngsten Eruption noch so erhitzt, dass die Turnschuhsohlen bedenklich heiß wurden, wenn man zu lange auf einer Stelle stand. Und doch kam mir das Land im Vergleich zum offenen Meer paradiesisch vor. Selbst die Gefahr, in den Krater zu stürzen, bereitete mir weniger Sorgen als die Rückfahrt mit dem Schiff. So nahm ich retour eine kleine Propellermaschine, die ein enormes Loch in mein Reisebudget riss, das Festland aber schneller wieder unter meine Füße brachte. Die verbleibende Nacht auf der Insel verbrachte ich, völlig abgebrannt, bei strömendem Regen in einer Telefonzelle. Seither gehöre ich zu den Menschen, die das Ufer schätzen (und eine besondere Beziehung zu Telefonzellen haben).

Es ist wundervoll, an stürmischen Januarabenden mit Freunden in einem Ferienhäuschen am Atlantik zu sitzen und sich gegenseitig Schauergeschichten vorzulesen. Das Feuer prasselt im Kamin, die Holzrollläden klappern gegen die Fenster, Spannung glimmt. Und manchmal hört man zwischen zwei heranbrechenden Wellen ein Rufen vom Meer her. Beim Blick aus dem Fenster meint man einen Zweimaster über das Wasser schweben zu sehen. Erleichtert, nicht auf See hinausfahren zu müssen, schließt man das Fenster und legt noch etwas Holz nach, nimmt das Buch zur Hand und gruselt sich weiter.

Möglich, dass es vielen Menschen beim Glück am Meer also insgeheim um das Glück geht, sich am sicheren Ufer zu wissen. Es birgt eine Lust, unter Palmen, auf einer schroffen Steilküste oder im Watt zu stehen und *von sicherer Warte* auf das Meer mit seinen Gefahren und Unwägbarkeiten hinauszuschauen. Wie Zoobesucher gern vor den Raubtierkäfigen stehenbleiben, genießen Viele den Blick aufs Meer – mit festem Boden unter den Füßen.

Ufer und Küsten sind besondere Landschaften. Sie liefern je nach Klima und Geographie ganz unterschiedliche Erfahrungen und Impressionen. Eine Steilküste in Norwegen vermittelt ein anderes Gefühl als ein sanft abfallender Sandstrand in der Südsee. Inmitten von Dünen fühlt man sich anders als an einem Felsenstrand. Dennoch haben diese Landschaftsformen eines gemeinsam: Sie bieten ein Kontrastprogramm zur bewegten See. Der Ozean steht als Element des Unhaltbaren, Unbestimmten in reizvollem Gegensatz zur verlässlichen Sicherheit seiner Ufer. Normalerweise kann man sich darauf verlassen, dass man dort sicher ist. Es sei denn, man steht auf einer Wanderdüne oder eine Sturmflut nagt am Küstenstreifen.

Auch beim Landgang auf Kreuzfahrten spielt das Ufer eine besondere Rolle. Jährlich brechen rund 600 000 Bundesbürger zu einer Kreuzfahrt auf. Es gehörte bereits zum Kanon der altrömischen Oberschicht, sich auf mehrmonatigen, manchmal sogar mehrjährigen Reisen nach Griechenland oder Kleinasien zu bilden, dort Entspannung und Inspirationen zu finden. Man reiste von Süditalien aus mit dem Schiff durch die Ägäis, so wie viele Kreuzfahrten heute auch. Im 18. und 19. Jahrhundert brachen dann die Gebildeten aus Mittel- und Nordeuropa auf zu ihrer *Grand Tour* durchs Mittelmeer. Bis ins 19. Jahrhundert hinein hielt sich die Überzeugung, eine Reise über das Mittelmeer zu den wichtigen Orten der abendländischen Geschichte gehöre zum Leben wie Geburt, Arbeit und Begräbnis.

Waren die ersten Kreuzfahrten der Moderne eher spartanisch ausgerüstete Expeditionen für wissenschaftlich interessierte Passagiere, begann Ende des 19. Jahrhunderts die Kreuzfahrerei, wie wir sie heute kennen. Die erste Luxuskreuzfahrt modernen Stils war die der *Augusta Viktoria* von Cuxhaven in den Orient und wieder zurück. Die Fahrt dauerte zwei Monate und führte über Griechenland und Konstantinopel nach Syrien und Palästina, Ägypten, Algerien, Spanien und Portugal. Nicht nur die luxuriöse Ausstattung, auch die bordeigene Zeitung ließen keinen Zweifel: das wichtigste Reiseziel hieß Vergnügen. Wie sehr es dem Kapitän am Herzen lag, seine Passagiere glücklich zu sehen, verriet schon der Aufmacher: «Für zwei Monate bilden die Passagiere der Augusta Viktoria ein Gemeinwesen unter sich, abgelöst von den gewohnten Beziehungen, befreit von Sorgen und Lasten des Amtes und der Geschäfte und nur auf sich selbst angewiesen. Jedem steht es in weiten Grenzen frei, zu leben wie es ihm gefällt, teilzunehmen an der Geselligkeit oder sich abzusondern, wenn es die Stimmung mit sich bringt. Nicht nur für das leibliche Wohl ist auf das Umfassendste gesorgt, sondern auch Musik und Spiel werden die Stunden beflügeln, während der schwimmende Palast immer neuen Zielen entgegenfliegt.»

Und damit das Vergnügen nicht durch Lästiges wie Politik getrübt wurde, verzichtete die Bordzeitung ausdrücklich auf politische Themen. Nichts sollte die Urlaubsfreude trüben. «In diesem Sinne glauben wir [...] zum Wohlbefinden jedes Einzelnen, das ja von der Heiterkeit des Geistes nicht wenig abhängig ist, zu einem kleinen Teile beitragen zu können», versprach die Redaktion. Keine Politik, kein Alltag, keine Sorgen. Und auch die Landgänge wurden so organisiert, dass es den Passagieren an nichts mangelte und sie reich belohnt mit Erinnerungen nach Hause zurückkehren konnten.

Damals wie heute macht erst der Landgang eine Kreuzfahrt zur Kreuzfahrt. Dazu gehört die Erkundung des Ufers, das Gefühl, wieder festen Boden unter die Füße zu bekommen, und die Entdeckung fremder Welten, die hinter der Ufergrenze warten. Wenige Dinge beglücken das menschliche Gehirn so wie die Abwechslung und Neues. Wie für die frühen Entdecker beginnt daher auch für moderne Kreuzfahrt-Passagiere das eigentliche Erlebnis am Ufer. Vielleicht ein Grund dafür, warum eher Reisen mit vielen verschiedenen Häfen gebucht werden als Reisen mit vielen Seetagen, wie Anne Schmidt, Sprecherin der Hapag Lloyd Kreuzfahrten, berichtet: «Während einer Antarktisreise mit einem Expeditionsschiff sagte eine Mitreisende mir, sie wäre noch nie so glücklich gewesen wie dort, am Ende der Welt, zwischen Pinguinen und Pelzrobben sitzend.»

Ufer-Kontemplationen

Eines der berühmtesten Meeresbilder der Kunstgeschichte ist *Mondaufgang am Meer* von Caspar David Friedrich. Da sitzen drei schweigende, in den Augenblick vertiefte Gestalten auf einem Felsen wie auf dem Rücken eines Wals. Das Meer liegt geheimnisvoll in der Ferne, auf der stillen See ziehen zwei Segelschiffe ihre Bahnen. Wohl in kaum einem anderen Bild wird die Sehnsucht des Menschen nach einer Verschmelzung mit der Unendlichkeit des Meeres spürbarer als hier. Der Ozean ist weder von Dämonen besiedelt noch ein Instrument göttlicher Strafe. Keine Rede von verdammten Seelen, die über das Wasser irrlichtern. Kein Tosen, keine Brandung, keine Gefahr weit und breit. Die Betrachter genießen einfach die grenzenlose Weite. Diese für die Romantik typische Hinwendung zur Natur wie deren Rolle als Kulisse für Kontemplation zeigt, was das Sitzen am Ufer auch sein kann: sich selbst am Rand eines unermesslichen Raums wahrzunehmen.

Küste und Meer hatten seit der Antike immer auch die Funktion einer Tribüne, auf der man über die Grenzen der Welt und den eigenen Platz darin nachdenken konnte. Angesichts des geschichtslosen, vom Lauf der Zeit scheinbar unbeeindruckten Ozeans stellen sich solche Fragen nach Ursprung und Sinn des Lebens wie von selbst ein. Auch das ein Glücksfaktor?

Die Romantiker empfanden am Meer den Gegensatz von individueller Zeit und der Ewigkeit des Wassers besonders intensiv und fühlten sich von den Ufern als Orte der Kontemplation angezogen. Dazu der französische Historiker Alain Corbin: «Der Reisende der Romantik kehrt in gewissen Abständen immer wieder an die Küste zurück. Angesichts des unwandelbaren Meeres kann er leicht empfinden, wie die individuelle Zeit vergeht. Der Ozean, unbeeindruckt von historischen Veränderungen, setzt den Maßstab seiner Ewigkeit.» Corbin verweist auch auf Wechselwirkungen zwischen der Kunstgeschichte und der Geschichte des Erholungsaufenthalts am Meer. Malerei und Literatur bilden die Schönheit des Meeres ab und steckten damit das Publikum an. Die Begeisterung des Publikums wiederum bestärkte die Künstler in ihrer tiefenpsychologischen Sinnsuche.

Das Ufer ist in der Kunst oft Sinnbild für ein psychisches Refugium, das zur Selbstfindung einlädt. Fragen wie «Auf welchem Grund stehe ich eigentlich?» oder «Was sind die sicheren Ufer meines Daseins?» lauern am Ufer auf Köpfe, in denen sie sich festsetzen können. Versuchen Sie es, zum Beispiel in Skagen. An kaum einem anderen Ort in Europa finden Sie mehr Strand als nördlich dieses dänischen Fischerdorfes. Denn dort treffen die Wellen des Kattegats und des Skagerraks, vulgo: Nord- und Ostsee, inmitten weißer Strände aufeinander. Rechts ist Strand, links ist Strand und dazwischen – Strand, Sand, Sonne, Himmel, Meer und sonst nichts. Selbst der Blick landeinwärts ist ein Blick auf einen Strand. Quirliges Badeleben im Sommer, und in der dunklen Wintereinsamkeit stellt sich hier die Sinnfrage von ganz allein. Wenn Sie immer schon nach einer passenden Kulisse suchten, um sich über Ihr Leben klarzuwerden, sollten Sie im Januar an diesen Strand fahren.

Schon in der Antike galt das Ufer als Ort der Besinnung. Der Aristokrat von Welt sucht den «Strand als Ort der Kontemplation, und die naturverbundene Einsamkeit seiner Villa und richtet sein Leben danach aus. Man treibt ein wenig Sport, zieht sich zur Lektüre zurück, lässt von seinem Ruhebett dann und wann seine Angelrute ins Meer hinab und freut sich über den kleinsten Fang.» So beschreibt der Historiker Raimund Schulz den Alltag in einer römischen Villa am Meer. Dabei bleibt viel Zeit zum Nachdenken und Pläneschmieden. «Ganz bewusst scheinen römische Adlige den zurückgezogenen Aufenthalt am Meer zur kontemplativen Entspannung gewählt zu haben, um durch die Nähe zur Natur Erholung von erlittenen Wirren und Kraft für neues Handeln im Getriebe der Hauptstadt zu gewinnen – eine Vorstellung, die enormen Einfluss auf das aristokratische Leben der Neuzeit haben sollte: Sie wurde von der englischen Aristo-kratie des späten 17. Jahrhunderts vollkommen geteilt», so Schulz weiter.

Diese Idee zieht sich durch die abendländische Ge-schichte. Der französische Dichter Marc-Antoine Girard de Saint-Amant berichtete, dass er stundenlang auf einem Felsen sitzend den Meereshorizont betrachtete und dem Kreischen der Möwen lauschte. Die Unbeständigkeit des Meeres, aber auch die Licht-spiele und der glatte Wasserspiegel bei ruhiger See boten ihm Anregungen für Illusionen, Träumereien und tiefschürfende Gedanken. Er und seine Kollegen genossen Strandspaziergänge, sammelten Muscheln und blickten fasziniert auf die See zu einer Zeit, als die meisten Menschen diesen Ort noch mieden. Das stille Nachdenken, tiefgehende Gespräche und Tagträumereien waren Beschäftigungen, denen außer Dichtern und Philosophen in dieser Zeit nur wenige Menschen nachgehen konnten. Auch Heinrich Heine nutzte einen seiner zahlreichen Spaziergänge am Nordseestrand, um seine Gedanken um die Frage nach der menschlichen Existenz kreisen zu lassen. Ihm machte das Meer die eigene Bedeutungslosigkeit im Weltenlauf bewusst: «Gar besonders wunderbar wird mir zu Mute, wenn ich allein in der Dämmerung am Strand wandle, – hinter mir flache Dünen, vor mir das wogende, unermessliche Meer, über mir der Himmel wie eine riesige Kristallkuppel – ich erscheine mir dann selbst sehr ameisenklein, und dennoch dehnt sich meine Seele so weltweit.»

Seit dem 18. Jahrhundert begannen die Menschen endgültig, den Strand zu genießen, in sich hineinzuhorchen und diese Gefühle auszukosten. Damit wurde das Meer zu einem Ort der beglückenden Innerlichkeit, des Innehaltens und der Nabelschau. Als ob die Wasseroberfläche dem Betrachter einen Spiegel vorhielte, in dem er nach sich selbst suchen und sich in der Welt erkennen kann. Corbin drückt das lyrisch aus: «Am Meeresufer, angesichts der Leere des Ozeans und der Verfügbarkeit des Strandes, kann das moderne Subjekt sich selbst entdecken, seine eigenen Grenzen erfahren.» Heutzutage werfen auch gewöhnliche Erdenbürger, sobald sie zu Geld gekommen sind, gerne einen Blick auf die Immobilienangebote an den Küsten der Welt. Der Reiz, in einem Häuschen am Meer ein paar klare Gedanken fassen zu können, ist längst kein Privileg der Künstler und Aristokraten mehr.

Paradiesische Parallelen

Ufer bedeutet zwar nicht immer gleich Strand, aber im Wunschdenken der meisten Menschen ist das durchaus der Fall. Beides bietet Genussmenschen ein passendes Ambiente, das spiegelt sich auch in der Werbung. Ob Eis, ob Rum, ob Bier – der Strand bietet gerade für Produkte, die mit Lebensgenuss zu tun haben, eine überzeugende Kulisse. Tanzende Schönheiten aller Hautfarben, athletische Körper, die sich verführerisch im Sonnenlicht bewegen, das durch Palmwedel hindurchzwinkert. – Strand, Ufer und Insel dürften die Orte sein, die verbreiteten Vorstellungen des Paradieses am nächsten kommen. Der Strand ist die ideale Landschaft glücklicher Menschen, deshalb stellen Werbestrategen ihre Protagonisten so gerne in den Sand. Dort werden nach den Beobachtungen von Jean-Claude Kaufmann Werte wie Zwanglosigkeit und Toleranz kultiviert: «Der Strand denkt nicht gern und redet nicht gern.» In einem Alltag, in dem sich Viele als reglementiert erleben, ein weiterer Schlüssel zum Meeresglück. Auf Mallorca kam ich einmal mit einem deutschen Obdachlosen ins Gespräch. Er hatte alle Brücken nach Deutschland abgebrochen und schlug sich nun mit Betteln durch – und war durchaus glücklich: «Hier habe ich die Sonne, den Strand und das Meer. Mehr brauche ich nicht. Ich bin hier reicher, als ich es zu Hause je sein könnte.»

Für die Attraktivität dieser Kulisse sprechen auch die Buchungszahlen der Tourismusindustrie. Der Aufenthalt in Feriendomizilen, gut umsorgt vom Reiseveranstalter und von der wärmenden Sonne, ist in gewissem Sinne ein kurzer Aufenthalt im Paradies. Zumindest aber bedeutet er eine starke Annäherung an verbreitete Vorstellungen davon. Und das Leben wäre ohne die Hoffnung auf den zeitweisen Aufenthalt im Paradies, ohne gelegentliche Ausflüge dahin oder zumindest die Erinnerung daran schwer auszuhalten.

Nachdem die siebziger und achtziger Jahre eine Zeit der Touristenbeschimpfungen waren, schauen die Tourismusforscher heute genauer hin, welches Glück Menschen am Strand tatsächlich finden. Der Tourismussoziologe Walter Kiefl ist überzeugt: «Ein wichtiger Aspekt des Strandlebens betrifft – neben der Möglichkeit zum unmittelbaren Kontakt des Körpers zur Natur – die Definition des Strandes als lockere, zwanglose oder sogar paradiesische Gegenwelt zum stark determinierten und organisierten (Berufs-)Alltag der Besucher.» Aber was genau ist eigentlich das Paradiesische am Strand? Menschen begegnen einander am Strand wie Adam und Eva in Badehose, befreit vom Unterscheidungsrausch des Alltags. Soziologen kommen daher zu dem Schluss, dass das Strandleben ebenso wie der Karneval, Fußball oder die Prostitution als *Ventilsitte* betrachtet werden kann, die die Möglichkeit totaler Freiheit und Gleichheit bietet – wie im Paradies eben. Selbst die künstlichen Erlebniswelten von Ferienclubs sieht Walter Kiefl als Stück Paradies, und zwar durchaus als eines mit positiven Folgen. «Indem sich im Hinterkopf das Bild einer Gegenwelt einnistet, werden möglicherweise einige drückende Konventionen und Selbstverständlichkeiten hinterfragt und manches des im Schonraum Gelernten in den normalen Alltag hinübergerettet», meint er optimistisch. Und er geht noch einen Schritt weiter und empfiehlt, das Experimentieren mit dem paradiesischen Stranddasein für die direkte therapeutische Arbeit zu nutzen: «Noch scheinen die Veranstalter das therapeutische (und auf lange Sicht auch die Gesellschaft verändernde) Potenzial der arrangierten Ferienwelten nicht recht erkannt zu haben, von einer gezielten Pflege, Weiterentwicklung oder Nutzung nicht zu reden.» – Vielleicht sollten die Universitäten bald eigene Fachbereiche für die Strand-Psychotherapie einrichten – über mangelnde Studentenzahlen könnten sie sicher nicht klagen.

Zum Paradies gehört natürlich auch das Nichtstun. Denn erst mit der Vertreibung daraus begann die Sache mit dem Graben und dem Spinnen und dem unter Schmerzen Gebären. Mehr als alle anderen Urlaubsarten ermöglicht das Strandleben, sämtliche Nuancen des Wortes Muße zu erleben. Im Gebirge legt man zwar gelegentlich auch eine Rast ein, allerdings nur, um neue Kraft für den weiteren Auf- oder Abstieg zu sammeln. Das Mittelgebirge will in endlosen Spaziergängen durchwandert sein. In der Wüste muss man zusehen, dass man Schutz vor der kalten Nacht oder die nächste Wasserstelle findet. Der Blick ist auf die nächste Oase gerichtet. Kaum jemand wird sich den ganzen Tag mit einer Kühltasche bewehrt in den Wüstensand setzen und den Ausblick genießen. – In viele Landschaften der Welt reist man, um sie zu durchqueren, Strand aber bedeutet: angekommen sein und einfach nichts mehr tun *müssen.*

Dolce far niente *am Strand*

Ein Strandurlaub bietet ein Höchstmaß an Nichts-tun-Müssen. Man döst, baut eine Sandburg, schlürft Melonenhälften aus, blättert in Zeitschriften oder unterhält sich, träge zum Horizont blinzelnd. Erst abends beginnt das Flanieren und Dinieren. Der Tag am Strand ist ein Tag in Muße. Millionen von Urlaubern schätzen das Jahr für Jahr von Marbella bis Goa, von Tahiti bis Santa Barbara. Der Tourismusforscher Walter Kiefl findet einen solchen faulen Strandurlaub legitim und stärkt dem Badepublikum den sonnenbeschienenen Rücken. Er plädiert gar dafür, den Ruf des Strand- und Badeurlaubs zu rehabilitieren, der aus der Perspektive unserer leistungs- und aktivitätsverliebten Hektikgesellschaft zu Unrecht verunglimpft werde. Die Sehnsucht nach Spaß, Freude und Nichtstun am Strand sei weit verbreitet, auch wenn das Kritikern nicht in den Kram passe. Anstatt also Badeurlaubern pauschal ihre Lethargie vorzuwerfen, lohnt ein Blick auf die spezifischen Glücksmomente dieser Daseinsform.

Erholung ist und bleibt das Hauptziel der Glückssuche auf Reisen, auch wenn das bildungsbürgerlichen Ansprüchen widersprechen mag. Bereits die Römer schätzten den müßiggängerischen Strandurlaub. In der malerischen Bucht von Neapel entspannte von der täglichen Mühe in Amt und Würden, wer es sich leisten konnte. Man aß gut, philosophierte leidlich und kultivierte das Nichtstun. Die Sommerhitze trieb die Menschen damals wie heute an die Küste. Die Oberschicht überzog die Küste mit mondänen Villen. Zur Kultur des *Otium* gehörte nicht nur die Muße im Sinne von Faulenzen, sondern auch im Sinne von Bildung. Man las Gedichte, diskutierte Kunst und Staatsgeschäfte, verfasste Briefe, betätigte sich körperlich. In den Strand-villen bildete sich eine besondere Form der Gastlichkeit heraus, die dem Glücksbegriff Epikurs und der Hedonisten sehr nahe-kam: der bereichernde Austausch mit verwandten Seelen.

In diesem maritimen Ambiente verlebten die Aristo-kraten die heißen Sommermonate. Historiker haben sich auch der Architekturgeschichte dieser Villen am Meer gewidmet und herausgefunden, dass die Zimmer meist auf das Meer hin ausge-richtet waren. «Der Speisesaal ist ans Meer gebaut. Flügeltüren und große Fenster bieten eine prachtvolle Aussicht auf die See, den Wald und die Berge. Selbst die im Baderaum Schwimmenden haben einen freien Blick aufs Meer; vom Turmzimmer schweift das Auge über das weite Wasser, das lang sich hinstreckende Ge-stade und die anmutigsten Landhäuser», so schilderte Plinius der Jüngere sein Landgut Laurentium. Damit könnten auch moderne Immobilienhändler mühelos Kundschaft anlocken. «Einige Ge-mächer hallen wider vom Tosen der Brandung – schon die Anti-ke war sich der einschläfernden Wirkung des Meeresrauschens bewusst –, die Zimmer bieten mannigfache Ausblicke auf See und Inseln», berichtet der Historiker Raimund Schulz. Cicero schwärmte von seiner Villa bei Tusculum: «Schwerlich, schwer-lich kann etwas angenehmer sein als dieses Landgut, dieses Ufer, diese Aussicht auf das Meer.»

Reiseanalysen gehen den Motiven heutiger Urlauber auf den Grund und offenbaren immer wieder, dass sich seit den alten Römern nicht viel getan hat. «Sich erholen» und «ausspannen» be-legen nach wie vor den Spitzenplatz. Die Analysen zeigen, dass Entspannung, also Muße, Regeneration und Abstand vom Alltag, für mehr als die Hälfte der Urlauber an erster Stelle steht. Erst weiter hinten rangieren Ziele wie «neue Eindrücke sammeln», «Kontakte zu Einheimischen knüpfen» oder «etwas für Kultur und Bildung tun». Sportliche Aktivitäten tauchen oft erst am Ende der Skala auf.

Landauf, landab überwiegt am Strand ein regenerativ-passives Tun, also eigentlich ein Nicht-Tun: schlafen, dösen, aufs Meer schauen, die Leute beobachten, die Sonnencremetube öffnen und wieder schließen. Walter Kiefl zitiert einen 58-jährigen Bibliothekar am Strand von Rhodos: «Ich langweile mich nicht, auch wenn's vielleicht so aussieht. Ich hab so viel zu lesen, zu dem ich daheim einfach nicht komme. Ich kann die Gedanken schweifen lassen, und ich komme auch auf so manches, auch über mich, was ich so mache und was nicht so gut läuft und was ich besser machen könnte. Es ist eine schöpferische Pause.» In der Philosophie der griechischen Stoa war A-Pathie (= Leidenschaftslosigkeit) ein erstrebenswertes Ziel. Wer die Hauptaffekte Schmerz, Begierde, Furcht und Lust erfolgreich bekämpft, kann in stoischer Ruhe und Gelassenheit natur- und vernunftgemäß leben. Offensichtlich stellt sich ein Teil dieses von Philosophen erdachten Stoiker-Glücks am Strand ganz automatisch ein.

Liegestuhl-Phantasien

Nicht Sport, Bildung und interkulturelle Erfahrungen stehen also am Strand im Vordergrund, sondern: Müßiggang, Tagträumereien und Phantasiereisen. Alles, was wir uns im Büro nicht leisten können. (Schauen Sie einmal zehn Minuten lang aus dem Fenster, wenn Sie sicher sind, dass Ihr Chef Sie beobachtet.) So gab eine 24-jährige Friseurin in der Strand-Umfrage von Jean-Claude Kaufmann zu Protokoll: «Wenn du so am Strand liegst und ein wenig liest, schläfst, döst, bist du ein bisschen in deiner eigenen Welt, du bist ganz allein, du redest ein wenig mit zwei, drei Freundinnen, du erschaffst dir deine eigene Welt, du bist ein bisschen wie in einer Kristallkugel.» Und eine 26-jährige Sekretärin pflichtete bei: «Man ist hier, um sich zu sonnen, es warm zu haben, es sich gut gehen zu lassen, an nichts Großes zu denken, außer vielleicht an irgendwelche kleinen Dummheiten.» Der Wissenschaftler kommentiert diese verbreitete Einstellung so: «Der Strand ist zum Teil dieses halb bewusste, halb unbewusste Dahintreiben, dieses Kommen und Gehen zwischen Träumereien und sanften Körperempfindungen.»

Tagträume sind also ein wichtiger Teil des Uferglücks. In leistungsfixierten Gesellschaften gelten Tagträumereien als uneffektiv, pubertär, gar neurotisch. Entsprechend wurde das lustvolle Nichtstun und Aufs-Meer-Schauen als Zeitverschwendung desavouiert. Psychologen betonen dagegen, wie wichtig das innere Kino für Glück und Zufriedenheit ist. Eine Liegestuhl-Tagtraumreise in der warmen Sonne könne ein enormes Glücksempfinden produzieren, betont der Wuppertaler Psychologe Andreas Langens. Er erforscht die Effekte von Tagträumen auf die Psyche und fand heraus, dass diese uns auf Herausforderungen vorbereiten und dabei helfen, Ziele zu erreichen. Tagträume sind nämlich auch ein Spiegel der Ziele, die wir im Alltag verfolgen: «Jedes Ziel ist eine potentielle Quelle von Tagträumen.» Hochmotivierte Träumer erreichen ihre Ziele leichter, wenn sie sich deren Verwirklichung bildlich vorstellen. Tagträume verraten uns etwas über Lebensziele, die wir rational oft noch nicht formulieren können, und sind damit auch eine Quelle der Selbsterkenntnis. Und vor allem: Langens fand, dass Tagträume die Stimmung aufhellen; Tagträume produzieren positive Emotionen. Unser Gehirn schafft sich schöne Gefühle selbst und tröstet damit auch über unglückliche Episoden hinweg. Hier kann die gescheiterte Beziehung doch noch glücken und der Chef zu Hause in unendliche Weiten entschwinden.

2000 Jahre Ballermann

Strandleben ist schon immer auch ein Synonym für Hedonismus gewesen, vor allem an den Ufern warmer Länder. In seiner *Aeneis* berichtet Vergil beispielsweise von einer Segelregatta, die von vergnügungssuchenden Zuschauern vom Strand aus beobachtet wurde – ein früher Vorläufer heutiger Strand-Events. Auch die *Dolce Vita*- und Ballermann-Kultur ist kein Phänomen der Neuzeit. Nichts, was Urlauber heute am Strand glücklich macht, hätten Touristen etwa im antiken Neapel verschmäht: Dekadenz, zur Schau gestellter Reichtum, Ausschweifungen und dann zur Abkühlung ein Sprung in die Fluten. Nichts davon ist eine Erfindung der Moderne, außer vielleicht Jetski-Fahren und Massentourismus. Das, was die Urlauber der Antike am Strand erlebten und liebten, dürfte sich nicht sehr von heutigen Pauschalreisen unterschieden haben.

Bereits gestresste Römer ließen ihre laute und heiße Stadt hinter sich. Die Bucht von Neapel gilt als erster Massen-Badeort der Geschichte. Das Leben dort bot alle Merkmale heutiger Touristenmagnete von Phuket bis Palma de Mallorca: Restaurants, schöne Strände, halbnackte Menschen, Bars, Spelunken, Bordelle. Ballermann-Touristen hätten sich dort wohlgefühlt. Der australische Journalist Tony Perrottet bezeichnet die Bucht als «wichtigste Bade- und Vergnügungsmeile der damals bekannten Welt». Selbst der Ausbruch des Vesuvs, der Pompeji unter sich begrub, unterbrach die sinnenfreudige Strandparty nur kurz. In den nicht betroffenen Orten wurde in der folgenden Saison umso entschlossener weitergefeiert.

Auch damals schon schüttelten ernsthaftere Zeitgenossen den Kopf über die Ballermann-(Un)Kultur. Seneca schimpfte über das «schamlose Treiben», das ihm den nächtlichen Schlaf raubte, beschwerte sich über Betrunkene, die am Ufer entlangtorkelten, über laute Bootsgesellschaften und nächtliche Badeorgien. Reklamationen, die auch heutigen Reisebüros vertraut sein dürften. Die Römer betrieben in den Badeorten Ausgleichssport, stemmten Gewichte, vertrieben sich bei Ballspielen die Zeit, und ließen sich auf Massagebänken durchkneten. Von seinem Aufenthalt über einer Badeanstalt im Küstenort Baiae berichtet Seneca: «Stell' dir nur nun alle Arten von Geräuschen vor, die einen wünschen lassen, man hätte keine Ohren: Wenn die

Tüchtigen ihre Übungen machen und, Bleigewichte in den Händen, die Arme schwingen, wenn sie sich abmühen (oder so tun, als ob sie sich abmühten), dann höre ich ihr Stöhnen, und, sooft sie den angehaltenen Atem wieder ausstoßen, erst ein Zischen und dann ein ganz scharfes Atemholen ... Wenn aber auch noch der Ballausrufer dazukommt und Bälle zu zählen beginnt, dann ist's vollends aus ... Und abgesehen von diesen Leuten, die – falls nichts sonst – mit normaler Stimme reden, stell' dir den Achselhaarentferner vor, der, damit er Aufmerksamkeit auf sich zieht, in einem fort einen dünnen und schrillen Ruf ausstößt und nie still ist – außer wenn er gerade jemandem die Achseln auszupft und so einen anderen statt seiner selbst zu schreien zwingt; und dann noch die verschiedenen Rufe der Getränke-, Würstchen- und Süßigkeitenverkäufer, und all die Betreiber von Imbiss- ständen, die ihre Sachen mit einem ganz bestimmten und je eigenen Singsang feilbieten.» Seneca schwirrte von dieser Kako- phonie der Kopf, und er suchte alsbald das Weite. So wie viele Urlauber jenseits einer bestimmten Altersgrenze die Ballermann- Strände meiden wie den glühend heißen Strand in der Mittags- hitze.

In den römischen Badeorten gab es luxuriöse Thermen, wo man baden und andere Menschen dabei beobachten konnte. «Ein Ambiente der Lust und Eitelkeit», urteilt Tony Perrottet. Baiae sei von Hedonisten «vergöttert und von Moralisten» gegei- ßelt worden. Es war das Ibiza des Römischen Reichs und wegen seiner berüchtigten Ausschweifungen ein Mekka für Vergnü- gungssüchtige. Die Ansprüche an das Strandglück scheinen sich kaum zu wandeln. Perrottet bemerkt: «Es gehörte nie zu den antiken Freizeitvergnügungen, leere Strände zu suchen, um dort allein auf goldenem Sand zu träumen. Beim Gedanken an einen einsamen Streifen Strand ohne all die hilfreichen Annehmlichkeiten der Zivilisation bekamen die Römer eine Gänsehaut; die Stille war für sie eine Erinnerung an den Tod. Wenn es darum ging, das Genusspotenzial der Küste auszureizen, zogen sie Ferienorte wie Baiae vor, voller Lärm, geschäftigem Treiben, Partys und guten Restaurants rund um den Hafen.»

Auch der Historiker Christoff Neumeister beschreibt Baiae als Inbegriff des Lotter- und Lasterlebens: «Bis in die Nacht hinein werden laute Strandpartys gefeiert, sodass die Seen der Gegend widerhallen vom Geschrei und Gesang der Feiernden und von dem Spiel der Musikbands – das Wasser ist bedeckt von den bei dieser Gelegenheit hineingeworfenen Rosenblättern – beim obligatorischen Umzug danach torkeln die Feiernden entweder betrunken am Strand entlang oder fahren in den flachgängigen, bunt bemalten Vergnügungsbooten, die für die Region damals charakteristisch waren, die Küste entlang – kurz: Es ist ein Treiben, von dem ein anständiger Mensch, der um seine sittliche Vervollkommnung bemüht ist, sich am besten so weit wie möglich fern halten sollte.» So förderlich der Ort aufgrund der guten Meeresluft und der Thermalquellen für die Gesundheit gewesen sei, so sehr habe er letztlich die guten Sitten gefährdet, meinten Kritiker. Die Zügellosigkeit brachte das Luxusbad in Verruf. Varro, ein Zeitgenosse Ciceros, schrieb eine Satire auf die mit dem Badeleben einhergehende Enthemmung: Junge Mädchen verloren am Meer ihre Unschuld, Frauen lebten ein Leben, das zu Hause verpönt war. Und Knaben seien dazu verführt worden, sich wie Mädchen zu verhalten, also homosexuelle Praktiken auszuprobieren. Im Gegenzug war es älteren Besuchern möglich, eine zweite Jugend zu erleben. Untreue, Ausschweifungen und Sittenlosigkeit also, so weit das Auge reicht. Glück satt.

An den Ost- und Nordseestränden entdeckte man das Ufer als Erlebnis- und Vergnügungsraum mit 2000 Jahren Verspätung. Nach der Gründung der Seebäder kamen zunächst nur Kranke zum Kuren oder der Adel zum Promenieren an die Küsten. Noch lag eine himmlische Ruhe über den Stränden. Mit der Entdeckung des Massentourismus rückten dann auch hier Spaß und Unterhaltung in den Vordergrund. Kurhäuser entstanden, Spielfelder für Fußball, Krocket und Tennis wurden angelegt. Gegen Ende des 19. Jahrhunderts kamen Segelregatten in Mode, sogar organisierte Seehundjagden und Möwenschießen konnten gebucht werden. Bis hin zur Massenunterhaltung mit Wattpolonaisen, Shopping und Bars blieb kaum ein Wunsch mehr unerfüllt. Ob Disco-Night am Strand, Wasserskifahren oder nahtloses Bräunen am FKK-Strand – im 20. Jahrhundert war das Ufer endgültig als Spaßraum entdeckt. Es entwickelte sich zu einer Bühne, auf der wechselnde Stücke gegeben werden: Sportwettkämpfe, Spiele, Familienleben. Nicht zu vergessen die regelmäßig veranstalteten Watt-Golf-Meisterschaften im Schlick des Nordseebads Dangast, bei denen die Kontrahenten in blütenweißer Kleidung gegeneinander antreten – eines der schönsten Spektakel, die ich je an einem Strand gesehen habe.

Inselglück

Es gibt betörend schöne Inseln wie Capri, wo Prominente sich private Strandabschnitte sichern. Richard Branson, britischer Unternehmer und Gründer der Firmengruppe *Virgin,* ging einen Schritt weiter und erfüllte sich einen der populärsten Träume überhaupt: Er kaufte eine ganze Insel für sich allein, *Necker Island* in der Karibik. Branson nennt sie sein *private paradise.* (Sie können dort für rund 20 000 Dollar pro Woche mitsamt Partner oder Partnerin logieren.) Und weil es so schön ist auf einer eigenen Insel, kaufte er für seine Mitarbeiter gleich noch eine dazu. Das zehn Hektar große Juwel vor der australischen Ostküste soll zu einem ökotouristischen Refugium werden.

Christoph Kolumbus empfand beim ersten Anblick der Insel Kuba eine so «innige Freude», dass er es lange nicht fertigbrachte, sich loszureißen und seine Fahrt fortzusetzen. «Ich habe keinen schöneren Ort je gesehen», schwärmt er im Bordbuch. George Grosz emigrierte 1933 in die USA, verbrachte aber 1935 noch einmal seine Ferien auf Bornholm. Hingebungsvoll zeichnete er Gräser, Fischernetze und Dünenlandschaften. Seinem Freund Hermann Borchardt berichtete er, wie die Insel sein Zeichnerherz aufs angenehmste erregte: «Könnte ich es einfordern, so würde ich gern einige Jahre als Einsiedler auf solcher Insel leben, dem konzentrierten Naturstudium ergeben.» Wie viele andere Menschen kam ihm die Vorstellung, ungestört auf einer Insel leben zu können, wie ein Paradies auf Erden vor. Caspar David Friedrich und Heinrich Heine fanden auf Rügen bzw. Norderney ihre Inselparadiese. Lale Andersen («Wie einst Lili Marleen») fuhr seit 1945 immer wieder auf die Insel Langeoog. Lange lebte sie in einem reetgedeckten Haus namens *Sonnenhof* und wurde 1972 auf dem Inselfriedhof beigesetzt.

Wer es exklusiv mag, kann sich ins «The World»-Projekt vor der Küste Dubais einkaufen. Dort werden 300 Inseln aufgeschüttet, die später einmal den Umriss der Weltkarte haben sollen. Es ist das größte künstliche Inselprojekt der Welt und soll schon in wenigen Jahren fertig sein. Geplant sind exklusive Resorts für Urlauber und private Anlagen. Falls Sie an einem der Inselchen interessiert sind, reicht es, fünf bis acht Millionen Dollar mitzubringen und eine Bewerbung mit einem guten Projektvorschlag einzureichen. Adressieren Sie sie an Scheich Mohammed bin Rashid al Maktoum, Kronprinz von Dubai. Dann warten Sie eine Weile, und wenn Sie zu den handverlesenen Kandidaten zählen, steht dem Bau Ihrer persönlichen Trauminsel nichts mehr im Wege.

Inseln sind wegen ihrer Abgeschiedenheit beliebte Orte für Utopien und Glücksphantasien. Da macht es keinen Unterschied, ob jemand ein gedankenschwerer Philosoph ist oder ein Pauschalurlauber. Fangen wir mit den Gedankenschweren an: Platon zeichnete in seiner Atlantis-Erzählung ein idyllisches Eiland und begründete damit die Passion der Atlantis-Sucher. Sein Kollege Euhemeros schwärmte im vierten Jahrhundert v. Chr. von einer Insel mit idealen Gesetzen. Später gab es Erzählungen von einer am Äquator gelegenen Insel der Seligen. Diese Vision kratzte Iambulos im dritten vorchristlichen Jahrhundert auf sein Pergament. Sein utopischer Reiseroman *Der Sonnenstaat* erzählt davon, wie der Held von Äthiopiern gefangen genommen und auf einem Schiff übers Meer geschickt wird. Er segelt über den Indischen Ozean und kommt schließlich zu einer unbekannten

Insel. Dort findet der Held, wie in utopischen Inselromanen üblich, ein ideales fruchtbares Klima vor, ebenso eine konkurrenz- wie klassenlose Gesellschaft. Privatvermögen ist unbekannt; es herrscht paradiesischer Wohlstand. Nicht nur die Waren, auch die Frauen gelten als Allgemeingut. Mit dieser Utopie darf Iambulos als erster aktenkundiger Kommunist gelten.

Auch Dick und Doof alias Laurel und Hardy richten sich in *Atoll K* von 1950 ein kleines Utopia ein: Nachdem sie mit einigen Abenteurern eine einsame Insel in Besitz genommen haben, fällen sie den Beschluss, Gesetze, Steuern und Gefängnisse zu verbieten. Hardy wird Präsident und wacht über die verordnete Zwanglosigkeit. Leider scheitert die Utopie letztlich an den Schurken, die daraufhin in Scharen auf die Insel strömen und das kleine Eiland ins Chaos stürzen.

Corbin schreibt über die psychologische Anziehungskraft von Inseln: «Ob wehrhaft von wilden Klippen umgeben oder sanft im paradiesischen Meer ruhend, die Inselgestade bieten stets eine sichere Zuflucht, deren kindliche Unschuld den Konflikt zwischen dem natürlichen Verlangen und der moralischen Pflicht vorübergehend ausschaltet. Die Suche nach einem Ort des Rückzugs, nach der Insel des Glücks, verwandelt sich bei den Romantikern in einen Wunsch nach mütterlicher Geborgenheit.» In solchen Szenerien können sich regressive Gefühle frei entfalten, was auf Urlauber einen magischen Sog ausübt. «Innerhalb des Inselreiches üben kleinere Buchten und vor allem Grotten die stärkste Anziehungskraft aus. Diese intimen Paradiese, Substitute des mütterlichen Schoßes, in denen, fern von jedem Menschenohr, der Stein dem Wasser lauscht und dem Meer antwortet, steigern die Badefreuden ins Unermessliche.» Mehr als an normalen Küstenstreifen haben Menschen auf Inseln das Gefühl, wirklich an einem anderen Ort zu sein. Das ist eine verlockende Perspektive, wenn man «reif für die Insel» ist.

Auch in der Weltliteratur sind Inseln immer wieder Orte des absoluten Glücks. Denker und Literaten siedelten dort immer wieder utopische Gesellschaftsformen an. Dazu gehörten auch (meist männliche) Phantasien über sexuelle Libertinage: das Tahiti-Idyll, das Glück auf den Marianen – sie werden immer wieder besungen. Als visuellen Höhepunkt bannte Paul Gauguin halbnackte, blütenbekränzte Tahitianerinnen auf die Leinwand. Es sind Bilder sinnlicher Glückseligkeit, die die Phantasie des Publikums in höchstem Maße anregten. Die wurde beim deutschen Publikum auch von den Nördlichen Marianen gespeist, der deutschen Südsee-Kolonie von 1899 bis 1919. Nachdem das Deutsche Reich den Spaniern die Inselkette im Pazifik abgekauft hatte, sorgten zahlreiche Reiseberichte für heiße Inselphantasien im kalten Mutterland.

Auch der heldenhafte Odysseus wusste das Inselglück zu genießen. Er rettet sich, nachdem er Schiff und Mannschaft verloren hat, mit letzter Kraft auf ein Eiland, das sich als kleines Paradies entpuppt und von der freizügigen Nymphe Kalypso bewohnt wird, die hocherfreut ist über den seltenen Gast – und zwar nicht nur, weil sie mit ihm anregende Gespräche führen kann. Erst nach einigen Jahren soll Odysseus auf Anweisung des Zeus das Inselchen wieder verlassen. Homer und Gauguin hätten sich verstanden.

Bis heute mögen Reisende kleine Inseln. Baltrum ist mit gerade einmal neun Quadratkilometern und 500 Einwohnern die kleinste der typischen Urlaubs-Nordseeinseln. Das «Dornröschen der Nordsee», wie die Insel beworben wird, ist 5,5 Kilometer lang und an der breitesten Stelle 1,8 Kilometer breit. Was zieht Urlauber auf so kleine Flecken Erde, und das in vielen Fällen sogar Jahr für Jahr?

«Unsere Gäste genießen besonders die Autofreiheit, die auch mit der Größe zu tun hat. Man könnte sich hier mit dem Auto gar nicht bewegen. Die Urlauber schätzen die kurzen Wege auf der Insel, überall ist man schnell zu Fuß. Und wegen der Kleinheit ist das Meer, wo man sich auch befindet, zu spüren oder sogar zu sehen», erklärt Peter Puls, der für die Öffentlichkeitsarbeit Baltrums zuständig ist. Und er fügt hinzu: «Dem Argument, auf der Insel habe man innerhalb kürzester Zeit alles gesehen, entgegnet der Baltrum-Fan: Ich kann da jeden Tag etwas Neues entdecken! Wobei er die Liebe zum Detail meint – Fauna, Flora, Strand.» Jugendliche beschreiben Baltrum als «total geil!». Und der typische Urlauber verspüre sich früher oder später als ‹Teileigentümer› des Eilands, so Puls: «Die kleine Insel ist für ihn eine Art großes Privatgrundstück – überschaubar, abgeschottet und sicher.» So entstehe letztlich ein Wir-Gefühl. Eine Wohltat angesichts der modernen Anonymität.

Einen Höhepunkt insularer Überschaubarkeit erlebt man auf Malta. Die Insel bietet auf engstem Raum einen Querschnitt durch 6000 Jahre Geschichte. Sie wurde von Phöniziern, Griechen, Römern, Arabern, Spaniern und Briten beherrscht. Wäre der Straßenverkehr nicht lebensgefährlich, könnte man die ganze Insel unbesorgt mit dem Fahrrad erkunden, ohne wirklich weite Strecken zurücklegen zu müssen. Man startet in der Hauptstadt Valletta, fährt dann einige Kilometer weiter zur Kathedrale von Mdina, um dann nach Rabat und seinen römischen Katakomben abzubiegen. Auf dem Rückweg macht man einen Abstecher zu den steinzeitlichen Tempeln von Hagar Qim und Mnajdra. Dann beschließt man den Abend in einer modernen Bar in Valletta, die alle Kreditkarten akzeptiert. Keine Ablenkungen durch ein tiefes Hinterland, der Geist verliert sich nicht in der Landschaft. Und innerhalb weniger Tage kennt man sich hier aus wie in seinem heimatlichen Stadtviertel. Das lieben Inseltouristen.

Auf einer Insel ist man von den Einflüssen des Festlands abgeschnitten. In der Wahrnehmung von Einheimischen bedeutet das Leben auf einer Insel zwar auch, auf sich selbst zurückgeworfen zu sein, und nicht selten auch, sich zu langweilen. Sie empfinden ihr Dasein als Begrenzung und Freiheitsberaubung, aber gerade für einen Urlaub bietet sich diese überschaubare Daseinsform an. Viele Menschen buchen ihren Urlaub deshalb auf möglichst kleinen Inseln – finden es aber unvorstellbar, dort den Rest ihres Lebens zu verbringen.

Und wem die kleinste Insel noch zu groß ist, der richtet sich auf ihr eine eigene ein: mit einem weißblau gestreiften Strandkorb, der idealerweise im Zentrum einer hochaufgeschütteten Strandburg steht.

Strandkorb und -burg

So mancher Strand erstreckt sich bis zum Horizont. Das sagt nicht allen zu, die es ans Meer zieht. Reicht manchen der Strand an sich schon als Kontrastprogramm zur endlosen See, mögen es andere noch eine Idee intimer. Sie können auf bewährte Hilfsmittel zurückgreifen: Strandkorb und Strandburg. Damit ist es an der Zeit für ein persönliches Bekenntnis: Ich liebe Strandkörbe. Ein Strandkorb ist in erster Linie eine praktische Angelegenheit. Man hat Essen und Trinken in den Schubkästen unter der Sitzbank verstaut, ein Buch, die Sonnenmilch und Spielzeug für die Kinder griffbereit. Er ermöglicht bequemes Sitzen und einen ungestörten Schlaf.

Als Erfinder des Strandkorbs gilt Wilhelm Bartelmann, ein Rostocker Korbflechter, der 1882 für eine rheumakranke Dame eine Sitzgelegenheit für den Strandaufenthalt bauen sollte. Heraus kam eine Frühform des bis heute verbreiteten Modells. Die Erfindung machte Schule und löste die bis dahin gängigen Strandzelte ab. Seitdem prägt der Strandkorb die Nord- und Ostseestrände. Dicht an dicht stehen sie vor allem in der Hochsaison aufgereiht und bieten ihren Besitzern Schutz vor Wind, Wetter und neugierigen Blicken.

Ein Strandkorb ist aber mehr als eine Sitz- oder Liegegelegenheit: er ist eine Insel auf der Insel. Wer die Weite des Strandes nicht mehr aushält, zieht sich in die beschützende Beengtheit zurück. Vielleicht sind Strandkörbe auch deshalb von den Nord- und Ostseestränden nicht mehr wegzudenken.

Zu dieser Sicherheitssuche an Strand und Ufer gehört auch die von Tourismusforschern beobachtete «Platztreue» von

Urlaubern. Verbringen die ihre Ferien in einer Anlage mit eigenem Strandabschnitt, so belegen sie nach Möglichkeit denselben Platz, möglichst sogar dieselbe Liege wie am Vortag. (Eine Angewohnheit, die an vielen Stränden der Welt bereits zu nationalen Stellvertreterkriegen geführt hat.) Strandkorbbesitzer mieten oft für den gesamten Aufenthalt denselben Korb, sodass sich bald ein heimeliges Gefühl einstellt. Die Gewissheit, seinen festen Platz am Strand gefunden zu haben, gibt Geborgenheit und Sicherheit. Ein kleines Stück Zuhause am unendlichen Meer. Urlauber im Strandkorb gleichen Einsiedlerkrebsen, die sich auf dem Meeresgrund vorbeischwimmende Schneckengehäuse aneignen und sie zur vorübergehenden Wohnstatt erklären, um vor Feinden sicher zu sein.

Aber steht nicht auch so ein Strandkorb oder eine Liege mit Sonnenschirm etwas ungeschützt herum, das Meer so endlos, die Sand- und Dünenwüste so weit? – Potzblitz, ja, dachten viele deutsche Urlauber und erfanden etwa zur Zeit der Reichsgründung von 1870: die Strandburg. Was machen Familienväter oder -mütter, die das Jahr über gewohnt sind, fleißig ihr Tagwerk zu verrichten, wenn sie am Strand sitzen, plötzlich zur Untätigkeit verdammt? Kontemplation beschäftigt nur begrenzt; die Kinder spielen und brauchen allenfalls ab und an ein Eis; der Smalltalk mit den benachbarten Strandkorbinsassen ist durch. Genau, man fängt an zu arbeiten und sich einen Ort der Geborgenheit zu schaffen. Aus diesem Impuls heraus entstand die Kultur des Strandburgenbaus. Sie war bis etwa in die siebziger Jahre des 20. Jahrhunderts hinein ein rein deutsches Phänomen, das nirgendwo sonst auf der Welt in dieser Ausprägung zu finden war.

Die gigantischen Ausmaße der Burgen kann man sich heute kaum noch vorstellen, da sie (glücklicherweise) aus der Mode gekommen sind. Auf alten Fotos sehen die Strände aus wie Mondlandschaften. Tiefe Krater wie von Meteoriteneinschlägen und hochaufgeschüttete Ringwälle ziehen sich kilometerlang über den Sand, jede Burg mit einem Durchmesser von zwei bis fünf Metern. Aus der Mitte ragt als sicherer Hort der Strandkorb, darum einige Meter intimen Raums, umgrenzt von einem hohen Sandwall. Diese Bauwerke hatten also so gar nichts gemein mit den amateurhaften Burgen, die Kinderhände formen, abwertend gerne als «Kleckerburgen» bezeichnet. Es waren generalstabsmäßig geplante Bastionen, und das Oberkommando darüber lag wie bei allen wichtigen Unternehmen der Menschheitsgeschichte bei den Männern, die sich mit stolzgeblähter Brust vor ihren Festungen fotografieren ließen.

Treibholz, Zaunlatten oder Steine bildeten das Fundament. Darauf wurden Unmengen von Sand gehäuft, die kreativ weiterbearbeitet wurden: Mit Tang, Muscheln und Treibholz, aber auch Butterbrotpapier und Kronkorken wurden die Strandburgen individuell verziert. Dabei entstanden vereinzelt durchaus Kunstwerke, die meisten Erbauer beschränkten sich jedoch darauf, die Orte kundzutun, aus denen sie kamen, was wiederum Identität stiftete. Manchmal dienten die Aufschriften auch zur Demonstration der Zugehörigkeit zu einer Gruppe («Rommé-Club Berlin», «Wir sind noch zu haben», «Die Arbeitsscheuen»). In der Zeit des Nationalsozialismus schmückten dann Hakenkreuzfähnchen und entsprechende Parolen die Strandburgen.

Selbst der Kleinbürgerlichkeit unverdächtige Zeitgenossen wie George Grosz gaben sich diesem Freizeitvergnügen hin.

Grosz und seine Freunde schmückten ihre Burg freilich mit roten Fähnchen und verteidigten sie erbittert gegen die deutschnationale Konkurrenz, die nachts versuchte, die rote Burg zu schleifen. An den Stränden tobte in den zwanziger und dreißiger Jahren ein politischer Stellvertreterkrieg. Die Lager errichteten je eigene Burgen und schmückten sie mit schwarzrotgoldenen, schwarzweißroten oder roten Wimpeln. Dann verboten die Kurverwaltungen diese Umtriebe, die ihnen schon lange ein Dorn im Auge gewesen waren. Trotzdem hielt sich diese Freizeitbeschäftigung stellenweise bis in die 1990er Jahre hinein. Schließlich läutete der Küstenschutz das Ende der ambitiösen Strandarchitektur ein.

Strandburgen waren letztlich nichts anderes als maritime Schrebergärten mit Befestigungscharakter. Und für zahllose Freizeit-Burggrafen waren sie der Inbegriff des ganz privaten Uferglücks. Statt der Weite des Strandes gegenwärtig sein zu müssen, bot die Strandburg einen privaten Raum, der gegen das Andere, Fremde schützt: Generationen von Urlaubern an Nord- und Ostsee schufen sich auf diese Weise ein überschaubares und Sicherheit vermittelndes Strandatoll. Den einen macht die Weite des Meeres und des Strandes glücklich, den anderen eben ihre aktive Verknappung. Wer die Endlosigkeit nicht aushält, schafft sich seine intime Zuflucht mit drei, vier Metern Durchmesser und Wall drum herum. Man mag vom Burgenfieber halten, was man will, es zeigt: Menschen schaffen sich ihr privates Glück am Ufer, selbst wenn sie aus dem Strand etwas machen, das seinem Wesen eigentlich widerspricht: ein beengtes Refugium. Im Grunde treiben Strandburgenbauer aber eigentlich nur auf die Spitze, was der Strand ohnehin *auch* ist, nämlich das Kontrastprogramm zur See. Hier reicht nur eben das sichere Ufer nicht, um ein Gefühl der Sicherheit zu erleben, man sattelt mit der Strandburg noch eins drauf – und therapiert damit eigene Verunsicherungen. Der Kunstwissenschaftler Harald Kimpel hat das Phänomen näher untersucht und kommt zu dem Schluss: «Dem unruhigen Element begegnet der zur Ruhe gekommene Tourist mit der Setzung eines Zeichens seiner Hoffnung auf wenigstens vorläufige Beständigkeit.» Kilometerweit wuchsen deshalb die Burgen in politisch bewegten Zeiten aus dem Strand und ermöglichten Generationen von Strandurlaubern, ihre Lust am Schöpferischen auszuleben.

Streckt man dann den Kopf aus der Burg heraus, schreckt das weite Meer nicht mehr, verursacht allenfalls einen wohligen Schauer. Die Formensprache ist also eine andere, im Grunde steht jedoch dasselbe Prinzip dahinter wie bei den in Kontemplation versunkenen Griechen oder bei Caspar David Friedrichs *Mönch am Meer:* Es ist die Lust, einen festen Untergrund zu haben als Rückversicherung gegen die Unendlichkeit von Meer und Himmel. Der Strandburgbauer versichert sich seiner Existenz und seiner Handlungsfähigkeit. Er wird sich seiner selbst in der Unendlichkeit gewahr und genießt die Illusion von Sicherheit. Enger und heimeliger als in der Strandburg kann Ufer fast nicht mehr sein. Das sichere Ufer am wilden Meer – auch das ein maritimer Glücksfaktor.

Kleine Psychologie des Meeresufers

Nüchtern betrachtet ist die Küste ganz einfach die Grenze zwischen Land und Meer. Aber in Wirklichkeit ist sie viel mehr. Von ihr bricht man auf und an ihr kommt man an. Das Meeresufer ist der Bahnhof unter den Landschaften. Der Strand ist ein Ort der Begegnung und des Übergangs. Uferstriche beziehen ihre Spannung aus diesem Aufeinandertreffen zweier Welten, zweier Daseins- und Fortbewegungsarten. Das Ufer ist ein Ort des Nicht-mehr und gleichzeitig des Noch-nicht. Der Strand ist eine undefinierte Kategorie, weder Land noch Meer. Er besitzt die Merkmale von beiden und ist doch zugleich etwas ganz Eigenes. Die Küste ist eine Sowohl-als-auch-Landschaft und eine Weder-noch-Landschaft. Sie ist weder festes Land noch ungreifbare See. Ufer und Küste sind reale, verlässliche Begrenzungen des Ozeans. Das Ufer ist fest und sicher, aber der Blick fliegt von hier aus auch schon auf das unsichere Meer hinaus. Die Küste ermöglicht beide Existenzformen, ähnlich einer grünen Oase inmitten der Wüste. Daraus entsteht eine reizvolle Spannung, die Menschen zu allen Zeiten genossen haben. Vielleicht ist das der Grund dafür, dass wir so gerne an der Küste stehen und aufs Meer schauen. Ohne das Meer macht das Ufer nicht glücklich und umgekehrt.

Zugleich markiert das Ufer die Grenze zwischen Natur und Kultur. Denn hinter dem Strand beginnt die bebaute, durch den Menschen in Besitz genommene und gestaltete Landschaft mit ihren Esplanaden, Promenaden, Läden, Hotels und Vergnügungsstätten. Noch einmal der Soziologe Kaufmann: «Der Strand ist vor allem der Gegen-Ort zur Stadt, er ist die Kargheit der

Landschaft und die Entblößung schläfriger, auf ihre hautnahen Empfindungen konzentrierter Körper. Der Urlauber versucht immer, noch mehr zu bekommen: an Sonne, an dargebotener Haut, an Tapetenwechsel, an Freiheit.» Der Übergang vom Kultur- in den Naturbereich zeigt sich beispielsweise im unwiderstehlichen Drang, sich seiner Kleider zu entledigen, sobald man sich hier an der Grenze zur Natur einfindet. Nacktbaden oder auch oben ohne ist am Meeresufer viel häufiger anzutreffen und scheint dort viel natürlicher als im Schwimmbad. Das Schwimmbad nämlich gehört eindeutig zur Kultur und zu dem von Menschen geschaffenen Bereich. Da gibt man sich eher bedeckt. Ufer dagegen sind müßiggängerische Zonen, die bereits zur Natur gehören, da fallen dann auch die Hüllen leichter.

Müßiggang, Vergnügen, sinnliche Anregungen und träge Blicke zum Horizont – schon beim Gedanken an das Meer entspannen sich die Muskeln, der Geist wird befreit, das Hintergrundrauschen des Alltags verebbt. Dieser Entspannungsmodus lässt sich auch gezielt einsetzen, um gestresste Zeitgenossen zu beruhigen. Dazu später mehr. Nun sollen einige Fahrten über das offene Meer zeigen, wie auch Stürme und gefährliche Strömungen glücklich machen können.

Meine Braut ist die See

Wer sich vor dem Sturme fürchtet,
der gehe nicht aufs Meer.

Pietro Metastasio

*D*as Meer ist zu allen Zeiten ein Schlüssel zum wirtschaftlichen und politischen Erfolg gewesen. Das machte es traditionell zu einem Medium männlicher Welterfahrung. Meer ist Männersache, weibliche Ausnahmen bestätigen lediglich die Regel. Zugleich wird die See seit der Antike gerne mit der launenhaften weiblichen Psyche verglichen – da lag die Idee nahe, man könne zur See fahren, um sie zu erobern wie eine Braut. Ein in der Männerwelt weit verbreiteter Gedanke, der ein besonderes Glücksversprechen zu bergen scheint. So ging es bei der Bewährung auf See nicht selten auch um den Sieg *über* die See. Während die eigenen Frauen am Ufer zurückbleiben, wird das Meer selbst zur Frau und zum Objekt männlichen Eroberungsdrangs. Wer die See bezwingt, bewährt sich auch als Mann.

Bestandene Herausforderungen bergen Glückserfahrungen. Das gilt nicht nur für Seefahrer, Entdecker, Extremsportler und Forscher, sondern für alle, die sich jemals mit dem Meer angelegt haben. So war das Meer immer auch ein Ort, von dem man erschöpft, aber glücklich zurückkehren konnte. Es dauerte ein paar tausend Jahre, bis auch Frauen das Meer als Herausforderung entdeckten. Mittlerweile mischen sie ganz vorne mit, durchschwimmen den Ärmelkanal oder umsegeln die Welt – glücklich und in Rekordzeit. Solche Ruhmestaten, die mit überwältigenden Glücksmomenten einhergehen, sind eine Grundkonstante in der Liebe des Menschen zum Meer.

Das Meer bezwingen – eine Aufgabe für echte Männer

Gilgamesch, eine der ältesten Sagen der Welt, erzählt von einer abenteuerlichen Reise über den Ozean. Gilgamesch befährt die Meere auf der Suche nach dem ewigen Leben. Doch das Unternehmen schlägt fehl, und am Ende klagt der Gescheiterte: «Hätte ich doch das Schiff am Ufer gelassen.» Es mag vielen Abenteurern so gegangen sein. Aber zum Glück ließen sich die meisten nicht schrecken. Wir wären sonst um viele Entdeckungen und Abenteuer ärmer.

Seefahrt und überstandene Herausforderungen unterscheiden Männer von Memmen. Mit einer Bewährungsprobe auf See geht oft eine besondere Aufgabe einher: das Goldene Vlies finden, den Minotaurus töten, einen neuen Kontinent entdecken, fremde Länder unterwerfen, Schiffe entern oder unbekannte Archipele kartieren. So war das Meer zu bezwingen in allen Kulturen und zu allen Zeiten eine Aufgabe für *echte* Männer. In ihren Köpfen hat das Dreigestirn Meer – Abenteuer – Glück seit je einen festen Platz. Selbst ein der Abenteuerlust unverdächtiger Denker wie Georg Wilhelm Friedrich Hegel war überzeugt:

«Das Meer gibt uns die Vorstellung des Unbestimmten, Unbeschränkten und Unendlichen, und indem der Mensch sich in diesem Unendlichen fühlt, so ermutigt ihn dies zum Hinaus über das Beschränkte. Das Meer lädt den Menschen zur Eroberung, zum Raub, aber ebenso zum Gewinn und zum Erwerbe ein.»

Mutige Seefahrer befuhren den Pazifikraum schon in Zeiten, als Gelehrte in Europa noch darüber diskutierten, ob man am Rande des Mittelmeeres in einen grauenvollen Abgrund stürzen könnte. Polynesien, Melanesien und Mikronesien wurden seit dem letzten vorchristlichen Jahrtausend durch seefahrende Völker aus Asien besiedelt – ohne moderne Navigationsgeräte. Die Polynesier wagten sich um 1000 v. Chr. an Reisen über das offene Meer, segelten in Kanus von Indonesien nach Neukaledonien und zu den Fidschi-Inseln.

Später entdeckten Griechen und Römer die Seefahrt als Bewährungsprobe. Das Mittelmeer, Zentrum der antiken Welt, war ein Ort der Irrfahrten und Schiffbrüche. Odysseus wurde von Poseidon mit Sturmfluten, Strömungswirbeln und anderen Hinterlisten verfolgt. Auch Vergil malt in seiner *Aeneis* ein ähnliches Bild. Doch irgendwie gelang es den Helden am Ende immer, sich aus den Schwierigkeiten zu befreien und ihre Mission zu einem guten Ende zu bringen. Sie wurden zu zentralen Figuren, die das kulturelle Gedächtnis tief prägten. Der Kampf gegen die Gefahren des Meeres gilt bis heute als Modell männlicher Selbstbehauptung.

Die Heldensagen trugen dazu bei, dass die Seefahrt unter griechischen Aristokraten zu einer kollektiven Mutprobe wurde. Die Überwindung der Furcht vor dem Meer und die glückliche Heimkehr entwickelten sich zu einer Art Initiationsritual.

«Das Ziel ist dabei zunächst zweitrangig», sagt der Althistoriker Raimund Schulz und fügt hinzu: «Mit dem materiellen Impetus verband sich so der aristokratische Ehrgeiz, den Kampf mit dem Meer aufzunehmen und dabei an die Grenzen menschlichen Könnens gegenüber der Allmacht der Götter und der von ihnen geschaffenen Ordnung vorzustoßen. Dahinter stand ein elementares Erlebnis: Vor der Aussicht auf Beute und dem Vorstoß in unbekannte Gewässer musste die Furcht vor dem unberechenbaren Element des Wassers überwunden werden.» Das Meer bot den frühen Seefahrern die einzige Möglichkeit, der Enge der heimatlichen Welt zu entfliehen und ihre Träume von Ruhm und Ehre zu verwirklichen. So wurde die Weite des Meeres zum Sinnbild für die absolute Freiheit des Aristokraten. Schulz weiter: «Aus der einmal bestandenen Mutprobe kann eine dauernde, das ganze Leben bestimmende Leidenschaft werden, eine Art Hassliebe, die den Menschen immer wieder dazu treibt, sich mit dem Meer zu messen und mithin das Böse zu besiegen. Dieses Spannungsverhältnis zwischen der Angst vor und der Sehnsucht nach dem Meer machte die Dynamik aus, die der griechischen Eroberung des Meeres von Beginn an innewohnte und ihre Geschichte immer wieder maßgeblich beeinflusst hat.»

Ein skurriles Beispiel für diese Eroberungslust ist der römische Kaiser Gaius Caligula, der nicht gerade durch besondere Feinfühligkeit berühmt geworden ist. Im Jahre 39 n. Chr. gelangte der selbstherrliche und größenwahnsinnige Caligula zu der Auffassung, es sei ihm als einem Gott, der über Land und Meer herrschte, unwürdig, den Ozean wie ein gewöhnlicher Mensch auf einem Schiff zu überqueren. Vielmehr müsse ihm das Meer ebenso untertan sein wie das Festland. Also ließ er eines Tages zwischen Bauli und Puteoli mit von überall her zusammengezogenen Schiffen eine drei Meilen lange Pontonbrücke errichten. «Die Schiffe wurden in doppelter Reihe miteinander vertäut, Planken über sie gelegt und auf diese dann eine Straßendecke aufgeschüttet, wie sie bei römischen Fernstraßen üblich war. Sogar Raststätten mit fließendem Wasser wurden längs der Strecke eingerichtet. Die Zahl der erforderlichen Schiffe war so groß, dass dafür auch die Transportschiffe, die sonst das in Puteoli entladene ägyptische und afrikanische Getreide in die Hauptstadt brachten, herangezogen wurden. In Rom kam es deswegen zu einer vorübergehenden Brotknappheit», erzählt der Historiker Christoff Neumeister. Die mit irrsinnigem Aufwand gebaute Straße wurde zwei Tage lang für theatralische Machtgesten genutzt. Danach war Caligulas Bezwingungsdrang in Sachen Meer gestillt, und er widmete sich wieder seinen Feldzügen gegen die Germanen.

Auch weniger martialisch veranlagte Naturen lobten die maritime Bewährungsprobe. Goethe notierte ins Tagebuch seiner italienischen Reise: «Hat man sich nicht ringsum vom Meer umgeben gesehen, so hat man keinen Begriff von Welt und von seinem Verhältnis zur Welt.» Und der Amerikaner William Stark, der in seiner Jugend das Studium schmiss und nach Australien flog, um auf einem der letzten Frachtsegler Kap Horn zu umfahren, berichtet, dass er dies im Bewusstsein tat, eine uralte Tradition fortzusetzen, «die für arme und privilegierte junge Männer gleichermaßen galt: alle Fesseln des Lebens auf dem Festland hinter sich zu lassen und das große Wagnis einer Fahrt auf einem Segelschiff anzutreten». Das Bewusstsein des besonderen Abenteuers führte auch dazu, dass ehemalige Kap-Horn-

Umsegler die Seefahrervereinigung der *Cap Horniers* gründeten. Die Mitglieder halten Kongresse ab, tauschen Erinnerungen aus und schwelgen in ihrer abenteuerlichen Vergangenheit.

Das Meer bietet die Möglichkeit, die eigenen Grenzen auszuloten, sie zu überschreiten oder ehrenhaft vor ihnen zu kapitulieren. Tourismuspsychologen haben herausgefunden, dass männliche Abenteuerurlauber an ihren Reisezielen bis heute vor allem Härte und eben Männlichkeit beweisen wollen. Das entspricht der überlieferten Geschlechterrolle mit ihren Idealen von Widerstandskraft, Durchsetzungsvermögen und Stärke. Vieles von dem kann in der modernen Gesellschaft kaum noch ausgelebt werden: Wo sind in unserem Alltag noch körperliche Höchstleistungen gefragt? Das Ertragen körperlicher und psychischer Strapazen wird mit Selbstbestätigung und gesellschaftlicher Anerkennung belohnt. Ein extremes Beispiel dafür ist Reinhold Messner, der sich seit Jahren die ungemütlichsten Orte der Erde aussucht, um seine Leistungsfähigkeit zu beweisen.

Nur etwa 30 Prozent aller Abenteuerreisen werden von Frauen gebucht. Das hängt zum Teil mit den Gefahren für alleinreisende Frauen in vielen Gegenden zusammen, aber auch mit alten Rollenauffassungen, wonach das einfach nichts für Frauen ist. Ihnen kam stets die Aufgabe zu, stolz auf die reisenden und erobernden Männer zu sein. Davon sang auch der meeressüchtige französische Chansonnier (und Segler) Renaud Séchan: «C'est pas l'homme qui prend la mer, c'est la mer qui prend l'homme. Mais elle prend pas la femme qui préfère la campagne.»

Erst die Moderne erlaubt Frauen dieselben Bewährungsphantasien. Die Koblenzer Psychologin Waltraut Walden befragte 40 Versuchspersonen nach ihren besonders glücklichen

Erlebnissen. Eine der Befragten gab zur Antwort: «Ein Segeltörn bei Windstärke 4–5 mit einer Jolle. Kampf mit Naturgewalten und die Beherrschung einer schwierigen Situation.» Gut, über *die* Windstärke können erfahrene Skipper nur müde lächeln. Entscheidend aber ist, dass sich Frauen von ihrer Rolle der an Land Zurückbleibenden verabschieden und mehr und mehr auch diese Art von Glück zu schätzen lernen.

Glücklich ohne Weibsleut' an Bord

Wo Raub und Eroberung, Gefahr und Erfolg in Aussicht stehen, bleiben Männer gerne unter sich. Schiffsgesellschaften waren jahrhundertelang geradezu zölibatäre Männerorte. Hier herrschen Kameradschaftsgeist, Disziplin, klare Hierarchien und Einsilbigkeit. Max Horkheimer und Theodor W. Adorno wiesen auf den engen Zusammenhang von männlicher Triebunterdrückung und Naturbeherrschung hin. Auf das Konto dieses alten Wunschtraums geht neben grandiosen Entdeckungen auch ein Gutteil der weltweiten Umweltzerstörung.

In der Welt maritimer Bewährungsproben hatten Frauen lange Zeit keinen Platz. Nur selten finden sie Nischen als Seefahrerinnen oder Piratinnen. Sie waren als Galionsfigur willkommen, aber als solche auch eher außen vor als voneweg. Auf den meisten antiken Schiffen war immerhin ein Aphrodite-Altar installiert, denn die Göttin der Schönheit und Liebe war auch Schutzherrin der Seeleute. Im Notfall wurden schnell Gebete gesprochen, um sie milde zu stimmen und den Verlauf der Reise positiv zu beeinflussen.

Die erste Fahrt eines Schiffes heißt Jungfernfahrt, und Frauen führen das Ritual der Schiffstaufe durch. Sie sind Taufpatinnen, Maskottchen und Pin-ups an Bord. Möglichst aber nicht real. Und damit sich daran nichts änderte, entwickelten Seeleute ein System frauenfeindlichen Aberglaubens. «Unnerröck an Bord, dat gifft Malheur!», raunten norddeutsche Matrosen unter gehissten Segeln. Verträge untersagten der Besatzung bei Strafe, Frauen mit an Bord zu nehmen. Das blieb ein Privileg der Kapitäne. Die weibliche Paraderolle ist die der daheimgebliebenen Seemannsbraut, die seefahrenden Männern Lorbeerkränze flicht und ihre Treue beweist (was viele Männer nicht taten).

Das schlug sich auch in der Literatur nieder. Der Autor Alfred Polgar schwärmte in *Meeresstille und glückliche Fahrt* von einem Segeltörn im griechischen Meer: «Das Schiff hatte acht Passagiere an Bord, keine Frauen darunter. Infolgedessen herrschte Freiheit und Friede, jeder konnte tun was er wollte, und besonders wer gar nichts tun wollte, fand hierzu die herrlichste Dauergelegenheit.» Er selbst stand an der Reeling und dachte über das Leben nach, «ohne zu einem erheblichen Resultat zu kommen». Seine Lobpreisung der frauenfreien Zone ist kein Einzelfall. «Wenn Frauengestalten unmittelbar in die Handlungsabläufe auf See einbezogen werden, so geschieht dies oftmals zur Erzielung komischer Effekte, die nicht zuletzt mit dem Motiv der Weiberfeindschaft von Seeleuten verbunden sind», so der Literaturwissenschaftler Peter Krahé, der die englische Seeliteratur durchforstet hat. Frauen an Bord erschienen den raubeinigen Seeleuten geradezu als maritimes Sicherheitsrisiko. Eine Ausnahme gibt es allerdings. In manchen Fällen tauchen die Damen in der Rolle des sittlichen Vorbilds auf. Edler Gesinnung, zeigen sie, wie man sich kultiviert und moralisch verhält – eine Rolle, die Männern kaum sympathisch gewesen sein dürfte. Einen Höhepunkt der verbreiteten Misogynie bot der englische Autor Richard Cumberland in seinem Roman *The Brothers*. Dort lässt er einen Seemann sagen: «I should not care if there were no such animals in the creation.» Gemeint waren die Frauen. Die Rollen sind also klar verteilt: Die Männer stürzen sich in exklusive Aktivitäten, Frauen bleiben an Land.

Radikal separierten die Inuit-Stämme in Alaska die Frauen vom Meer: Sie galten während der Menstruation als unrein und hatten den Ozean zu meiden, ansonsten hätten sie das Jagdglück der Männer gefährdet. In Grönland blieben früher sogar alle Frauen während der Waljagd in den Behausungen, um das Glück der Männer da draußen nicht zu stören. Die Abenteuer auf See wären vielleicht nicht ganz so schillernd ausgefallen ohne das weibliche Kontrastprogramm zu Hause. So konnten viele Männer eine ganz exklusive Beziehung zum Meer entwickeln. Hans Albers sang ihnen unvergesslich aus der Seele:

La Paloma ohé – einmal wird es vorbei sein.
Einmal holt uns die See
und das Meer gibt keinen von uns zurück.
Seemanns Braut ist die See,
und nur ihr kann ich treu sein.
Wenn der Sturmwind sein Lied singt,
dann winkt mir der Großen Freiheit Glück!

Die weibliche Herausforderung

Am Jadebusen in der Nähe von Wilhelmshaven liegt der Kurort Dangast, über seine Grenzen hinaus bekannt wegen seines urigen Kurhauses und des legendären Rhabarberkuchens. Das Kultcafé, aber auch der Rest des Ortes fungiert seit Jahrzehnten als Freiluftgalerie für Künstler der Region. Nähert man sich dem Ufer vom Kurhaus her, fällt der Blick auf zahlreiche Strandskulpturen: einen überdimensionalen Holzthron, eine jadegrüne, unbekleidete Dame mit sehnsüchtigem Blick aufs Meer, ein steinernes Gesicht, das eben noch aus dem Wasser schaut – und eine riesige Phallus-Skulptur. Sie erhebt sich wie ein Obelisk aus dem Sand und reckt sich selbstbewusst und mit allen biologisch-naturalistischen Details versehen in den Nordseehimmel. Mit gut zwei Metern Umfang und über drei Metern Höhe ist das imposante Werk nicht zu übersehen. Alle zwölf Stunden, also bei Hochwasser, wird es von der See besucht. Die Flut schleicht sich Zentimeter für Zentimeter über den Strand. Tausende schaumbekrönter Wellenzungen steigen aber nie wirklich so hoch, dass sie die steingewordene Männlichkeit ganz umspülen können. Es bleibt beim unerfüllten Rencontre. Ebenso fristgerecht verlässt das Wasser die Skulptur nämlich wieder, langsam Stück für Stück, um zwölf Stunden später unbeirrt wieder von vorne zu beginnen. Ein ewiger Dialog von Annäherung und Rückzug und ein Schauspiel, das Touristen je nach Alter zu albernem Kichern oder ungläubigem Staunen provoziert. Der Künstler, Eckart Grenzer, nannte den Phallus einfach «Grenzstein», der für ihn ein «verbindendes Glied zwischen der weiblichen See und der männlichen Erde» exakt an der Flutkante darstellt. Bei ihrer Errichtung 1984 sorgte die Skulptur für Irritationen, inzwischen haben sich die Einheimischen längst an den Anblick gewöhnt, benutzen den Stein als Fahrradständer oder Windschutz. Er ziert mittlerweile Hunderttausende von Urlaubsfotos und Postkarten. Selten wurde die Phantasie eines Verschmelzens von Männlichkeit und weiblicher See eindeutiger veranschaulicht.

Die Idee, das Meer und das Weibliche gleichzusetzen, ist erstaunlich verbreitet. Sie zieht sich munter durch die abendländische Kulturgeschichte bis in die Gegenwart. Ernest Hemingway etwa schrieb in *Der alte Mann und das Meer:* «Aber der alte Mann dachte immer an sie als an etwas Weibliches, als etwas, was große Gunst gewähren oder vorenthalten kann, und wenn sie wilde oder böse Dinge tat, geschah es, weil sie nicht anders konnte. Der Mond beeinflusst sie, wie er eine Frau beeinflusst, dachte er.» Nicht nur Matrosen, die sich in Ermangelung echter Frauen an Bord in erotischen Stellvertreterphantasien verloren, auch Künstler haben das Meer als weiblich-umschlingendes Element erlebt. Eine intensive, fast erotische Beziehung entwickelte Max Beckmann, der das Meer wie Eckart Grenzer als weibliches Gegenstück zur männlichen Welt empfand. Er sah die See als eine in «weiße glänzende Spitzen mit grüner Seide gekleidete» Frau. Es gibt wohl kaum eine Szene, die eine vergleichbare Liebesbeziehung zum Meer ausdrückt, wie die folgende Passage aus einem Brief an seine erste Frau Minna von 1909: «Ich liege auf einer Düne. Hinter mir höre ich das Rauschen des Meeres. Meine Augen sehen in den blauen Abgrund des Himmels. Manchmal hört man den Lärm des Meeres auch nicht. Wohl wenn der Wind nachlässt. Dann ist es ganz still. Zum Weinen still. Ich streiche mit der Hand leise über den Sand. Dann liege auch ich still. Nichts regt sich mehr. Hoch über mir schwebt langsam und lautlos eine strahlend weiße Möwe.» Und später, einige Jahre vor seinem Tod 1946, notiert Beckmann in sein Tagebuch: «War lang allein in Zandvoort, das Meer hat mich mal wieder – konnte mich gar nicht trennen, daher etwas zu lange und bei nach Hause noch etwas Weh, auch beim Lesen dann. Aber am Meer sehr gut ...» Beckmann sprach die See stets als weiblichen Gegenpart an: «Ach, wie schwoll mein Herz. Und diese Einsamkeit. Wenn ich der Kaiser der Erde wäre, würde ich als mein höchstes Recht mir ausbitten, einen Monat im Jahr allein zu sein am Strand.» Eine ungestörte intime Zweisamkeit mit der See als größter aller Wünsche und erste kaiserliche Anordnung – wenn das nicht wahre Liebe ist.

Ähnlich muss der französische Lyriker Saint-John Perse empfunden haben. Er schrieb eine Art Dialog zwischen zwei Liebenden, in dem der männliche Sprecher seine Geliebte mit dem Meer in eins setzt: «O, meine Geliebte mit dem Geschmack nach Meer ... Und wie das Salz im Korn ist, so hat das Meer in dir diesen Geschmack nach glücklicher Frau dir gegeben.» Sie antwortet hingerissen mit dem gleichen Bild: «... das ganze Meer in mir getragen wie im mütterlichen Gefäß.» Auch Heinrich Heine führte intime Dialoge mit der See. Über einen Aufenthalt auf Helgoland schrieb er: «Ich habe mich mit dem Meere wieder ausgesöhnt, (Du weißt, wir waren *en delicatesse*) und wir sitzen wieder des Abends beisammen und halten geheime Zwiegespräche.»

Und gelegentlich lässt die Literatur sich Männer auch für die See entscheiden, weil es mit den realen Frauen nicht so recht klappen will. Sten Nadolny etwa erzählt in der *Entdeckung der Langsamkeit* vom Schicksal des Seefahrers John Franklin. Als

der sich von seiner Angebeteten Gwendolyn eine Abfuhr ein-
handelt, wird ihm klar, was zu tun ist: «Er nahm sie als Hinweis
darauf, dass er sich nun wirklich für das Meer zu entscheiden
hatte. Jetzt wollte er Seefahrt und Krieg.»

Die Gleichsetzung des Meeres mit einer weiblichen Geliebten ist freilich kein Privileg moderner Künstler, sondern ein
uraltes, immer wieder reproduziertes Bild. Das spricht für die
Bedeutsamkeit dieser Vorstellung und ist einen näheren Blick
wert, denn sie verrät uns etwas über die intime Beziehung, die
Männer zur See entwickelten, sodass sie darüber bisweilen ihre
Frauen aus Fleisch und Blut vergaßen, die auf ihre Heimkehr
warteten. Und sie verrät etwas über ein spezifisch männliches
Meeresglück. Aufs Meer hinauszufahren hatte für Viele nicht
zuletzt eine erotische Komponente. Die See ist Braut, Freundin,
Geliebte, mal anmutig und bezaubernd, mal wild und unberechenbar. Schönheit, Rätselhaftigkeit, Unberechenbarkeit – da
lag der Gedanke nahe, das Meer mit weiblichen Attributen zu
versehen.

Die maritime Schönheit wurde schon in der hellenistischen Literatur mit einem erotischen Lebensgefühl verknüpft.
Cicero, Vergil, Ovid: sie alle besangen die Schönheit des Meeres.
«Schön ist das Meer bei Windstille, und in diesem Zustand gleicht
das Meer einer Frau: Die nur leicht bewegte See im Abendrot ist
von verführerischer und anmutiger Schönheit und weckt die Begierde des Mannes», so der Historiker Raimund Schulz über den
Gedankenhorizont dichtender Griechen und Römer. Auch in Japan kennt man übrigens die Gleichsetzung der Launenhaftigkeit
des Meeres mit der weiblichen Psyche. Dort gelten Frauen mit
einem «Wassercharakter» als besonders flatterhaft.

Und dann die Schiffe: *die* Fregatte, *die* Yacht, *die* Jolle, *die* Karavelle, *die* Toppmastkuff, *die* Schonerbrigg und *die* Schabracke – Schiffe sind weiblich. Sie heißen prosaisch *Petra I* oder *Petra II* oder lyrisch *Aurora*. Selbst wenn ein Schiff *Nordwind* heißt, geht man auf *die* Nordwind und segelt mit *ihr* nach Süden.

Während Frauen bis weit ins 19. Jahrhundert hinein nicht gern an Bord gesehen waren, sind Schiffe und das Meer selbst weiblich. «Es ist wie ein Fluss ohne Ende und riesig breit, der so durch die Literaturen fließt. Immer wieder: die Frau aus dem Wasser, die Frau als Wasser, als brausendes, spielendes, kühlendes Meer, als reißender Strom, als Wasserfall, als unbegrenztes Gewässer, durch das die Schiffe treiben, mit Seitenarmen, Tümpeln, Brandungen, Mündungen; die Frau als lockende (oder gefährliche) Tiefe.» So Klaus Theweleit in seinen *Männerphantasien.* Er sieht die Gleichsetzung von Weib und Wasser vornehmlich im Dienste der Unterdrückung der Frauen. Nur mit dieser Tradition im Rücken konnte der Chorus Mysticus im *Faust* mit dem Satz enden: «Das Ewig-Weibliche zieht uns hinan.»

Die Männer haben von Anfang an versucht, der See beizukommen, entwickelten ausgeklügelte Systeme wie Navigation, Nautik und Meteorologie; sie lasen in Seekarten und berechneten Kurse. Dem weiblich-chaotischen Meer setzten sie männliche Orientierungskunst entgegen: Kompasskenntnisse gegen die Sangeskünste der Nixen. Mit Mathematik und einer Portion Entschlossenheit gerüstet, machten sie sich auf, die See zu bezwingen. Fernrohr, Sextant, Mut und Willen, Technik und männliche Tugenden werden aufgeboten, um sie zu beherrschen. Nicht nur in der populären amerikanischen und australischen Surferliteratur wird die Bezwingung der Wellen und des Meeres mit der Meisterung von Frauen gerne in eins gesetzt.

Die See repräsentiert also ein Zwitterwesen von Chance und Vernichtung. Sie fasziniert und irritiert zugleich. Man kann sie nicht recht verstehen, aber auch nicht davon lassen, was nicht selten zu einer verhängnisvollen Affäre wird. Kaum eine andere Figur verkörpert die Vorstellung vom vernichtenden und zugleich erfüllenden und begehrenswerten Meer wie die der Meerjungfrau. Sie repräsentiert die ambivalenten Gefühle in Bezug auf die weibliche See und die als meeresgleich empfundene weibliche Psyche; Zeit für einen kleinen Abstecher in das schillernde Reich der Nixen – die einiges über die Männer, das Meer und das Glück verraten.

Nixenphantasien

«Sie sprach zu ihm, sie sang zu ihm; / da war's um ihn geschehn: / Halb zog sie ihn, halb sank er hin, / und ward nicht mehr gesehen», so Goethe in seinem Nixengedicht *Der Fischer*. Meerjungfrauen schlängeln sich unter vielen Namen durch die Kulturgeschichte: als Sirene, Nymphe, Najade, Melusine, Undine, Loreley oder Russalka. Verführerisch lockend sind sie stets auch undurchsichtig und geheimnisvoll. Sie sind ein Mix aus Mensch und Amphibie, obenherum Frau, von der Taille an abwärts Fisch, können einerseits sprechen, singen und haben menschliche Gefühle und bewegen sich zugleich im Wasser wie ein Fisch. Als

Kind habe ich mich immer gefragt, wo bei Nixen eigentlich die Kiemen sitzen. Aber darüber hat sich die kulturelle Überlieferung keine Gedanken gemacht. Künstler sind selten Naturwissenschaftler, und ohnehin geht es bei den Meerjungfrauen um etwas ganz anderes: Diese Wesen beflügeln die männliche Vorstellungskraft. Und ihre Bilder zeigen jahrtausendealte Vorstellungen vom weiblichen Meer, das Männern Glück oder Unglück bringt – je nachdem.

Der Ozean ist ein oft ungastlicher Ort, so verwundert es kaum, dass sich Seeleute, Künstler und Schriftsteller zu allen Zeiten freundliche Wesen ausdachten, um dem chaotischen Abgrund seinen Schrecken zu nehmen. Von Homer und Paracelsus bis Franz Kafka, von Hans Christian Andersen und Heinrich Heine bis Goethe und Oscar Wilde widmen ihnen zahllose Literaten Erzählungen, Balladen und Gedichte. Schon bei Hesiod (8./7. Jh. v. Chr.) tummeln sich Meeresnymphen im Ozean, muntern mit Tanz und Musik Seeleute auf und erretten Schiffbrüchige. Die Nymphen tragen Namen wie «Wellenspiel», «Farbenschimmer» oder «Meeresfrüchte»; bei Plato treten sie als Sängerinnen eines himmlischen Sphärenchors auf. Und erst die Maler: Hunderte von Ölschinken, Graphiken und Skizzen mit mal barocken, mal grazilen und überaus anmutigen Wasserwesen. Wenige so gelungen wie Chagalls *Nixe über Nizza*.

Vor allem die Romantiker konnten sich an der Meerjungfrau nicht sattdenken, -schreiben und -malen. Joseph von Eichendorff erzählt in seinem Gedicht *Sirenengesang* von einer Nixe am Riff, die ihr Haar kämmt und von den Inseln singt, die im Meer versunken sind. Am nächsten Morgen sind sowohl Riff als auch Nixe verschwunden, das Schifflein versunken, der Schiffer – nicht nur des Reims wegen – ertrunken. Auch bei Heine tauchen immer wieder Nixen auf. In seinem Gedicht *Mit dem Zauberschiff zur Wunderinsel Bimini* spötteln Undinen mit süß-mokanten Stimmen über die vorbeifahrenden Schiffe. Immer wieder werden neue Nixengeschichten erfunden, wie etwa jüngst in dem Roman *Nixenkuss* der New Yorker Autorin Samantha Hunt. Und bis heute wird alljährlich die Badesaison auf Coney Island mit einer schrillen «Mermaid-Parade» eröffnet. Gefeiert wird alles Maritime, das Meer, die gute Seeluft, die Badelust. Angeführt werden die vorwiegend türkis gewandeten Gäste von *King Neptun* oder *Queen Mermaid*.

Die Aufgaben einer Nixe sind vielfältig und ambivalent: Sie bezaubert Seefahrer mit ihrem Gesang, ihrem mädchenhaften Charme, mit nackten Brüsten und langem Haar. Sie geizt selten mit erotischen Signalen, ist verführerisch, aber auch fesselnd und freiheitsraubend. Nixen sitzen auf Inseln oder Felsen, wo sie auf Männer warten, auf ein Techtelmechtel, eine gute Partie, eine allfällige Rettungsaktion oder einfach die Gelegenheit, einen Seemann in ihre Gemächer am Meeresgrund abzuschleppen. Gelegentlich unternehmen sie auch Streifzüge an den nächsten Strand, in der Hoffnung, dort auf Männer zu treffen, mit denen sich etwas anfangen ließe. Im Austausch gegen eine unsterbliche Seele schenkt die Nixe Ruhm, Macht und Reichtümer. Und hin und wieder opfert sie sich sogar für ihre Liebe, wie die kleine Meerjungfrau im Märchen von Hans Christian Andersen. Weil ihr Angebeteter letztlich die Konkurrenz vorzieht, wird das herzensgute Meermädchen einem Fluch folgend in eine Schaumkrone auf dem Meer verwandelt. Im Kopenhagener Hafen erinnert die Skulptur *Lille havfrue* an sie.

Die Vorstellung, bedingungslose Liebe und Hingabe in Gestalt von Nixen zu finden, ist weit verbreitet. Oft verschwimmen die Grenzen zwischen der Liebe zum Meer, zur Seefahrt und zum Weiblichen generell. Ein schönes Beispiel für solche Männerphantasien ist Heines Gedicht *Die Nixen*. Hier ruht sich ein junger Ritter am Strand von seinem Tagwerk aus. Sechs Nixen kommen angeschwommen, befingern ihn neugierig, küssen und herzen ihn. Heine lässt seinen Ritter die Episode voll auskosten: «Der Ritter ist klug, es fällt ihm nicht ein, die Augen öffnen zu müssen; er lässt sich ruhig im Mondenschein von schönen Nixen küssen.» Der Bursche, zwar jung, doch schon gerissen, stellt sich schlafend, um den lustvollen Moment bis zur Neige zu genießen. Er will weder besiegen noch beherrschen, nur schwelgen und sich von Euphorie umspülen lassen. – Glück am Meer, originell verpackt.

Nixen können – wie das Meer – aber auch anders, denn sie sind *auch* unberechenbar, wechselhaft und bedrohlich. Sie sind das Fließende, Unbeständige und Ungreifbare schlechthin. Ihr langes Haar kann wie Seetang auf der Wasseroberfläche liegen und einen Schwimmer sanft umspielen, ihn aber auch in die Tiefe ziehen. Wer den Sirenen erliegt, ist nicht selten des Todes. Bereits in der Antike galt es als besondere Leistung, ihrer Anziehungskraft zu widerstehen. Odysseus, von Kirke gewarnt, lässt sich an den Schiffsmast binden, um gegen den Gesang gewappnet zu sein. Seinen Männern, die es an Charakterfestigkeit mit dem Chef offensichtlich nicht aufnehmen können und überdies das Schiff zu rudern haben, müssen die Ohren mit Wachs verschlossen werden. Mit diesem Trick überlistet Odysseus die Sirenen. Das ermöglicht ihm einerseits, ihren Gesang zu genießen, und andererseits, unbeschadet seine Reise fortzusetzen: Bewährungsprobe bestanden.

Erfolg ist sexy – und Motivation genug, das Glück auf dem Meer zu suchen. Der griechische Weltenbummler wäre nicht zu einem Helden des Abendlandes geworden, wäre seine Leistung so einfach wiederholbar gewesen. Vielen seiner Geschlechtsgenossen mangelte es an der nötigen Standhaftigkeit. Sie gaben sich ungesichert der sängerischen und sinnlichen Umgarnung hin. Im christlich geprägten Mittelalter werden Meeresfrauen zu bedrohlichen Dämonen, die mit ihrer aggressiven Sexualität aufrechte Männer vom Weg abbringen. Gerne werden sie zu männermordenden Verführerinnen stilisiert, denen entgegenzutreten Ehrensache ist.

Die Meerjungfrau verrät zum einen viel über das Frauenbild der Zeit, aber sie spiegelt auch das Verhältnis des Mannes zum Meer wider. Die Nixe ist eine Projektionsfläche für erotische Wunschträume, Phantasien von Begehren, Leidenschaft und aufopfernder Liebe, Verderben, Gefahr und Tod, aber auch heldenhaft bestandener Risiken. Nixen, das Meer und die Seefahrt verschmelzen zu einer einzigen Herausforderung. Mit anderen Herausforderungen des Lebens teilen sie die Möglichkeit des Scheiterns, aber auch des glücklichen Triumphs. Erst die Gefahr ermöglicht die euphorisierende Bewährung. Jenseits romantischer Klischees zeigt sich in der Figur der Nixe letztlich die Sehnsucht nach Erfüllung. Der Umstand, dass es keine männliche Entsprechung für Nixen gibt, zeigt, wie exklusiv die Idee dieser männlichen Bewährung ist. Was sollte Frauen in diese unwirtliche Weite locken? Ein bärtiger, mit seinem Dreizack fuchtelnder Meeresgott wie Poseidon?

Lassen wir die singenden Nixen nun auf ihren Felsen zurück – mögen sie weiterlocken – und wenden uns der Frage zu, was eigentlich diejenigen fühlen, die nach ihrer Bewährungsprobe heil wieder landen. Was empfinden Menschen, die Herausforderungen auf See überstanden haben und wieder am sicheren Ufer stehen? Welche Sorten von Glück hält diese Erfahrung bereit?

Mutprobe Seefahrt: Entdecker und Eroberer

In der Regel bedeutet die Wiederkehr von einer Seereise, nach Abenteuern, Schiffbrüchen und Robinsonaden: Ruhm und Reichtum. Der Held stellt sich frohen Mutes wieder den Anforderungen des Alltags, aber er startet wie bei einem Computerspiel auf einem höheren Level: Die Rückkehrer treten ein Erbe an, sie heiraten oder übernehmen ein wichtiges Amt. Sie genießen die Anerkennung und das wohlige Gefühl, Großes vollbracht zu haben. «Und die See wird allen neue Hoffnung bringen, so wie der Schlaf die Träume bringt daheim», versprach Christoph Kolumbus. Was den Entdecker glücklich machte, konnten andere Männer schon immer gut nachvollziehen. Selbst der kränkelnde und grüblerische Friedrich Nietzsche bewunderte den Seefahrer. «Es gibt noch eine andere Welt zu entdecken – und mehr als eine! Auf die Schiffe, ihr Philosophen!», forderte er seine Kollegen auf. Der Philosoph, der selbst unter Seekrankheit litt, pries die Taten des Entdeckers in den höchsten Tönen. In seinem Gedicht *Der neue Columbus* (als der er sich selbst verstand, nur eben auf dem Gebiet der Philosophie) schreibt Nietzsche: «Schau hinaus: von fernher grüßen uns / Ein Tod, Ein Ruhm, Ein Glück!» Auch für den schwäbischen Philosophen Hölderlin, der das Meer nur aus Büchern und Reisebeschreibungen kannte, war der seefahrende Kaufmann oder Entdecker ein Inbegriff von Glück: frei und mutig majestätische Gewässer querend. In seiner Kolumbus-Hymne verrät er seinen Lesern: Dürfte er in die Rolle eines Helden schlüpfen, «so wär ich ein Seeheld».

Schon die Wikinger segelten gefährliche und unbekannte Strecken gen Westen auf der Suche nach mystischen, fruchtbaren Gegenden. Dabei entdeckten sie unter anderem den amerikanischen Kontinent. Sie ließen es sich nicht nehmen, das eine oder andere Dorf zu überfallen, die Bewohner zu versklaven und am Ende die Hütten in Brand zu stecken. Aber sie waren auch von Neugier und Entdeckergeist getrieben wie der Isländer Leif Eriksson, der um 1000 n. Chr. die erste «europäische» Siedlung auf dem amerikanischen Kontinent gründete. Entdeckern wird oft Hybris, Gier und Ruhmsucht vorgeworfen. Doch sie waren auch begeistert von dem, was sie taten, und neugierig auf das, was sie erwartete. Gerade die Entdeckungsfahrten des ausgehenden Mittelalters und der frühen Neuzeit bargen den Reiz, die Grenzen des Bekannten zu überschreiten und in fremde Welten vorzudringen, in denen sich Wirklichkeit und Phantasie vermischten.

Der chinesische Kaiser Jung Lo sandte in der ersten Hälfte des 15. Jahrhunderts Flottillenverbände mit Tausenden von Männern aus, die bis zur afrikanischen Ostküste fuhren. Später lösten die Portugiesen und Spanier die Chinesen als bedeutendste

Seefahrernation ab; denen wiederum folgten die Niederländer und Engländer. James Cook bezahlte 1790 die Entdeckung Hawaiis mit seinem Leben. Er sollte nicht der Einzige bleiben, der nicht mehr nach Hause zurückkehrte. Skorbut, Hunger, Durst, Windflauten, Meutereien, Piraten waren nur einige Übel, denen Entdecker und Eroberer begegneten. Ferdinand Magellan landete nach langer Überfahrt fast verhungert an den Marianen. Kurz darauf wurde er in einem Kampf mit den Bewohnern der Philippinen erschlagen. Vier seiner Schiffe gingen verloren, nur eines kehrte nach Spanien zurück. Im 19. Jahrhundert brachen dann auch die Amerikaner zu See-Expeditionen auf; Charles Wilkes beispielsweise, der Anfang des Jahrhunderts die Pazifikinseln in der Südsee und die Antarktis erforschte. Er entdeckte den Südpol als eigenständigen Kontinent und kartographierte viele Pazifikinseln.

Von den Griechen über die venezianischen Kaufleute des Mittelalters bis zu Thor Heyerdahl: Erfolg auf dem Meer ist eine sprudelnde Quelle ruhmreichen Selbstbewusstseins. Je höher das Risiko, desto größer der Kick. Der bereits erwähnte Chansonnier Renaud Séchan jubiliert denn auch nach seinen Segelabenteuern: «Jamais les Océans n'oublieront mon prénom.» – Ozeane, die den Namen des Helden nicht vergessen, der ewig wiederkehrende Traum vom Ruhm.

Eine besondere Sparte dieser Heldengeschichten bilden die Robinsonaden, Geschichten von Männern, die sich nicht nur auf See, sondern auch auf einer einsamen Insel zu behaupten hatten. Die Geschichte von Robinson Crusoe, die den Schriftsteller Daniel Defoe weltberühmt machte, basiert auf der Lebensgeschichte des Freibeuters Alexander Selkirk. Der wurde nach einem Streit mit dem Kapitän auf einer Insel vor der chilenischen Küste zurückgelassen und erst vier Jahre später von einem anderen Schiff aufgesammelt. Auf der Heimreise nach Schottland war er an der Plünderung verschiedener Schiffe beteiligt, die mit Gold und Perlen unterwegs waren. Diesem Umstand verdankte Selkirk, dass er als reicher Mann in seine Heimat zurückkehrte. Und dort hätte er ein wohlhabendes Leben in geordneten Bahnen genießen können, doch das hielt er nicht lange aus, fuhr bald wieder zur See und starb 1721 an der afrikanischen Westküste. Chronisten vermuten, dass er sich eine Malaria eingefangen hatte. Selkirk alias Crusoe rettete übrigens nicht nur die berühmten drei Dinge auf seine einsame Insel, sondern verfügte von Anfang an über eine ordentliche Ausstattung: Kleider, Decken, Flinte und Schießpulver, Tabak und Messer, die Bibel und andere praktische Bücher sowie mathematische Instrumente. Das wird zumindest über die Anfangszeit hinweggeholfen haben. Er gewöhnte sich an das harte Leben auf der kargen Insel und entwickelte erstaunliche Überlebensstrategien, war sportlich durchtrainiert und fing eine wilde Ziege schneller als ein Jagdhund. Seine Bewährungsprobe hatte er bravourös bestanden.

Wissenschaftliche Reize

Lange Zeit hatte das Meer hauptsächlich eine wirtschaftliche, militärische und machtpolitische Bedeutung. Es war Schauplatz von maritimen Expansionen und Kämpfen um die Vorherrschaft. Selbst Expeditionen waren meist kriegerische Unternehmen, Entdeckung gleichbedeutend mit Eroberung und Kolonisation. Aber auch Wissenschaftler trieb es aufs Meer. Zum Beispiel Charles Darwin, der mit der *H.M.S. Beagle* fünf Jahre die Welt bereiste. Die Zeit auf See dürfte für ihn dabei die unangenehmste gewesen sein. «Allein beim Wort Seekrankheit wird mir übel», schrieb er einmal an seine Schwester Susan. Aber die Neugier und sein Forscherdrang trieben ihn immer weiter. Am Ende schrieb er: «Ich hasse und verabscheue das Meer und alle Schiffe, die auf ihm segeln.» Und dennoch: Die Reise blieb für ihn auch «das wichtigste Ereignis in meinem Leben».

Während ich dieses Buch schreibe, lichtet Olav Heyerdahl in Lima gerade den Anker, um auf einem Holzfloß den Pazifik zu überqueren. Er ist der Enkel des norwegischen Abenteurers und Anthropologen Thor Heyerdahl, der die halsbrecherische Tour mit seiner *Kon Tiki* bereits vor 59 Jahren fuhr. Sein Enkel will nun die Floßfahrt quer über den Stillen Ozean wiederholen. Wie sein Großvater will er 6000 Kilometer auf ein paar Stämmen Balsaholz zurücklegen. Seine 18 Meter lange *Tangaroa* ist ein aus elf Baumstämmen konstruierter Nachbau alter Inka-Schiffe. Heyerdahl wird auf ihr von vier weiteren «Wikingern» sowie einem Peruaner begleitet. Die Männer wollen die Strecke bis Tahiti in 100 Tagen bewältigen. «Ich unternehme diese Fahrt, weil sie ein unglaubliches Abenteuer darstellt und weil ich meinem Großvater folgen möchte», beschreibt Olav Heyerdahl seine Motive. Daran kann man sehen, dass männliche Bewährungsphantasien auf See an die folgenden Generationen weitergereicht werden. Und wie schon zu Großvaters Zeiten sind auch diesmal keine Frauen an Bord.

Thor Heyerdahl war mit seiner *Kon Tiki* ebenfalls von Lima aus gestartet. 101 Tage später hatte er mit seinen Männern das polynesische Raroia-Atoll erreicht und wurde weltberühmt. Mit seiner Fahrt wollte er zeigen, dass Polynesien von der Westküste Südamerikas aus besiedelt worden sein könnte. Nach der Pazifiküberfahrt strandete die Mannschaft auf einem einsamen Archipel. Das Floß wurde samt Besatzung in meterhohen Wellen gegen das vorgelagerte Korallenriff geschleudert. Dabei entging die Mannschaft knapp dem Tod. In seinen Reiseerinnerungen beschreibt Heyerdahl das überwältigende Glücksgefühl, nachdem alle Mann am Strand gerettet waren: «Hermann stand an meiner Seite und strahlte wie die Sonne über sein ganzes bärtiges Antlitz. Er sagte nicht ein Wort, streckte mir bloß die Hand entgegen und lachte glücklich.» Und weiter: «Ich werde niemals die Waterei vom Riff zu der paradiesischen Palmeninsel vergessen, die uns entgegenwuchs. Als ich den sonnenhellen Sandstrand erreichte, riss ich die Schuhe ab und bohrte die nassen Zehen in den warmen, trockenen Sand. Es war, als bereite mir jede Spur, die sich in dem unberührten Sandstrand hinauf bis zu den Palmenstämmen abzeichnete, eine tiefe innige Freude.» Die Männer genossen den Strand, die üppige Vegetation, die aussah wie ein «strotzender grüner Blumenkorb, vielleicht auch wie ein Stück konzentriertes Paradies». Eines der Besatzungsmitglieder kommentierte die lebensgefährliche Landung am Korallenriff so:

«Das Fegefeuer war eine nasse Sache, aber das Himmelreich ist genauso, wie ich es mir vorgestellt habe.» Diese Erfahrung dürfte stellvertretend für die meisten erfolgreichen Meeresbezwinger stehen.

Die sportliche Bewährung: Extremtaucher und Rekordsegler

Allein in Deutschland gibt es rund 1,5 Millionen Hobbytaucher. Jeder noch so unspektakuläre Tauchgang ist eine Bewährungsprobe, wie Anfänger am eigenen Leib erfahren: Man muss sich an die Druckverhältnisse und an den engen Neoprenanzug gewöhnen und eine hektische Atmung ebenso vermeiden wie einen zu raschen Aufstieg. Wer das in den Griff bekommt, wird mit herrlichen Ein- und Ausblicken belohnt. Extremtaucher steigen in gefährliche Tiefen hinab, tauchen in Höhlensysteme oder finden einen speziellen Kick beim Apnoetauchen. Dabei gleitet der Taucher mit einem Atemzug minutenlang in die Tiefe, wobei eine besondere Art des Rauschs eintritt, den Jacques Cousteau *Rausch der Tiefe* nannte. Taucher erleben dabei Halluzinationen und andere Grenzerfahrungen, einem Drogenrausch nicht unähnlich. Man muss in dieser Situation ein schnelles Auftauchen vermeiden, weil sonst der komprimierte Stickstoff im Blut Bläschen bilden kann. Das kann zu Lähmungen führen und sogar tödlich sein. Durch den Sauerstoffmangel werden Gehirn und andere Körperzellen unterversorgt, wie bei der Höhenkrankheit, die ab einer Höhe von etwa 2500 Metern eintritt (bei geübten Bergsteigern ab etwa 4000 Metern), oder eben beim Tiefenrausch ab 30 Metern. Andreas Müller von der Gesellschaft für Tauchen und Überdruckmedizin in München weiß: «Bereits 10 bis 15 Meter berauschen genauso wie ein Glas Martini auf nüchternen Magen.»

Der Regisseur Luc Besson erzählte 1988 in seinem Film *Im Rausch der Tiefe* von der Sucht nach diesem Kick, die bis heute immer wieder Taucher (und neuerdings auch Taucherinnen, wie die mehrfache Weltrekordhalterin Audrey Mestre-Ferreras) das Leben kostet: Jacques und Enzo, begeisterte Tiefseetaucher, liefern sich über Jahre hinweg einen Wettkampf. Die Sache endet ungut, aber die lebenslange Bewährung ist wichtiger als alles andere, sie ist der Motor, der beide Männer am Laufen hält.

Von harmloseren Freuden sportlicher Ozeanbezwingung berichtet der Schriftsteller Jack London, der mit seiner Frau zwei Jahre durch die Südsee reiste. Auf Hawaii lernte er eine lokale Sportart kennen – das Surfen. Sie wurde erst Jahre später international bekannt und zu einem Renner unter den Wassersportarten. London bereitete es besonderen Spaß, mit dem Holzbrett über die Wellen zu reiten und die Brandungswellen zu bezwingen. Er schreibt: «Ja, man fühlt sich mikroskopisch klein, und der Gedanke daran, dass man es mit dieser See aufnehmen könnte, weckt eine erwartungsvolle Spannung, fast Furcht. Denn sie sind eine Meile breit, diese alles verschlingenden Monster, und sie wiegen tausend Tonnen, und sie kommen schneller an den Strand gestürmt, als ein Mensch rennen kann.» In dieser Wellen-Kulisse gibt der Schriftsteller nicht auf, gegen die Brandung anzusurfen, bis er trotz des Risikos, darin umzukommen, sicher auf dem Brett steht. Einheimische, die er dabei beobachtet, beneidet er um die

Erfahrung, sich auf diese Weise mit der See messen zu können und dabei ungeahnte Wonnen zu genießen: «Tauch ein und miss dich mit der See; beflügle deine Fersen mit der Geschicklichkeit und Kraft, die du in dir hast. Geh die Brecher an, bezwinge sie, reite auf ihrem Rücken, wie es einem König zukommt.» Detailversessen beschreibt er, welche Gefahren er auf sich nahm und von Einheimischen lernte, bis er die Technik perfekt beherrschte. Am Schluss wurden die Mühen auch bei ihm mit Glücksgefühlen und tiefer Befriedigung belohnt.

Übrigens waren Europäer schon vor Jack London von den Surfkünsten der Inselbewohner in der Südsee beeindruckt. James Cook berichtete im August 1773 von einem Aufenthalt auf Tahiti, wie die Einwohner das Spiel mit dem Meer genossen: «Wenn die Brandung heranrauscht, tauchten sie unter und erschienen mit unglaublicher Gewandtheit und Leichtigkeit auf der anderen Seite der Welle. Einmal fanden sie inmitten der Brandung das Heck einer von den Wellen zerschlagenen Piroge. Sie ergriffen das Holzteil, schleppten es schwimmend ziemlich weit in die See hinaus, stellten sich darauf und kamen mit großer Geschwindigkeit von Wellen und Wind getrieben auf die Brandungslinie zugeschossen. Dieses Spiel schien ihnen ein unendliches Vergnügen zu bereiten. Und sie waren dabei so unbefangen wie Kinder.» Cook imponierte dieses Schauspiel umso mehr, als an vielen Stellen die Brandung so stark war, dass seiner Einschätzung nach selbst der beste europäische Schwimmer daran gescheitert wäre.

Die Ideen für Bewährungsproben auf hoher See gehen ihren Fans nicht aus. Während ich an diesem Buch arbeite, bricht der mehrfache Vizeweltmeister im Schnellsurfen, Manu Bertin, von der kanarischen Insel La Gomera in Richtung Karibik auf. In

45 Tagen will er den Antillenbogen erreicht haben. Bertin, Sohn eines U-Boot-Fahrers, hat das sogenannte *Kite*-Surfen selbst erfunden. Statt eines Segels wird ein Lenkdrachen in den Wind gestellt. 2005 ließ sich Bertin vom französischen Kap Camarat bei Saint-Tropez in sechseinhalb Stunden bis nach Korsika pusten. Je nach Wind und Wetter setzt er verschiedene Drachen ein, geschlafen wird in einem kleinen Schlauchboot, auf dem ein Iglu-Zelt aufgebaut ist. «Ich weiß zwar genau, wo ich losfahre, aber nicht, wo ich ankommen werde. Am liebsten wäre mir die französische Insel Guadeloupe», sagte Bertin vor dem Start.

Seine Kollegin, die Extremsurferin Raphaela Le Gouvello, legte im Sommer 2006 gut 6300 Kilometer im Indischen Ozean zurück. 2000 hatte sie bereits den Atlantik und 2003 den Pazifik von Peru nach Tahiti durchsurft. Als erster Mensch der Welt surfte sie von Australien zur Insel Réunion vor Madagaskar, und zwar in 60 Tagen und ohne Begleitschiffe. Bei ihrer Ankunft vor der afrikanischen Küste sagte sie: «Ich bin tief bewegt, aber auch ein wenig erschöpft.»

Ein anderes Beispiel für Frauen, die immer öfter in die männliche Domäne der Meeresbezwingung einbrechen, ist die Einhandseglerin Ellen MacArthur. Mit gerade 24 Jahren wurde sie 2001 Zweite beim härtesten Rennen der Welt, der *Vendée Globe*. 2004/05 absolvierte sie mit ihrem Maxitrimaran die schnellste Einhand-Weltumsegelung aller Zeiten: Sie legte 27 348 Seemeilen, also über 50 000 Kilometer, in 71 Tagen, 14 Stunden und 18 Minuten zurück. Damit unterbot sie den Rekord des Franzosen François Joyon um anderthalb Tage. Dessen Bestleistung, die er erst ein Jahr vorher aufgestellt hatte, galt als unschlagbar, denn er hatte die zuvor gültige Marke bereits um 20 Tage unterboten. «Ich kann es noch gar nicht richtig glauben, ich bin überglücklich», freute sich MacArthur nach ihrer Ankunft in Portsmouth.

Während einer Kreuzfahrt mit ihrer Tante im Alter von vier Jahren entdeckte sie ihre Liebe zum Meer, die sie seither nicht mehr losgelassen hat und zu immer neuen sportlichen Höchstleistungen antreibt. «Als wir die Küste nicht mehr sehen konnten, habe ich mich unglaublich frei gefühlt», erinnert sich MacArthur in ihrer Autobiographie *Ich wollte das Unmögliche* an den ersten Segeltrip. Von diesem Tag an drehte sich ihr Leben um das Segeln. Um sich ein eigenes Boot leisten zu können, sparte sie sogar das Geld für das Schulessen. In einem Interview mit einem Seglermagazin bekannte sie: «Ich bin ein Fan des Meeres, das ja! Den Segelsport auf höchstem Niveau zu betreiben war schon immer mein Traum und ist es auch heute noch. Ich bin dem Segelvirus verfallen.» Im August 2005 erhielt MacArthur von der englischen Königin den Ritterschlag und darf sich seitdem «Dame» nennen; als «Amazone der Meere» gilt sie inoffiziell ohnehin schon. Um ihr Glück auf dem Meer auch anderen zu ermöglichen, gründete sie 2003 den «Ellen MacArthur Trust» für an Krebs oder anderen schweren Erkrankungen leidende Kinder. «Durch die von uns veranstalteten Segeltörns gewinnen sie viel Kraft und Lebensfreude», erklärt sie das Ziel der Initiative. «Die Begeisterung und Zuversicht in den Augen dieser Kinder und Jugendlichen zu sehen ist immer wieder unglaublich. Ich genieße es sehr, ihnen mit meinem Sport helfen zu können.» Befragt nach ihrem eigenen Glück auf dem Meer, antwortet MacArthur, sie liebe das Meer einfach, es sei ein Teil von ihr.

Dieses Meeresglück ähnelt dem ihrer Kollegin Florence

Arthaud. Diese gewann 1990 die berüchtigte *Route du Rhum* und wurde damit zur Segellegende. Jahrelang galt sie als «berühmtester Seemann der Welt». In einem Interview bekannte sie: «Ich leide, wenn ich nicht zur See fahren kann.» Auch ihr Kollege Olivier de Kersauson bekannte, nachdem er bei der *Jules Verne Trophy* die Welt in 80 Tagen umsegelt hatte, dass er nicht nur Freude darüber empfinde, wohlbehalten wieder gelandet zu sein, sondern auch «Bedauern, dass wir ein Erlebnis hinter uns lassen müssen, das wir alle so leidenschaftlich lieben».

Man könnte die Geschichten über das kleine und große Glück nautischer Bewährungsproben noch lange weitererzählen. Schließen wir das Kapitel mit dem Stoßseufzer Thor Heyerdahls nach der glücklichen Landung auf dem Raroia-Atoll: «Und während wir so lagen und ausruhten, raste der Brandungsexpress vor und zurück, vor und zurück, den Horizont entlang. Bengt hatte recht, das war das Himmelreich.»

Hirnzellen im Glücksrausch

Alle Erfahrungen, von denen im vorangegangenen Kapitel die Rede war, schaffen Glückszustände: Räusche werden nicht nur durch Drogen ausgelöst, sondern auch durch Aktivitäten, etwa beim Sport, Sex oder anderen außergewöhnlichen Herausforderungen. Der Glücksforscher Alfred Bellebaum: «Obwohl Glücksziele nicht biologisch erklärbar sind, ist die Bedeutung der physischen Natur dennoch evident. Aus der Gehirnforschung weiß man gut Bescheid über den für Glück wichtigen limbischen Teil des Gehirns. Hier gibt es besonders viele Rezeptoren, also Empfänger, an die Endorphine andocken – körpereigene Stoffe mit opiatartiger Wirkung.» Und Stefan Klein ergänzt: «Wenn eine Aufgabe den richtigen Schwierigkeitsgrad hat, schwingt die hedonistische Wippe zwischen Begehren und Belohnung ständig hin und her, und diese beiden Gefühle sind mit der Ausschüttung von Dopamin und Opioiden verbunden.» Diese Substanzen versetzen uns in Hochstimmung und lassen uns die jeweilige Tätigkeit besonders genießen.

Sport und Bewegung heben die Stimmung. Viele Studien zeigen, dass wir danach ausgeglichener und optimistischer sind. Die «Endorphintheorie» besagt, dass der Körper bei intensiver Aktivität Endorphine ausschüttet, die das Gehirn fluten, Schmerzen betäuben und für ein Gefühl von Euphorie sorgen; bekannt ist dieser Zustand als *Runners High* – das viele Freizeitsportler allerdings nicht erleben, da man dafür mindestens 50 bis 60 Minuten laufen muss.

Allerdings spielen andere Neurotransmitter auch schon bei niedrigerer Belastung eine Rolle. So wird beim Sport Adrenalin ausgeschüttet, was zu einer allgemeinen Aktivierung führt. Sie kann positiv erlebt werden, weil es zu einer Durchblutungssteigerung und damit Erwärmung kommt. Das wird als angenehm und entspannend empfunden. «Außerdem wird Dopamin ausgeschüttet, was ja eher das allgemeine *Glückshormon* ist – zusätzlich auch Serotonin. Durch Letzteres kann Sport Depressionen beseitigen und glücklich machen. Und darüber wird letztlich auch die Psyche stabilisiert», so der Sportpsychologe Jürgen Beckmann.

Von den zahlreichen Botenstoffen sind für Glückserlebnisse vor allem Serotonin und Adrenalin wichtig: Serotonin macht euphorisch, Dopamin ist, wie neuere Studien gezeigt haben, eher indirekt zuständig für Glücksgefühle, denn es steigert die Erwartung auf eine Belohnung. Das wiederum erhöht Lust und Antrieb, schafft also angenehme Gefühle. Lust, Konzentration, Motivation, Kreativität und Selbstvertrauen – an all diesen Prozessen ist der Stoff beteiligt. Die meisten Glückserlebnisse regen also, sehr vereinfacht ausgedrückt, das Belohnungssystem im Gehirn an. Das ist *eine* wichtige Erklärung für die vielen berauschenden Bewährungsproben auf See, die zur Ausschüttung hirneigener Drogen beitragen.

Auf oder im Meer sind die verschiedensten Rauscherlebnisse möglich, die Müdigkeit, Hunger oder Angst vergessen machen. An ihre Stelle treten viele Spielarten von Euphorie.

Wer wochenlang einsam über den Ozean schippert oder lange Strecken schwimmt, kann außerdem den meditativen Rausch erfahren, der wiederum Empfindungen und Denkprozesse verändert. Oliver Stoll, Professor für Sportpsychologie und -pädagogik an der Universität Halle, sagt über die Effekte: «Wir finden beim ausdauernden Schwimmen ähnliche Voraussetzungen wie beim ausdauernden Laufen oder Radfahren, nämlich eine zyklische sportliche Belastung, die unser bewusstes Eingreifen nur selten erfordert und somit ein Abtauchen in meditative Zustände fördert. Das ist zwar nicht ganz ungefährlich, provoziert jedoch Flow-Erfahrungen.» Messungen von Gehirnströmen haben gezeigt, dass in solchen Situationen bestimmte Hirnareale praktisch inaktiv sind, Körperempfindungen und Gefühle verschwinden fast völlig.

Und noch eine weitere Rausch-Variante lockt aufs Meer: der Genussrausch. Der wiederum stellt sich ein, sobald Meeresliebhaber sich intensiv dem sinnlichen Erlebnis am, auf dem oder im Meer hingeben. Bekannt sind solche Räusche von Musik- oder Geschmackserlebnissen, aber auch aus dem weiten Feld der Sexualität. Starke sinnliche Eindrücke und die Hingabe an eine Tätigkeit, das vollkommene Aufgehen im gegenwärtigen Zustand sorgen für Hochgefühle.

Langstreckensegler wiederum, die sich wochenlang von karger Astronautennahrung und Wasser ernähren, keine Menschenseele sehen und wenig Schlaf finden, weil sie ständig auf der Hut sein müssen, kennen den asketischen Rausch. Der erfüllt unsere grauen Zellen bei zeitweiliger Nichtbefriedigung von Grundbedürfnissen wie Schlaf, Nahrung oder menschlicher Gesellschaft.

Ähnlich wie bei der Einnahme von Halluzinogenen verändern sich bei all diesen Meeresräuschen hirnbiologische Prozesse. Unser Denkorgan wird von Glückshormonen überschwemmt. Wir sind zu vermehrter Aktivität und ungeahnten Leistungen in der Lage, Schmerz und Erschöpfung sind reduziert. Kein Wunder also, dass Ellen MacArthur sagt, sie sei süchtig nach dem Meer. Aber es sind nicht nur die Endorphine, die uns glücklich machen, die Endorphintheorie allein erklärt das psychische Hoch beim Sport nicht. Solche Tätigkeiten lenken auch von Alltagsproblemen ab, weil sie Konzentration verlangen, vermuten Sportwissenschaftler.

Oliver Stoll sagt über die spezifischen psychologischen Wirkfaktoren der unterschiedlichsten Herausforderungen: «Wir wissen, dass solche Bewährungsproben dazu führen, dass die individuelle Selbstwirksamkeit ansteigt. Darüber hinaus gibt es Hinweise darauf, dass solche Ereignisse helfen, stressresistent zu werden. Wenn dies von Sportlern auch bewusst erkannt wird, kann das zu Wohlbefinden und Optimismus führen, also glücklich machen.»

Ein Füllhorn von Bildern

As we live a life of ease
Everyone of us has all we need
Sky of blue and sea of green
In our yellow submarine

The Beatles

Wie stark das Glück am Meer an bestimmte Bilder gebunden ist, bewies vor einiger Zeit mein Neffe. Der kannte das Meer bis dahin nur von Urlaubsreisen nach Rhodos und Kreta. Als er uns in Norddeutschland besuchte, wollten wir ihm eine Freude machen und unternahmen einen Ausflug an die Küste. Vom Deich aus überblickten wir den Strand. Es war ein wolkenverhangener Spätsommertag, und es herrschte Ebbe. Watt also, so weit das Auge reichte. Der damals Vierjährige konnte gerade noch den Satz «Das ist ja gar kein Meer!» herausbringen, dann brach er in Tränen aus. Das Kind weinte vor Enttäuschung. Statt einer imposanten Brandung und türkisfarbener Wellen lag eine endlose graue Fläche vor ihm, durchsetzt mit dünnen Rinnsalen. Für uns war dieses Bild vom Meer normal; wir können ihm mittlerweile sogar eine gewisse Romantik abgewinnen. In der Vorstellung meines Neffen aber sah das Meer völlig anders aus, und es machte ihn furchtbar unglücklich, dieses Bild nicht gefunden zu haben.

Um Freude, Lust und Glück erleben zu können, muss man – wie schon Sartre feststellte und die moderne Hirnforschung bestätigt – ein Bewusstsein von diesem Glück haben. Man muss wissen, was Freude und Lust sein können, um sie entdecken und auskosten zu können. Glückserlebnisse wollen vorbereitet und in der Erfahrung angelegt sein. Nichts schlimmer als ein unerkanntes Glück, das der Wahrnehmung entgeht und auch nicht erinnert werden kann, weil man nicht darauf vorbereitet war. Deshalb sind verbreitete Bilder vom Glück am Meer wichtig, selbst wenn sie gelegentlich Märchen erzählen. Sie legen in unserem Bewusstsein wie ein Sandkorn in einer Auster einen Keim an, um den herum die Perle des Glücks wachsen kann. Wahrem Glück gehen schöne Illusionen voran.

Bevor das Meer also Anziehungskraft auf Menschen ausüben kann, müssen Bilder davon in den Köpfen vorhanden sein. Ohne Bilder von paradiesischen Inseln kein Südseezauber. Der Mensch kann selbst mit dem Paradies vor Augen nichts anfangen, wenn er keine Vorstellungen von diesem Paradies hat. Einen Blick für die Ästhetik einer Landschaft hat nur, wer eine kulturell überlieferte Sicht davon besitzt. Während Mitmenschen, in die wir etwas hineinphantasieren, durch ihr Verhalten unser Bild rasch wieder korrigieren, hält eine Landschaft still. Sie ermöglicht, alles in sie hineinzulegen, was der Betrachter im Sinn hat. Das gilt auch für Glückserwartungen und andere Gefühle wie Erhabenheit, Lust, Freude, aber auch Beklemmung, Angst und Abscheu. Meeresbilder, von alten Schöpfungsmythen bis zum modernen Digitalbild, sind besonders fest in unseren Köpfen verankert. Sie erreichen uns über die Sprache, über Kunst und Literatur, über die Leinwand, als Bildschirmschoner und Fototapete. Bevor eine Taucherausrüstung gekauft oder eine Kreuzfahrt gebucht wird, sind die verlockenden Bilder längst vorhanden. Aber der Reihe nach.

Die Geburt des Menschen
aus dem Ozean

«Nach dem Sternenhimmel ist das Größte und Schönste, was Gott erschaffen hat, das Meer», war Adalbert Stifter überzeugt. Wie viele andere Menschen glaubte er einen omnipotenten Schöpfer am Werk, der die riesigen Ozeane geschaffen haben musste. Etwas so Gewaltiges und Faszinierendes konnte nur Produkt eines übernatürlichen Wesens sein.

Die Frage nach dem Ursprung des Lebens beschäftigt Menschen von jeher. Dem lebensspendenden Wasser kommt dabei größte Bedeutung zu – nicht zuletzt als Element des Embryos. Die ersten Töne, die ein Fötus wahrnimmt, sind der Herzschlag der Mutter und die Geräusche des ihn umgebenden Fruchtwassers.

Wasser ist über die Weltmeere, die Gletscher und Eisberge und den Monsunregen in weltumspannende Kreisläufe eingebunden. Mit der Erfindung des Wasserhahns und der Mineralwasserflasche geriet in Vergessenheit, wie lebenswichtig das Element ist. Doch vielen Experten zufolge werden zukünftige Kriege um Wasser entbrennen. Dass Wasser für das Leben ein ganz besonderer Stoff ist, zeigt nicht zuletzt die hartnäckige, fieberhafte Suche nach Wasserspuren auf anderen Planeten.

Wasser spendet Leben und Wachstum – und hat große zerstörerische Kraft. Als Regentropfen spendet es Leben, das es als Sintflut wieder nehmen kann. Wasser bedeutet Heilung und Krankheit zugleich. Damit umfasst es das Dasein von der Geburt bis zum Tod. So konnte das Element zu einem sprudelnden Symbol-Reservoir werden. Fast alle Kulturen der Welt kennen wichtige Wassersymbole. In vielen Schöpfungsmythen spielt das Meer eine zentrale Rolle. Die Bibel erzählt davon, und in Japan ist der Glaube verbreitet, dass jenseits des Meeres, im Osten, wo die Sonne aufgeht, das Paradies liegt. Die Inuit kennen einen Schöpfungsmythos, wonach das Urmeer immer wieder neues Land hervorbringt und von einer Herrin des Lebens überwacht wird. Auch die Cherokee-Indianer tradierten die Geschichte eines Urmeeres, aus dem die Erde entstand. Selbst fern vom Meer lebende Prärie-Indianer wie die zu den Sioux gehörenden Mandan erzählten ihren Kindern am Lagerfeuer in North Dakota Geschichten von einem Urmeer, aus dem erst eine mütterliche Blume und dann der Rest der Welt entstand.

In fast allen Kulturen hat Wasser eine rituelle Bedeutung: als Weihwasser, Taufwasser oder spirituelles Reinigungswasser. Die meisten Naturvölker verehren Wassergötter; bei vielen Urvölkern bewachten Nymphen und Wassergeister die Quellen. Und überall auf der Welt gibt es Rituale, um die Wassergötter zu besänftigen. Selbst im bereits christianisierten mittelalterlichen Norddeutschland begrub man Opfergaben im Deich, um dem anstürmenden Wasser Einhalt zu gebieten. Bis in die Frühneuzeit segneten Priester das Meer in Prozessionen.

Das Bild vom «Urmeer» Mutterleib, in das der Mensch angeblich unbewusst zurückkehren möchte, ist weit verbreitet. *Omnis vita ex mare,* waren die Römer überzeugt. Schon die alten Griechen versuchten, naturwissenschaftliche Erklärungen für die Entstehung des Lebens aus dem Wasser zu finden. Sie waren überzeugt, dass alle Kreaturen dem Wasser, dem *Okeanos,* entstammen. Der Philosoph Thales (624–546 v. Chr.) sah im Wasser den Urstoff der Schöpfung. Und Goethe stellte fest: «Des Menschen Seele gleicht dem Wasser.» Und der Tauchpionier und Unterwasserfilmer Hans Hass meinte einmal, jedes Landlebewesen sei ein Lebewesen im Exil und müsse ein «notwendiges bisschen Meer» mit sich tragen.

Die neue Sicht der Reisenden

War die Vorstellung vom Meer als Ursprungsort des Lebens zu allen Zeiten verbreitet, brauchte die Vorstellung einer Meereslust viel Zeit, um sich durchzusetzen. Erst gegen Ende des 17. Jahrhunderts entdeckten der englische Adel und französische und deutsche Akademikerkreise die Landschaftsmalerei. Der Gedanke setzte sich durch, dass eine Landschaft einen eigenen Reiz besitzen kann, auch ohne als religiöses Symbol gelten zu müssen. Um diese Zeit kam auch die Italienreise in Mode, die klassische *Grand Tour* des Adels und der Gebildeten zu den wichtigen Orten der Geschichte. Monatelange Bildungsreisen brachten gesellschaftliche Anerkennung und untermauerten den sozialen Status. In dieser Zeit war das Reisen noch eine geistige, durchaus mühevolle Angelegenheit. Sinnliche Erlebnisse, gar eine Lust an der Landschaft spielten noch keine Rolle. Der Reisende suchte eine Verbindung zu den Persönlichkeiten der Antike und zu historischen Ereignissen. Hand in Hand machte sich eine Wertschätzung der hellenistischen Philosophie und der lateinischen Literatur breit. Die Reisenden hatten die klassischen Erzählungen im Hinterkopf, stellten sich Szenen aus der Odyssee und andere ins kulturelle Gedächtnis eingebrannte Szenen vor, wenn sie an den Küsten standen, geschichtsträchtige Meerengen passierten oder klassische Entdeckerrouten nachfuhren. Diese frühen Touristen brachten eine neues Gefühl für die Meereslandschaften mit nach Hause. Schlusspunkt der klassischen Italienreise war nämlich meistens Neapel mit seinen eindrucksvollen Buchten. So erlebten die Reisenden die antiken Formen der Sommerfrische am Meer nach, die sie aus den Schriften der Griechen und Römer kannten. Zu Hause fiel die Schilderung des Gesehenen bei den des Alltags überdrüssigen Aristokraten und Großbürgern auf fruchtbaren Boden. Damalige Reisebeschreibungen erfüllten die Funktion heutiger Reisekataloge. Sie brachten das Fernweh in die Welt.

Der Blick der Künstler

Zur selben Zeit veränderte auch der Blick der Künstler die Beziehung zur Landschaft: Schriftsteller und Maler begannen, das Meer und seine Ufer zu rühmen. Sie entdeckten den Strand als Ort der Kontemplation und des lustvollen Erlebens. Ihre Werke wurden zusammen mit den ersten Reisebeschreibungen zu den wichtigsten Bilderproduzenten, die die Idee von Meer und Glück in das Bewusstsein der Menschen brachten. Zu den Entdeckern der Küstenlandschaften gehörten also nicht nur der kurende Adel, Missionare und Abenteuerreisende. Die Künstler waren für den Transport von Bildern unentbehrlich und öffneten

dem Publikum die Augen für die besonderen Reize der Meereslandschaften. Es waren vorrangig Maler und Schriftsteller, die
darüber Auskunft gaben, welche Landstriche sehenswert waren.

So wäre es Bewohnern der kargen Nord- und Ostsee
beispielsweise lange Zeit nicht in den Sinn gekommen, ihre Gegend als schön zu empfinden. Dafür brauchte es den Blick der
Künstler, die im 18. Jahrhundert auch die Ästhetik der Alpen
entdeckten, später Flüsse wie den Rhein, Gebirge wie den Harz
oder eben die Inseln in Nord- und Ostsee. Damit waren sie Vorreiter der heutigen Bilderflut. Und sie sind auch eine gute Quelle
für Glückserlebnisse am Meer, weil gewohnt, innere Zustände
auszudrücken.

Vor allem die Romantiker erfreuten sich am Meer und
machten «das Meeresufer zum privilegierten Ort der Selbstent-
deckung» (Corbin). Das Meer wird zum Spiegel der Seele. Man
genießt die grenzenlose Weite des Wassers und findet in ihr eine
Form der Gefühlserweiterung. Die Meeresbestien des Mittelalters sind aus den Köpfen verschwunden. «Am Meeresufer, wo
Luft, Wasser und Erde aufeinandertreffen, kann sich dank dieses
Schauspiels der Traum von einer Verschmelzung mit den elementaren Kräften besser entfalten als irgendwo sonst», stellt Corbin
fest. So sei in der Romantik die Leere des Ozeans zum metapho-
rischen Ort des persönlichen Schicksals erhoben worden. Sie ließ
den Strand als Grenzbereich erscheinen, der den Spaziergänger
zu einer Lebensbilanz auffordert.

Was die Romantiker erlebten, ist psychologisch interessant, denn es kündigt die moderne sinnliche Sicht an. Corbin
berichtet: «Im offenen Wattenmeer sieht der Spaziergänger, be-
rauscht von dem Gefühl, neue Ufer zu betreten, den langsamen

Anstieg der Flut, den Inbegriff des Begehrens. Er kann barfuß am Wasserrand gegen den Wind laufen und so die dreifache Liebkosung der Elemente körperlich empfinden.» Kaum jemand brachte die romantischen Meeresvorstellungen stärker zum Ausdruck als Caspar David Friedrich, den es immer wieder an die Sandstrände von Greifswald und die Kreidefelsen auf Rügen zog. Er zeichnete nicht nur Landschaftsbilder, sondern bannte auch den metaphysischen Schauer, der ihn am Meer überfiel, auf die Leinwand. Viele seiner Figuren scheinen in einem existenziellen Moment aufgenommen. Wie andere Romantiker scheint Friedrich das intensive Verlangen nach einem Verschmelzen mit dem Ozean verspürt zu haben.

Heinrich Heine schrieb zahlreiche Gedichte über die Nordsee. Er erzählte von Strandspaziergängen, Seestürmen und Sonnenuntergängen am Nordseestrand. Er titulierte sich selbst als «Hofdichter der Nordsee», er liebte dieses Meer – ganz anders als Goethe, den es bei seinen knapp 200 Reisen kein einziges Mal an die Nord- oder Ostsee zog. Heine kommt das Verdienst zu, die Nordsee in ein «ästhetisches Meer» verwandelt zu haben. Seine Nordsee-Gedichte erzählen nicht nur von mythologischen Sagengestalten, sondern richten den Blick immer wieder auf das alltägliche Leben am Strand. 1825 und 1826 verbrachte er viel Zeit auf Norderney und bereiste auch die anderen Nordseeinseln. Die Werke, die in dieser Zeit entstanden, wurden später unter dem Titel *Die Nordsee* zusammengefasst. Ursprünglich trugen sie Titel wie *Seebilder, Seestücke* oder *Nordseebilder*. Sie dürften wesentlich zur Entdeckung der Seebäder beigetragen haben, die zu dieser Zeit einen Aufschwung erlebten.

Viele Künstler kannten das Meer aus eigener Anschauung. Allein mit englischen Schriftstellern ließe sich ein Schiff bemannen, wie Literaturwissenschaftler herausgefunden haben: Für das Oberkommando stünde Joseph Conrad bereit, Kapitän der britischen Handelsmarine, die Besatzung würde sich aus den Seeleuten William Golding, Malcolm Lowry und einigen anderen rekrutieren. Um die Crew würde sich der Schiffsarzt Tobias Smollett kümmern. Viele Künstler waren erfahrene Seeleute, andere kannten das Meer als Reisende oder Küstenbewohner.

Künstler zog es immer wieder an den Ozean, darunter so grundverschiedene Persönlichkeiten wie Thomas Mann und Ernest Hemingway. Ob jemand ein aufbrausender Großwildjäger und Hochseeangler ist, der seine Tage gerne am Bar-Tresen verbringt, oder ein distinguierter Schreibtischarbeiter, spielt keine Rolle. Am Meer haben beide ihr Glück gefunden. Für Hemingway war das Meer der «letzte freie Ort der Welt», Thomas Mann lernte es während seiner Aufenthalte an der Ostsee lieben. Für Max Beckmann war die See eine «wirbelnde Unendlichkeit», Heinrich Heine liebte sie wie seine Seele.

Der Maler George Grosz verbrachte, noch nachdem er bereits in die USA emigriert war, einen Sommer auf Bornholm – mit Schwimmen, Sonnen und Sandschippen. Er baute Rindenschiffchen für die Kinder, zeichnete Strandszenerien und führte anregende Gespräche. In Amerika suchte er mit Vorliebe nach Küsten, die ihn an die der Ostsee erinnerten. Sein Kollege Max Beckmann fühlte sich an der See so wohl, dass seine erste Forderung klar war, sollte er eines Tages Kaiser der Erde sein: ein ganzer Monat allein am Strand – ein Traum, den die meisten Meeresliebhaber schon geträumt haben dürften.

Doch Bilder werden nicht nur auf dem Papier tradiert.

Auch die populäre Musik leistete ihren Beitrag, wie ein weiter Sprung von Heinrich Heine zu Mireille Mathieu zeigt: Die Sängerin flötete 1972 in ihrem Schlager *Korsika:* «Hörst du den Wind, hörst du das Meer, sie kennen kein Gebot ... Korsika, wo die Freiheit wohnt, wo sich Tag für Tag neu das Leben lohnt.» Dazwischen wird ein Techtelmechtel mit einem unbekannten Korsen besungen: «Da war der Strand, da war sein Haus, Morgen- und Abendrot, Herzen so heiß, Augen so kühn.» Ob dieses sinnlich-libertäre Bild dem realen Leben am Meer entspricht, darf bezweifelt werden. Als sich mein Mann einmal in seligen Studentenzeiten anschickte, an einem menschenleeren korsischen Strand nackt in die Wellen zu springen, tauchte wie aus dem Nichts ein Polizist hinter ihm auf. Der Blick des Ordnungshüters war eindeutig, bekräftigt durch den Griff zum Pistolenhalfter. Flugs wurde die Badehose aus dem Rucksack gekramt. Ohne Gebote funktioniert das Leben auch an südlichen Gestaden nicht. Man sollte Schlagertexte besser nicht wörtlich nehmen.

Auch die Beatles widmeten sich dem Meer und besangen in *Yellow submarine* einen paradiesischen Ort der Entspannung unter den Wellen. Hier ist alles leicht, die Bewohner leben im Überfluss, jeder hat, was er braucht. «Sky of blue and sea of green» – was will man mehr. Sie träumten auch in anderen Songs von maritimen Abenteuern: «I'd like to be in an octopus's garden with you», weit unten im lauschigen Versteck unter den Wellen legt man den Kopf aufs Meeresbett, «no one there to tell us what to do». Auch von Andy Warhol ist überliefert, dass er den Blick auf das Meer besonders liebte. Er schreibt: «Wenn ich am Strand bin, kann ich mich gar nicht satt sehen. Der Strand sieht schön aus, und es sieht so schön aus, wenn er vom Wasser überspült wird und ganz glatt wird, und die Bäume und das Gras, alles sieht so herrlich aus. Ich glaube, ein Stück Land, das man nicht kaputtmacht, wäre das allerschönste Kunstwerk, das man je besitzen könnte.»

Das sind nur einige Beispiele des Künstlerblicks, der die Sicht auf das Meer verändert und es zu einem Sehnsuchtsort gemacht hat. Statt eines gefährlichen Abgrunds sieht das Publikum plötzlich eine erhabene Landschaft. Der Keim des Meeresglücks ist angelegt. Er kann Wurzeln schlagen und Blüten treiben. Das Gehirn lernt mit den Bildern, welche Ansichten es suchen muss, um Glücksgefühle zu erleben. Und diese Sicht verändert auch das Verhalten: In vergangenen Zeiten wurden Siedlungen am Ufer landeinwärts ausgerichtet; längst werden sie zum Meer hin geöffnet. Der Seeblick wurde zum entscheidenden Wettbewerbsvorteil – auch dank Popkultur, Literatur und Werbung. Tauchen wir noch etwas weiter.

Südseezauber

Kaum eine andere Meereslandschaft hat auf Mitteleuropäer eine so geradezu elektrisierende Wirkung wie die Südsee. Ob Hawaii, Samoa, Tahiti, die Karolinen oder Salomonen – all diese Orte klingen nach Paradies. Entsprechend gehören heute selbst abgelegene Inseln wie Rarotonga zwischen Samoa und Tahiti zum Standardrepertoire der Reisebüros. Gastfreundschaft, Freundlichkeit und Offenheit, also der beliebte «Aloha-Spirit», gehören dort zur kulturellen Tradition, die auf Europäer und Amerikaner eine besondere Anziehungskraft ausübt – Kunsthandwerk und Inseltänze, friedliches Idyll, Gemeinschaftsgefühl und freundliches Lächeln, wohin man sieht. Sehen wir heute Bilder aus der Südsee, so startet ein Sehnsuchtsprogramm in unserem Gehirn. Das war nicht immer so:

Entfacht wurde der Südseezauber vor rund 200 Jahren durch den Franzosen Louis-Antoine de Bougainville. Der Entdecker brachte Polynesien in das Bewusstsein der Welt, berichtete von edlen Wilden, die auf paradiesischen Inseln lebten, keinen Privatbesitz und keine Gewalt kannten und damit dem glücklichen Naturzustand sehr nahekamen, den Rousseau so inbrünstig pries. Wunderschöne willige Frauen, die den Seeleuten gutgelaunt dargeboten wurden, friedliche Menschen, lockere Sitten und eine überreiche Natur bildeten eine Gegenwelt zum Leben auf dem europäischen Kontinent. Bougainville berichtete: «Die Göttin der Liebe ist hier zugleich die Göttin der Gastfreiheit; sie hat hier keine Geheimnisse, und jeder Sinnenrausch ist ein Fest für das ganze Volk. Die Wilden wunderten sich, wenn unsere Leute Bedenken trugen, ihr öffentlich zu opfern, welches den europäischen Sitten so sehr zuwider ist. Indessen zweifle ich nicht, dass mancher Matrose sich nach dem Landesbrauche bequemt hat.» Der Autor verleiht den Inseln das Paradies-Prädikat: «Es schien mir der Garten Eden zu sein ... und dem Anschein nach waren die Einwohner sehr glücklich.» Natürlich war dieses Bild wenig realistisch. Bougainville übersah schlichtweg die tatsächlichen Verhältnisse auf den Inseln. Aber er steckte mit seinen Berichten andere Europäer an, die es ihm nachtaten und ihr Glück in der Südsee suchten.

Der britische Missionar John Williams, der Anfang des 18. Jahrhunderts die Bewohner der Insel Samoa zum «rechten Glauben» bekehren wollte, trug auf ähnliche Weise zum Südseezauber bei. Über die Einheimischen schrieb er: «Unzucht und Faulheit waren ihre Hauptlaster.» Was konnte für die im kühlen, regnerischen London Zurückgebliebenen verlockender klingen als das? Mussten dort nicht gerade Wärme, eine duftende Brise, lockere Sitten und Untätigkeit nach dem Inbegriff des Paradieses klingen? Bilder von Malern wie Paul Gauguin mit ihren Tahiti-Idyllen taten ein Übriges, um die Europäer endgültig davon zu überzeugen, dass in der Südsee ein Paradies zu entdecken war.

Die südlichen Glückslandschaften am Mittelmeer und in der Südsee weckten Sehnsüchte und bereiteten damit den Massentourismus des 20. Jahrhunderts vor. Auch wenn es dort heute einen Tourismus in abgeschotteten Hotelanlagen gibt, vornehm als *Tourist Resorts* bezeichnet, wird doch alles dafür getan, dass die Touristen hier genau das Glück finden, das sie suchen.

Wenn bei Capri die rote Sonne im Meer versinkt

Nach den Studien des Tourismusforschers Klaus Hartmann ist das Meer die Landschaft, die am häufigsten mit «Ferienstimmung» assoziiert wird. «Das ‹herrliche Faulenzen› und ‹Braunwerden› haben hieran großen Anteil, auch das Herumlaufen in meist leichter Bekleidung.» Neben Kontemplation und Entspannung bietet das Meer viele Möglichkeiten der Freizeitbeschäftigung. Fern dem städtischen Leben mit seinen Zwängen und seinem Lärm üben Küste, Meer und Strand eine starke Anziehungskraft aus. Inseln, Strand, Wasser, Palmen bieten sich an als Raum zum Träumen, als Ort ohne normative Zwänge. An diesem idealen Treffpunkt von Körper, Meer, Sand, Wind, Sonne und Leere entsteht eine Magie, die das Verlangen nach dem Meer immer weiter schürt. Die Verlockung der Bilder entwickelte sich von der erhabenen Ästhetik zum realen lustvollen Erleben.

Reisende folgen immer einer Vorstellung, die am Ziel erwartet wird. Die meisten Touristen machen sich ein klares Bild von den Verhältnissen, die sie an ihren Urlaubszielen vorzufinden gedenken. So wissen wir in der Regel auch genau, wie eine schöne Meereslandschaft auszusehen hat. Natürlich ist diese Schönheit subjektiv, mancher fühlt sich an der Nordsee am wohlsten, der andere auf Lanzarote, der Dritte auf den Seychellen und wieder andere an den puderigen Stränden der Bahamas. Es gibt allerdings Kriterien, die die meisten Strandliebhaber unisono unterschreiben würden. Dazu zählt feiner, heller Sand, klares, türkisfarbenes bis smaragdgrünes Wasser, die Abwesenheit großer Gebäude, andererseits aber auch nicht die totale Einsamkeit; ferner die Möglichkeit für Aktivitäten wie Schwimmen, Schnorcheln oder Sonnenbaden. Auch schattenspendende Palmen schmücken das Traumbühnenbild, ebenso wie interessante Felsformationen, Steilküsten oder organisch geschwungene Buchten. Und dazu gehören auch eine abwechslungsreiche Flora und Fauna: ein Korallenriff hier, glitzernde Wasserpflanzen dort, bunte Fische, aber bitte keine Haie, Quallen oder ähnliche Spezies. Es gibt Strände, die alle diese Kriterien erfüllen und deshalb bei Urlaubern besonders beliebt sind. Sie stellen oft auch die Kulisse für Filme oder Werbeaufnahmen: der Strand *Anse Lazio* auf der Seychelleninsel *Praslin* oder der bereits erwähnte australische *Whitehaven Beach*. Besonders beliebt sind außerdem Sydneys *Bondi Beach*, *Malibu Beach* in Los Angeles oder natürlich die *Copacabana* in Rio de Janeiro, wo Wertsachen allerdings in Windeseile den Besitzer wechseln können.

Letztlich ist der Strand nur ein weiteres Beispiel für den künstlichen Charakter der Natur in der modernen Welt. Dazu Jean-Claude Kaufmann: «Das Zusammentreffen mit den Elementen ist geordnet, die Landschaft, in der man sich erholen will, ist vorgeblich im Naturzustand, ähnelt aber mehr dem Bild auf der Postkarte als der wirklichen Natur: geharkter oder gar gewaschener feiner Sand, keine Riffe, keine Steine. So ähnelt nicht das Bild dem Strand, sondern der Strand (die Natur) versucht, seinem Bild zu ähneln.» Es sind immer wieder diese Postkarten-Bilder, die Reisende animieren – und glücklich machen.

Dabei sticht ein glückproduzierendes Meeresbild heraus: der Sonnenuntergang. Wenn bei Capri die rote Sonne im Meer versinkt, sind Betrachter eigentümlich angerührt. Auch zum *Café del Mar* in San Antonio auf Ibiza pilgern Tausende von Touristen wegen des besonders eindrucksvollen Sonnenuntergangs an der Felsküste. Eine Webcam überträgt 24 Stunden am Tag Livebilder. Sonnenuntergänge am Meer zählen zu den emotional stärksten Bildern einer Reise überhaupt, die auf Millionen Fotos und Dias festgehalten sind. Die rot-orange-gelbe Bilderflut dürfte nicht unwesentlich dazu beigetragen haben, dass das Meer als besonders ästhetische Landschaft wahrgenommen wird. Viele pathetische Beschreibungen zeugen davon; die Grenze zwischen Kunst und Kitsch ist oft schwer auszumachen. Nur wenige zeigen diesem Naturschauspiel gegenüber eine so gelassene Einstellung wie Heine, der eine von dem Anblick angerührte Frau am Meer beruhigt: «Mein Fräulein! Sein Sie munter, das ist ein altes Stück; hier vorne geht sie unter und kehrt von hinten zurück.»

Postkarten und Werbekataloge wecken Bedürfnisse, aber sie spiegeln auch die Bedürfnisse und Erwartungen der Konsumenten wider. Was die Werbung zeigt, wirkt nur, wenn es auf einen vorbereiteten fruchtbaren Boden fällt. Die tanzenden Schönheiten am Südseestrand regen nur dann zum Kauf eines Rums an, wenn sich ihre Hüftschwünge am Strand mit den Glücksvorstellungen der Zuschauer decken. Schauen wir also, wie die Werbung mit unserer maritimen Glückssuche spielt.

Als Kunde auf Glück programmiert

Viele Menschen lernen das Meer erst auf Reisen kennen. Die Deutschen stellen dabei neben den USA und Japan die meisten Touristen weltweit. Absolute Spitzenreiter unter den Urlaubsländern sind, wer hätte es gedacht, diejenigen mit Meer und Stränden: Spanien, Griechenland, die Türkei, Thailand, Ägypten, die Bahamas, die Dominikanische Republik oder die Malediven. Zwei Drittel des weltweiten Tourismus konzentrieren sich auf die Sonnenküsten der Welt. Ein Drittel der internationalen Reiseströme fließt in die Mittelmeerländer. Wer es sich leisten kann, bricht zu exotischen und einsamen Stränden auf und meidet die Ziele des Massentourismus.

Von dem Schriftsteller Sigismund von Radecki stammt der Satz, Reisen sei die populärste Form der Glückssuche. Tatsächlich ist der gesamte Tourismus eine einzige Glücksjagd. Im Urlaub wollen wir «die schönsten Wochen des Jahres» erleben. Reisen ist erholsam, interessant, und es verleiht soziales Prestige. Der Kultursoziologe Gerhard Schulze ist überzeugt, dass Urlaub heute auch eine «radikale Sinnsuche» für viele Menschen darstellt. Wo nervtötende Alltagsroutinen langweilen, steigt der Anspruch an den Urlaub als einen möglichst atemberaubenden Gegensatz. Erinnern wir uns an das Diktum Sigmund Freuds, wonach Glück im Kontrast zum Alltäglichen entsteht, wird die Hauptfunktion des Reisens deutlich. Und so wird selbst in wirtschaftlichen Krisenzeiten kaum am Urlaub gespart. Tourismuspsychologen beobachten, dass gerade in schwierigen Zeiten Hoffnungen und Glücksphantasien auf die kurze Zeit des Urlaubs projiziert werden. Damit kommt dem Reisen eine wichtige Bedeutung als psychischem Ventil zu.

Reisen war immer auch eine Flucht aus dem Alltag. Das gilt bis heute, man denke nur an den Slogan des Reiseunternehmers LTU: *Nix wie weg!* Schon der Pionier des Pauschaltourismus, der Brite Thomas Cook, hatte die Idee, die sonntägliche Flucht britischer Arbeiter in den Alkohol durch die Flucht in das organisierte Reisen zu ersetzen. Damit war die Idee des Pauschaltourismus geboren. Reisen verspricht das Glück der Freiheit, die Flucht aus dem Alltag ohne Rollenzwänge. Bis heute lebt der Massentourismus von solchen Glücksversprechungen, den vier großen S des Erholungstourismus: See, Sand, Sonne, Surfen. Die

Kataloge der Reiseveranstalter spielen eine wichtige Rolle bei Urlaubsbuchungen; es ist ein einvernehmliches Wechselspiel: Kunden und Werbung spielen sich wie beim Beach-Volleyball gegenseitig die Bilder zu. Vor allem exotische, schwer erreichbare Ziele gelten als Inbegriff des Paradieses. Tourismusforscher haben herausgefunden, dass vor allem bei der Vorbereitung auf eine solche Reise idealisierende Quellen wie Reisekataloge, Illustrierte und Bildbände herangezogen werden. Kritische Literatur wird, wenn überhaupt, in der Regel erst nach der Reise gewälzt, um Antworten auf offene Fragen zu finden.

Urlaub, Erholung und Vergnügen sind stark gefühlsbesetzte Aspekte des Lebens. Die Tourismusindustrie weckt Wünsche und verspricht gleichzeitig, sie zu befriedigen. Die Werbefotos verheißen unverbaute intakte Landschaften, die einen Kontrast zur Enge der Siedlungsbilder bieten, denen wir im Alltag ausgesetzt sind. Nicht nur die eintönige Arbeit, auch die eintönige Optik des Alltags schreit förmlich nach alternativen Traumbildern.

Dem Reisen liegt also die Sehnsucht nach Gegenwelten zum Alltag mit seinen Routinen und Zwängen zugrunde. Es ist die ewige Suche nach dem Glück, gespeist aus der Überzeugung, es sei immer da, wo man gerade *nicht* ist, man aber ja hin*könnte*. Bilder in Reisekatalogen schüren die weitverbreitete Sehnsucht nach Unbeschwertheit und Glück an: am Strand schlendernde Pärchen, Wellenreiter, strahlende Kinder, Senioren in Hängematten, sanft vom Wind geschaukelt. Der Tourismus ist nicht zuletzt aufgrund der Bilder, die er in die Köpfe setzt, zu einer Milliardenindustrie geworden.

Das innere Kino

Reisen ist ein Riesengeschäft – da ist es kein Wunder, dass sich die Werbung brennend für unsere Träume und Phantasien interessiert: Welche Bilder werden in unserem inneren Kino gezeigt? Ursula Hansen, Marketingprofessorin an der Universität Hannover, beschäftigt sich mit dieser emotionalen Seite der Konsumforschung: «Bis in die 1980er Jahre hinein spielten Tagträume keine Rolle. Der Konsument galt als rationaler Entscheider, der Informationen sammelt und sich bewusst für ein Produkt entscheidet. Erst allmählich wandte man sich auch subjektiven Komponenten zu, also Tagträumen, Gefühlen, inneren Bildern und Phantasien der Konsumenten.»

Imaginärer Konsum nimmt breiten Raum in unseren Tagträumen ein, ja viele Tagträume von Sonne, Strand und Meer sind im Grunde vorab genossener Urlaub. Man erwärmt sich an einer Strandszene, während man in der Kälte auf den Bus wartet. Der innere Sonnenuntergang auf Hawaii lenkt von den grauen Vorstadtbildern ab. Das imaginäre Reisen tritt an die Stelle des tatsächlichen. Schon ein Kompass auf dem Schreibtisch als Symbol für den Lebenstraum einer Weltumsegelung facht solche Tagträume an.

Für den britischen Soziologen Colin Campbell bilden Tagträume, die durch verbreitete Bilder ausgelöst werden, sogar den Kern des modernen Konsums: Die Menschen bemühen sich fortwährend, die in ihren Tagträumen erfahrene Lust am Konsum in der Realität umzusetzen. «Tagträume verwandeln die Zukunft in eine perfekte illusorische Gegenwart, die allerdings die reale Konsumerfahrung niemals erreichen kann. So wächst der ständige Wunsch, die Lücke zwischen Tagträumen und Realität zu schließen. Es ist dann das Neue, dessen Erwerb lustvolle Erfahrungen verspricht, die in der Realität bisher nicht eingelöst werden konnten», meint auch Ursula Hansen.

Wie die eigenen Tagträume wird auch Werbung bewusst als lustvolle Illusion erlebt. Die Versprechen des Marketings sind temporäre Oasen, ein zeitweiliges Ausblenden der Alltagswelt. Um diese Dynamik in Gang zu setzen, müssen wir nicht einmal von außen stimuliert werden, wir sorgen als Gestalter unserer Traumwelt schon selbst dafür. Es ist eine Lust, Werbung real zu erleben und gleichzeitig zu wissen, dass sie eine Illusion ist. Diese Lust an den Bildern weckt oft unbemerkt einen Jagdinstinkt in uns, der uns die erbeuteten Idealbilder wie Trophäen nach Hause tragen lässt. Dieses Jagdglück ist nicht ganz unbeteiligt am Meeresglück. Zeit für einen kleinen Abstecher ins Reich der Bilderjäger.

Wir Bilderjäger

Wim Wenders gab einmal in einem Interview mit der *Süddeutschen Zeitung* zu Protokoll, dass Dia-Abende ein Trauma seiner Kindheit darstellen. Dieses früher sehr verbreitete Ritual ist mittlerweile vor allem in gebildeten Schichten zu einem absoluten *Don't* geworden. Man hat zu viele dieser ausufernden, langweiligen Abende erlebt, als dass man das Ritual für erhaltenswert hielte. Und doch hält es sich hartnäckig; auch wenn

Dias bald endgültig von digitalen Bildern am PC und Fernseher abgelöst sein dürften, bleibt die Idee bestehen: Freunde und Bekannte sollen sehen, was man selbst im Urlaub gesehen hat – eine typisch deutsche Sitte mit interessanten psychologischen Facetten.

Reisende tragen die vorgefundenen Bilder nach Hause wie ein Löwenfell. Sie fotografieren, filmen, und sie erzählen – manchmal schier endlos – von den Bildern, die sie an den Meeren der Welt vorgefunden haben. So sind Reisen nach wie vor der Hauptanlass fürs Fotografieren. Freilich gelten die Bilder, die die «Knipser» machen, weniger Land und Leuten, sondern mehr sich selbst, der Familie, den Freunden, den Lieben eben, die einen auf der Fahrt begleiten. Diese Art von Bildern soll Authentizität vermitteln, das authentische «Ich-war-am-Strand-von-Hawaii-Gefühl» konservieren. Anspruchsvolle Fotografen dagegen legen mehr Wert auf das perfekte Bild. Sie sind es, die die ambitionierten Bilderjäger stellen.

Das Vorführen der Bilder hat in der Regel die Neuinfizierung der Zuschauer zur Folge. Es weckt die Lust, einen ähnlichen Sonnenuntergang an der Copacabana zu sehen und den Pazifik auch einmal in diesem geheimnisvollen smaragdenen Glitzern zu erleben. Rückkehrende Urlauber begeben sich selten freiwillig in Quarantäne; so stecken sie ihre Mitmenschen immer wieder mit dem Bilder-Virus an. Reisekataloge können Lügen erzählen. Selbst Ansichtskarten können eine Realität vorgaukeln, die nicht existiert, wie etwa menschenleere Sommerstrände an der Costa del Sol. Aber wenn der eigene Freund, die eigene Kollegin diesen grandiosen Blick einfangen konnten, sollte uns das auch möglich sein. Was Brigitte, Peter oder Sabine auf Zelluloid oder einen Chip bannen konnten, ist für uns auch zu erreichen. Es ist realistisch, glaubhaft und authentisch. Damit steht es im Kontrast zu den Märchen der Werbebilder, bei denen man nie sicher sein kann, ob sie nicht vielleicht doch auf einer ganz anderen Insel aufgenommen wurden. Die An- und Aussichten eines Dia-Abends aber sind prinzipiell nacherlebbar. Die Folge: Der Zuschauer wird zu einem neuen Jäger des verlockenden Bildes.

Die Kunstpädagogin Birgit Schneider hat sich wissenschaftlich mit dem Fotografieren befasst und kommt zu dem Schluss: «Das Fotografieren kann auf Reisen ein Ersatz für das Erleben von Abenteuern sein, die im durchrationalisierten und organisierten Alltag fehlen.» Und Susan Sontag fügt hinzu: «Fotografien sammeln heißt die Welt sammeln.» So werden auch das Reisen und die typische Bilderjagd zu einem Glück, das wir im Alltag vermissen.

Immer auf der Suche nach dem perfekten Bild, werden wir zum Jäger, oft ohne es zu merken. Kaum ein Tourist geht ohne Kamera auf die Pirsch. Gerade die digitale Revolution hat einiges für den bildhungrigen Reisenden getan, denn nun kann er im Display der handlichen, in jede Tasche passenden Geräte sofort erkennen, ob das erhaschte Bild mit seiner Idealvorstellung übereinstimmt – oder ob es getrost gelöscht werden kann. Diese Jagd ist nicht ganz ohne: Sie ist nicht ohne Anstrengung und bleibt nicht ohne Niederlagen. Auf der Suche nach dem Bild, das ein Reisekatalog oder die Dia-Schau uns versprochen haben, klettern wir auf Dünen, kraxeln auf Klippen, wandern wir über endlose Sandstrände, setzen die Segel oder werfen die Anker an Plätzen aus, die besonders pittoreske Aussichten versprechen. Stets getrieben vom Ehrgeiz, das perfekte Bild mit nach Hause zu bringen. Und hat es sich uns – wieder einmal – nicht geboten, bleibt immer noch die Hoffnung auf die nächste Reise.

Das Meer hat eine erstaunliche Metamorphose von einem Ort des Schreckens zu einem magischen Verkaufsargument der Immobilienhändler erfahren: Kaum ein Zusatz bei der Beschreibung eines Häuschens übt eine größere Magie auf Interessenten aus als die Information, das Objekt verfüge über Meerblick. Auch die Buchungszahlen von Hotelzimmern, Appartements und Ferienhäusern hängen davon ab, ob der Vermieter einen Blick aufs Meer bieten kann. Millionen Reisende machen sich Jahr für Jahr auf die Jagd nach dem idealen Blick. Nicht nur das Meer selbst, auch unsere Bilder davon machen glücklich.

Maritime
Seelenlandschaften

Das Meer ist alles.
Es ist eine immense Wüste,
wo ein Mann nie alleine ist, in dem er fühlen kann,
wie das Leben aller in ihm bebt.
Das Meer ist ein Behälter für all die ungeheueren,
übernatürlichen Dinge,
die darin existieren;
es ist nicht nur Bewegung und die Liebe,
es ist die lebende Unendlichkeit.

Jules Verne

Auf einer von der TUI organisierten Tagung im Mai 2006 zum Thema «Was Touristen glücklich macht», wurde eine Studie vorgestellt, die für Reiseveranstalter zu eher schmerzlichen Ergebnissen kam: In einer Blitzumfrage unter 1000 Bundesbürgern zeigte sich, dass nur zwölf Prozent der Glücksmomente auf Reisen auf die Qualität des Hotels, des Service oder des Essens zurückzuführen sind. Vielmehr schwärmten die Befragten überschwänglich von glücklichen Momenten, die im Zusammenhang mit Naturerlebnissen entstanden: mit der Familie am Strand stehen und die endlose Weite des Meeres erleben. Es scheint, als seien Hochgefühle, die noch Jahre später erinnert werden, ein exklusives Verdienst der Landschaft. Wahres Glück auf Reisen spendet offenbar nur die Natur.

Der Leiter der Studie, Albrecht Steinecke, Professor für Wirtschaft und Fremdenverkehrsgeographie an der Universität Paderborn, kommt zu dem Schluss, dass die Tourismusindustrie aus diesem Grund eigentlich «schöne Blicke» schaffen müsste. Darauf können Reiseveranstalter zwar nur schwer Einfluss nehmen, «allerdings können wir mit unseren Leistungen eine Grundstimmung erzeugen, ein Grundrauschen der Zufriedenheit, auf dem diese Glücksgefühle letztlich entstehen. Unsere Leistung liegt also mehr in der Produktion der Stimmung als in der direkten ‹Glücksproduktion›», räumt Kuzey Esener, Pressesprecher der TUI, ein. Wie aber produzieren Landschaften solche Glücksgefühle?

Landschaften üben ganz unterschiedliche Wirkungen aus: Indem sie uns an unsere Kindheit erinnern, können sie zu inneren Sehnsuchtslandschaften werden. Einige ziehen uns magisch an, in anderen fühlen wir uns unwohl, ohne zu wissen, warum. Andere Gegenden wiederum lassen uns kalt, sie sind weder positiv noch negativ besetzt, sondern einfach langweilig. Manche Menschen fühlen sich in den Bergen wohl, aber mulmig am Meer. Andere leben an der See auf, meiden aber weite graswachsene Ebenen. Ich mache beispielsweise im Hochgebirge nachts kein Auge zu, weil ich das Gefühl habe, von den Bergen erdrückt zu werden, schlafe aber selbst bei stürmischer Brandung wie ein Baby.

Landschaft ist nicht nur ein «Außen» um uns herum, es ist auch ein «Innen», das wir mit bestimmten Bildern und Emotionen in Verbindung bringen. Das wirft die Frage auf, was eine Landschaft eigentlich mitbringen muss, damit sie als schön und begehrenswert empfunden wird. Welche Landschaftsformen reizen den Blick besonders? Wie muss eine Landschaft beschaffen sein, damit wir uns darin wohlfühlen?

Mit diesen Fragen beschäftigt sich ein junger Zweig der Wissenschaft, die Landschaftspsychologie, die Wechselwirkungen zwischen Außenlandschaften und inneren Seelenlandschaften untersucht. Landschaftspsychologen gehen auch den anthropologischen Dimensionen unseres Landschaftserlebens nach, also dem Rätsel, warum Menschen, unabhängig von ihrer geographischen Herkunft, von bestimmten Gegenden angezogen werden, sich dort wohl-, sicher oder frei fühlen. Diese Studien liefern einen weiteren Schlüssel zum Meeresglück.

Landschaft – psychologisch betrachtet

Geboren wurde die Landschaftspsychologie in Amerika. In den 1980er Jahren zerbrachen sich Tourismusexperten die Köpfe, wie Naturlandschaften der Nationalparks optimal präsentiert werden können, um möglichst viele Besucher anzulocken und sie über Jahre hinweg an einen Park zu binden. Es ging um die Anlage von Spazier- und Wanderwegen und die Einrichtung von Aussichtspunkten. Hotels, Restaurants, ganze Urlaubsregionen hängen davon ab, ob ihre Ausflugsziele dem allgemeinen Schönheitsideal entsprechen und die Sehnsüchte des Publikums befriedigen. Die Erkenntnisse der Landschaftspsychologen haben deshalb eine zentrale Bedeutung bei der Planung von Naherholungsbereichen, Outdoor-Programmen, Hotelneubauten und anderen gestalteten Erlebnisorten.

Die ersten Studienergebnisse ließen allerdings Zweifel aufkommen, ob es so etwas wie allgemeingültige ästhetische Grundmuster überhaupt gibt. Rainer Brämer von der Universität Marburg befasst sich seit vielen Jahren mit landschaftspsychologischen Fragen: «Naheliegenderweise fühlt sich jeder zuallererst in seiner heimatlichen Landschaft und den ihr ähnlichen Landschaftsformationen wohl. Hier ist man aufgewachsen, hier kennt und liebt man die charakteristischen Formen und Farben. Norddeutsche etwa schätzen flache Weiten, Süddeutsche felsige Höhen, und – oft zitiertes Paradebeispiel – Eskimos ihre von außen so bedrohlich und tot erscheinenden Eiskulissen.» Favorisierte Landschaften sind also zunächst einmal vertraute Landschaften.

Bei näherem Hinsehen aber stellte sich heraus, dass es Landschaftsformen gibt, die man als *everybody's darling* bezeichnen könnte. Sie werden von fast allen Befragten, unabhängig von der geographischen und sozialen Herkunft, als schön empfunden. Anhand von Fotoreihen konnten Psychologen nachweisen, dass in den Industriestaaten Europas, Amerikas und Asiens ähnliche landschaftliche Schönheitsvorstellungen verbreitet sind. Zahlreiche Studien, in denen Probanden nach ihren Vorlieben befragt wurden, kristallisierten die Eigenschaften attraktiver Landstriche heraus.

Trotz individueller Vorlieben gibt es bei Landschaften, anders als in der Kunst oder Architektur, einen ästhetischen Konsens. Damit stellte sich die Frage, warum wir Naturschönheit eigentlich so einheitlich beurteilen. Die Tatsache, dass es Landschaften gibt, die Japaner, Texaner und Bayern gleichermaßen mögen, könnte etwas mit einem gemeinsamen Erbe zu tun haben, vermuteten die Wissenschaftler und landeten damit mitten in Afrika.

«Tatsächlich verweisen Experten in diesem Zusammenhang auf die Herkunft des Menschen aus der afrikanischen Savanne, die über Jahrhunderttausende vielleicht wie unser landschaftspsychologisches Ideal ausgesehen haben könnte. Als Jäger und Sammler ständig unterwegs und mit neuen Szenerien konfrontiert, hing das menschliche Überleben maßgeblich von der Fähigkeit ab, Überlebenschancen und -gefahren in einer unbekannten Landschaft rasch und zuverlässig einschätzen zu können. Um potentielle Wasser- und Nahrungsquellen ebenso wie lebensfeindliche Elemente frühzeitig erkennen und darauf reagieren zu können, war eine offene, abwechslungsreiche Landschaft mit vielfältigen Fund- und Schutzorten ebenso von Vorteil wie ein leicht begehbarer Boden» – so Rainer Brämer. Bestimmte Landschaften boten also einen Selektionsvorteil: Urmenschen mit einem Faible für die Wüste dürften sich im Überlebenskampf schwerer getan haben als die Konkurrenz in wald- und wasserreichen Gegenden.

Unser heutiges Schönheitsideal wurzelt also in grauer Vorzeit. Wo sich unsere Vorfahren sicher fühlten, entstand Behagen; überlebensfreundliche Landschaften wurden schon sehr früh mit positiven Gefühlen besetzt. Da wir heute allerdings unsere Steaks nicht mehr selbst jagen, sondern beim Metzger kaufen, spüren wir nur noch, dass uns bestimmte Landschaften glücklich machen, ohne genau zu wissen, warum.

Allerdings werden wir dabei immer noch von überlebenswichtigen Impulsen bestimmt. Sie haben sich lediglich zu zivilisierten Freizeitformen abgeschliffen. «In der Tat lassen sich unsere Freizeitvorlieben weitgehend auf das Doppelmotiv von Neugier und Geborgenheit, von nach vorne drängender Entdeckerlust und dem bewahrenden Genuss des Vertrauten, von Abenteuerlust und dem Wunsch nach Sicherheit zurückführen», konstatiert Brämer. Wer eine Gegend als Urlaubsort oder Wunschdomizil für ein Wochenendhaus aussucht, wird also vermutlich auch vom archaischen Landschaftsprogramm der Savannenjäger beeinflusst. Die Savannen Afrikas liegen zugegebenermaßen recht weit weg vom Meer, aber auch in Meereslandschaften finden sich diese als ansprechend erlebten Kriterien wieder.

Liebliche Buchten und schroffe Steilküsten

Betrachten wir heute die See mit Gelassenheit, so waren in früheren Zeiten Tränenausbrüche und selbst Ohnmachten bei diesem Anblick keine Seltenheit. So schrieb der Autor des ersten Inselführers von Juist, M.G.W. Brandt, im Jahr 1883: «Sobald wir unser Gepäck in dem Gasthaus des Herrn Rose, wo wir uns einquartierten, niedergelegt und uns etwas restauriert hatten, ging unser Weg zunächst an den Nordstrand der Insel. Der Eindruck, den der erste Anblick des Meeres macht, ist schwer zu beschreiben, nur dass er ein ergreifender und überwältigender zugleich ist und er immer mehr wird, je mehr und je länger man das Meer betrachtet und beobachtet, ja studiert. ‹Ich habe stark aussehende Menschen gekannt›, schreibt jemand, ‹auf welche der erstmalige Anblick des Meeres einen solch erschütternden Eindruck machte, dass sie fast ohnmächtig wurden.›»

Die meisten Landschaften, vor allem in den Industriestaaten, sind keine unberührten Naturlandschaften mehr, sondern umgestaltete Kulturlandschaften. Sie sind gerodet, angepflanzt, bebaut, stellenweise zerstört. Davon blieben auch die Küsten nicht verschont. Naturbelassene Ufer sind in unseren Breiten selten und werden im Tourismus entsprechend beworben. Attribute wie *ursprünglich* oder *naturbelassen* elektrisieren Erholungssuchende. Umso wohltuender ist der Blick auf das weite Meer. Dort gibt es, abgesehen von Schiffen oder Windkraftanlagen, nichts, was das Auge stören könnte. Das Meer ist – zumindest bei oberflächlicher Betrachtung und sofern sich keine Bohrinsel am Horizont abzeichnet –, wie es immer war. Und genau das macht es zu einer einzigartigen Landschaft.

In der Werteskala der Deutschen nimmt «Natur» eine unbestrittene Spitzenposition ein: Sie rangiert in Befragungen knapp hinter Liebe und Freundschaft, weit vor politischen, wirtschaftlichen und religiösen Instanzen. «Fast nichts ist den Zeitgenossen nach eigenem Bekunden wichtiger als die Bewahrung der natürlichen Umwelt. Aber nicht nur in der kollektiven Moral, auch in den Sehnsüchten spielt die Natur eine dominierende Rolle», berichtet Rainer Brämer. «Natur erleben» sei für 90 Prozent der Bevölkerung ein bestimmendes Freizeit- und Urlaubsmotiv. Immer mehr Menschen suchen in der Natur Entlastung von der Hektik der Hightech-Gesellschaft. Dabei geht es vor allem um den Entspannungseffekt naturbelassener Landschaften: je weniger Gebäude, Zäune, Überlandleitungen und Straßen, desto höher die Wertschätzung. Urlauber, die es sich leisten können, meiden Betonburgen-Strände und weichen in naturnahe Bereiche aus, jedenfalls sobald sie die Jugend mit ihrer Trubel-Sehnsucht hinter sich gelassen haben. Je natürlicher und ästhetischer ein Strand, desto exklusiver und glückverheißender. Sehr beliebt sind deshalb Resorts mit einstöckiger kleingliedriger Bebauung, die sich organisch in die Landschaft einpasst.

Neben der Naturnähe ist das Element Wasser wichtig, damit wir eine Landschaft als attraktiv wahrnehmen. Jedes Landschaftsbild erfährt eine gravierende Aufwertung durch Gewässer wie Bäche, Flüsse, Wasserfälle, Seen oder eine Brandung, sagt Brämer. Selbst kleinste Wasserflächen sind eine Attraktion, die auch nicht dadurch geschmälert wird, dass derartige Ziele häufig überfüllt und denaturiert sind. Als Ideal landschaftlicher Schönheit gilt ein Gewässer, dessen locker baumbewachsenes Ufer sich im Wasser spiegelt.

Ähnlich wichtig ist die «frische Luft» naturnaher Landschaften. Gerade am Meer ist sie besonders reichlich vorhanden, und der Eindruck der Frische wird durch die Feuchtigkeit und den Salzgehalt noch verstärkt. «Endlich mal wieder frei durchatmen können» ist für viele ein zentraler Wohlfühlfaktor am Meer.

Für einen weiteren Feel-good-Effekt sorgen klare Grenzen und weiche Konturen. Landschaften, bei denen die Übergänge zwischen den einzelnen Elementen klar ins Auge fallen, wie Steilküsten am Meer oder schöne Strandabschnitte, sind besonders beliebt. Diffuse Grenzzonen werden dagegen als deutlich weniger angenehm empfunden. «Es stellt einen besonderen Reiz dar, sich selber in einer derartigen Übergangszone aufzuhalten», fasst Brämer die Studienergebnisse zusammen. Nicht unwichtig ist dabei auch die Kontur der Grenzbereiche: Weiche, geschwungene Linien werden bevorzugt. Das gilt für Waldränder und Uferböschungen ebenso wie für Wege und Bäche. Ein mäandernder Fluss wirkt lieblicher als ein schnurgerade gezogener Kanal; der kurvenreich begrenzte Teich kommt gefälliger daher als ein rechteckiges Betonbassin. Ein Blick in die Reisekataloge zeigt, dass sich auch viele Werbefotografen für die sanft geschwungene, locker bewachsene Bucht als Prospektmotiv entscheiden.

Variatio delectat

Eine als schön empfundene Landschaft muss außerdem Abwechslung bieten. Hirnforscher haben herausgefunden, dass ein bestimmtes Areal des Stirnhirns dafür verantwortlich ist, dass der Genuss an gewohnten Dingen mit der Zeit erlahmt. So haben die meisten Menschen nach einem deftigen Braten eher Appetit auf einen süßen Nachtisch. Kontraste sind eine Quelle des Glücks, meint auch Stefan Klein: «Das ist eine gute Nachricht, denn es bedeutet, dass wir zum Drang nach immer mehr eine Alternative haben. Zwar gewöhnt sich das Erwartungssystem schnell an alles, was schön und angenehm ist. Was eben noch eine erfreuliche Überraschung war, nimmt es nun als selbstverständlich hin und verlangt nach stärkeren Reizen, die es oft nicht bekommen kann ... Doch wenn wir uns statt stärkeren Reizen anderen Reizen aussetzen, stellt sich die Lust wieder ein – wenn der Kontrast richtig gewählt ist, sogar noch intensiver als vorher.» Klein kommt zu dem Schluss, dass die Kunst letztlich darin besteht, eine Rotation der Genüsse zu praktizieren. Und genau das ermöglichen abwechslungsreiche Landschaften. Wir lieben es, wenn beim Spaziergang die Szenerie wechselt und sich immer wieder neue überraschende Perspektiven eröffnen.

Das gilt auch für Meereslandschaften, wo ein kahler kilometerlanger Strand nicht unbedingt verlockend wirken muss. Werbefotos zeigen daher stets Palmen, Buchten, Steilklippen, Grotten oder ankernde Segelboote. «Sicher spielen hier psychologische Einflüsse eine dominierende Rolle. Die Schönheiten der Insel, das Meer, die breiten Sandstrände, Dünen, Heide und das Watt bieten einzigartige Naturerlebnisse und tragen durch Abwechselung, ja durch einen starken Kontrast gegenüber der normalen Arbeitswelt sicher wesentlich zur Erholung bei», meint Carsten Stick, Direktor des Instituts für Medizinische Klimatologie der Uni Kiel.

Hinter diesem Bedürfnis nach Abwechslung steckt nach Meinung von Landschaftspsychologen die urtümliche Entdeckerfreude des Menschen. Auch Wald-, Wiesen- und Feldlandschaften werden als faszinierend empfunden, wenn sich Wege in Windungen am Horizont verlieren. Amerikanische Landschaftsforscher nennen das den *mystery effect.* Und schon für die alten Chinesen war es für die Schönheit einer Parklandschaft unabdingbar, dass das Ende der Wege nicht zu sehen war. Experten für Garten-Feng-Shui raten, Wege sanft gewunden und niemals gerade auf das Haus zu oder durch den Garten verlaufen zu lassen. Das garantiere, dass die positive Chi-Energie und damit das Glück ihren Weg finden. Die Neugier auf das, was sich hinter der nächsten Bucht verbirgt, lässt uns auch die vielfältigen, kurzweiligen Meeresansichten besonders genießen. Weltweit sind Strände am beliebtesten, die dieses Kriterium erfüllen. Küsten, an denen sich liebliche, von Dünen eingefasste Strandabschnitte mit Steilklippen und wilder Brandung abwechseln, reizen besonders.

Die Erwartung von Neuem lässt das Gehirn Glücksgefühle produzieren. Überraschende Perspektiven lösen Spannung und Vorfreude aus, die wir automatisch als Wohlbefinden verspüren. Das erste Glas Champagner schmeckt in der Regel besser als die nachfolgenden. Ähnlich reagiert unser Gehirn auf abwechslungsreiche Landschaften mit mehr Vorfreude und schüttet entsprechende neuronale Transmitter aus. Der erste Blick aufs Meer zu Urlaubsbeginn ist immer der schönste. Landschaften mit verheißungsvollen Ausblicken machen glücklicher als Monotonie – Genuss will Abwechslung. Das menschliche Gehirn giert nach neuen Reizen: Neuigkeiten zu verdauen und Erfahrungsgrenzen zu überschreiten gehört zu seinen wichtigsten Aufgaben. Das Gehirn fordert ständig neue Nahrung und belohnt das mit guten Gefühlen.

Bitte mit Ausblick!

Ein weiteres landschaftliches Qualitätsmerkmal ist die schöne Aussicht. Egal ob im Gebirge oder auf Steilklippen, Aussichtspunkte sind Glücksorte. Sie gehören zu den attraktivsten Ausflugszielen; die beliebtesten Wanderwege sind Kamm- oder Höhenwege. Kaum ein Urlauber in den Alpen lässt die Fahrt mit der Gondel auf den *wirklich* höchsten Gipfel der Umgebung aus. Hotelzimmer, Haus oder Villa sind gleich mehr wert, wenn sie mit einer Hang- oder Gipfellage den weiten Blick ermöglichen. Das Hochgefühl, das wir dabei erleben, führt Rainer Brämer auf das tiefwurzelnde Glück zurück, im Überlebenskampf die Übersicht zu behalten. «Das geschieht am besten von oben, zumal man im Moment der Gefahr bergab sehr viel schneller davonkommt als der bergauf schnaufende Gegner. Daher verwundert es nicht, dass auffallend viele Landschaftsszenen in Urlaubsprospekten und Titelbildern aus einer erhöhten Stellung heraus aufgenommen sind.» Ein Sonnenuntergang von der Klippe aus, der schöne Rundumblick von einer hohen Düne oder der Blick über das weite Meer produzieren im wörtlichen und übertragenen Sinne erhabene Gefühle.

Grund ist nicht nur das Erbe unserer afrikanischen Vorfahren: Seit wir unsere Jäger- und Sammlervergangenheit hinter uns gelassen haben, sind kulturelle Faktoren hinzugekommen, die zusätzlich für Glücksgefühle am Meer sorgen, und auch persönliche Vorlieben spielen eine nicht zu unterschätzende Rolle. Maritime Landschaften wurden im Laufe der Zeit mit bestimmten Aspekten verknüpft, die zum Behagen vieler Menschen beitragen, wie dem Gefühl von Freiheit und Weite am Ozean. Dieses Gefühl lockt den gehetzten modernen Menschen, der sich im Alltag oft eingeengt und eingespannt fühlt, ganz besonders.

Inbegriff von Freiheit und Weite

Wie viele Jugendliche verschlang ich mit 12, 13 Jahren jedes See-Abenteuer, das mir in die Hände fiel: *Robinson Crusoe, Moby Dick, Der Seewolf, Die Schatzinsel* – diese Bücher entführten in einen blauen Kosmos, der mitten im Schwarzwald so weit weg und exotisch schien wie der Mars. Damit wurde das Meer zu einer Chiffre für die Freiheit schlechthin. In pubertären Krisen träumte ich davon, auf einem Schiff anzuheuern und zu einer fernen Insel zu segeln. Dort wollte ich zu Korallenriffen tauchen, Papayas pflücken, eine Hängematte aufspannen und das tanzende Sonnenlicht auf dem Ozean beobachten. Dann und wann wollte ich auch an meinen – nun sehr fernen – Mathematiklehrer denken und Gott dafür danken, dass er den Menschen die Schifffahrt erfinden ließ.

Entsprang dieser Traum einer Abenteuerlust, die bei jungen Menschen nicht ungewöhnlich ist, fühle ich mich auch jetzt, 25 Jahre später, nach wie vor am Meer glücklich. Selbst wenn man nur mit anderen Eltern schwatzend den Kindern beim Sandburgenbauen (und wieder niedertrampeln) zusieht, habe ich bis heute keine Landschaft entdeckt, die ein vergleichbares Freiheitsgefühl schenkt. Seit Jahren verbringen wir deshalb jeden Urlaub am Meer. Mit einer Ausnahme: als es zum Wandern nach Norwegen ging. Kaum hatten wir Oslo hinter uns gelassen, keimte der Verdacht, die falsche Entscheidung getroffen zu haben. Den ganzen Urlaub über war der Gedanke präsent: nächstes Mal wieder ans Meer.

Der Tourismusforscher Klaus Hartmann fand in Urlauberbefragungen heraus, dass der wichtigste Eindruck am Meer der der Weite, der Unendlichkeit und des fernen Horizonts ist, damit vermittelt das Meer eine Atmosphäre von Abenteuer und Fernweh. «Für diejenigen, die einem Aufenthalt am Meer positiv gegenüberstehen, ist diese Weite unmittelbar mit dem Erlebnis der Freiheit verbunden, auch mit einer selbst gewollten Einsamkeit.» (Ballermann-Touristen sind hiervon natürlich ausgenommen.) Nach Hartmanns Studie sind die Eindrücke am Meer geprägt von einer «expansiven Großzügigkeit». Das Meer bedeutet damit nicht nur einen Ausbruch aus der verbauten Perspektive des urbanen Lebens, sondern auch aus dem einschnürenden Alltag generell.

Immer schon besangen Dichter die Weite des Meeres und seine anmutige Größe. Der britische Autor Joseph Addison beispielsweise schrieb geradezu hymnisch über das Mittelmeer: «Bei allem, was ich je gesehen habe, hat nichts meine Phantasie so angeregt wie das Meer oder der Ozean. Ein wogendes Meer stellt für den Menschen, der darauf segelt, meiner Ansicht nach das Ungeheuerlichste dar, was er in Bewegung sehen kann, und vermittelt seiner Phantasie infolgedessen eine der schönsten Freuden, die Größe überhaupt erwecken kann.» Auch Thomas Mann war von der Größe des Meeres beeindruckt: «Es ist allzuviel Platz da. Die Geräumigkeit hat etwas Kosmisches: die vielen Schiffe verlieren sich darin wie die Sterne im Raum, und ein seltener Zufall ist es, daß eines dem anderen begegnet.»

Die Möglichkeit, den Blick schweifen zu lassen, ist zentral für die Erholungswirkung einer Landschaft, wie Psychologen herausgefunden haben. Ein schweifender Blick ist das Gegenteil von gelenkter Aufmerksamkeit. Denn wo viele Dinge gleichzeitig zu betrachten sind, ist der Geist immer herausgefordert, das Gesehene zu interpretieren, zu verstehen oder auch nur wahrzunehmen. Werbeaufschriften, Gebäude, Hinweistafeln, Schilder, Fahrzeuge verlangen unsere Aufmerksamkeit und zwingen zur Konzentration. Der Blick über das Meer dagegen kann unbehelligt in die Ferne schweifen. Das Unterbewusstsein, unaufhörlich mit der Auswertung optischer Eindrücke beschäftigt, kommt zur Ruhe – eine wichtige Voraussetzung für Entspannung. Zum Blick auf das Meer gehört auch der Blick in den Himmel. Nirgendwo ist so viel Himmel wie am Meer. Und der ist heute einer der wenigen unverfügbaren Orte. Er verkörpert das Element Luft, Meer das Element Wasser, beide Inbegriff von Grenzenlosigkeit.

Der Psychoanalytiker Hans-Jürgen Wirth erklärt, was mit uns in dieser Grenzenlosigkeit geschieht: «Die Weite des Meeres erlaubt ein Gefühl des Verbundenseins mit dem Kosmos. Angesichts der Unendlichkeit des Meeres fühlt man sich klein wie ein Kind. Wenn das Meer ruhig und schön ist, ist das ein sehr angenehmes Gefühl, das an die Kleinheit der Kindheit erinnert.»

Gottfried Benn sprach den Meeren ein geradezu erotisches Freiheitsgefühl zu: «Meere – Eros der Ferne – rauschen.» Freiheit und Meer sind Geschwister, bilden ein glückverheißendes Gespann. Am und auf dem Meer bieten sich Momente des ekstatischen Verschmelzens mit einer Landschaft, die alters- und grenzenlos wirkt. Eine der eindrucksvollsten Szenen aus dem Film *Titanic* ist die, als Leonardo DiCaprio und Kate Winslet eng aneinandergeschmiegt an der Bugspitze stehen. Die Arme ausgebreitet, trennt sie nur die Reling von der Unendlichkeit des Ozeans. Winslet ruft: «Ich fliege!» In keiner Szene des Films steckt mehr Glück als in dieser. Wahrscheinlich hätte auch Goethe seine Freude daran gehabt. In *Faust II* jubelte er: «Das freie Meer befreit den Geist.»

In den *Buddenbrooks* sitzen die Protagonisten auf Steinen am Meer, fühlen sich frei und glücklich. Es ist ein flüchtiges, aber durchaus wiederholbares Glück. Das Meer dient in der Geschichte auch als Metapher für die politische Freiheit: «Der frische Salzwind», der «frei und ohne Hindernis» daherweht, ist ein Synonym für die politischen Glücksvorstellungen des Protagonisten Morten Schwarzkopf. «‹Nun ja, die Freiheit, wissen Sie, die Freiheit ...!› wiederholte er, indem er eine vage, ein wenig linkische aber begeisterte Armbewegung hinaus, hinunter, über die See hin vollführte, und zwar nicht nach jener Seite, wo die mecklenburgische Küste die Bucht beschränkte, sondern dorthin, wo das Meer offen war, wo es sich in immer schmaler werdenden grünen, blauen, gelben und grauen Streifen leicht gekräuselt, großartig und unabsehbar dem verwischten Horizont entgegendehnte ...» Überhaupt, die Dichter. Sie werden nicht müde, die Freiheit des Meeres zu besingen. Hier eine kleine Auswahl:

Das Meer ist der letzte freie Ort auf der Welt.
Ernest Hemingway

Das Meer ist die anschauliche Gegenwart
des Unendlichen.
Karl Jaspers

Sie ist wiedergefunden. Was? Die Ewigkeit.
Es ist das Meer verbunden mit der Sonne in eins.
Arthur Rimbaud

Frei wie der Ozean und ohne Schranken durchfliegen
wir das Meer mit den Gedanken.
Lord Byron

Freier Mensch, immer wird das Meer dir lieb sein!
Charles Baudelaire

Die Freiheit des Strandes beschwor auch der Sponti-Slogan der 68er: *Unter dem Pflaster liegt der Strand.* Nicht etwa ein moosbedeckter Waldboden, ein Rapsfeld oder eine Blumenwiese – nein, der Strand wurde von den bärtigen Revoluzzern zum Symbol höchster Freiheit gekürt. Zahllose Jugendliche konnten sich auf Anhieb mit dieser Vorstellung identifizieren. Der Soziologe Kaufmann dazu: «Aber warum der Strand? Weil er besser als jedes andere Bild die Freiheiten symbolisierte, die es zu erobern galt; nämlich die eines Körpers ohne Fesseln, eines Lebens ohne Zwang, ohne aufoktroyierte Regeln, ohne Klassifikationen und Hierarchien.»

Dass das Meer als letzter freier Ort empfunden wird, liegt auch daran, dass man es nicht bebauen kann. Selbst die entlegensten Bergtäler und Wüstengegenden können mit Gebäuden, Seilbahnen und Straßen überzogen werden. Das Meer nicht. Es wird optisch ein freier Ort bleiben. Das Meer ist alterslos, es kennt keine Jahreszeiten, es ist unbewohnbar und ohne sichtbare Spuren.

Zwar war die Seefahrt immer schon darauf angewiesen, die Weite des Ozeans zu vermessen, sie zu kartographieren und durch imaginäre Linien in Länge und Breite zu unterteilen. Seeleute sollen sich früher angeblich einen Spaß daraus gemacht haben, Schiffsjungen, die neu an Bord waren, ein Haar aufs Fernglas zu kleben. Wenn sie dann hindurchschauten, erkannten sie zu ihrem Erstaunen einen Breiten- oder Längengrad. Für uns Laien aber sind die imaginären Linien auf hoher See unsichtbar – das Meer ist und bleibt der Inbegriff unbeschränkter Weite.

Meerestypen und Bergtypen

Viele Menschen, die ihren Urlaub am Meer verbringen, könnten genauso gut zum Himalaja oder in die Anden fliegen, zu einer Trekkingtour durch die Wüste Gobi aufbrechen oder sich im südasiatischen Dschungel tummeln. Das Meer ist für sie eine von vielen Landschaften, die es zu erleben lohnt. Ein echter Meerestyp dagegen fühlt sich vor allem – und manchmal sogar ausschließlich – am Meer wohl. Was also zeichnet einen wahren Meerestyp aus, und wie unterscheidet er sich vom Bergtyp? Als Paradebeispiel für einen leidenschaftlichen Meeresfan kann Max Beckmann dienen, für den das Meer ein tiefgreifendes Erlebnis war, das ihn sein Leben lang nicht losließ. Mit 13 Jahren bewarb sich Beckmann um die Stelle eines Stewards auf einem Amazonasdampfer – der kleine Max wurde jedoch wegen seiner jungen Jahre abgelehnt. Später wandte er sich der Malerei zu, und bis zu seinem Tod sollte der Ozean *das* zentrale Motiv seiner Bilder bleiben. Allein die Titel seiner Gemälde lesen sich wie ein Tag am Strand: *Sommertag am Meer, Der Strand, In den Wanderdünen, Junge Männer am Meer, Sonniges grünes Meer, Große Wellen, Badende, Junge mit Krabbe, Brandung, Grauer Tag am Meer, Meer im Sturm, Nach dem Sturm, Mondnacht am Meer* – Strandmotive, leichte, sonnige Szenen, Feriensichten mit Strandkörben, Promenaden und Fensterblicke aufs Meer, Boote am Strand, Wellenbrecher, aber auch dramatische Szenen von Untergang und Zerstörung. Das Meer ist in Beckmanns Bildern entweder in Aufruhr, stürmisch und vital, oder ruhig und entspannt. Es ist veränderlich und zugleich ewig gleichbleibend.

Beckmann besuchte mit Vorliebe die eleganten Modekurorte an der Riviera. Er liebte die teuren Seehotels am Strand. Selbst im Konzert hörte er aus der Klaviermusik eines Brahms-Quintetts den «Rhythmus des Meeres» heraus. Er hatte mystische Erlebnisse und ein tiefes, fast erotisches Verhältnis zum Meer, malte sich selbst als Matrose und Angler und bezeichnete sich als «pauvre Odysseus», später als «Meergreis».

Die Kunsthistorikerin Ursula Harter kommt zu dem Schluss: «Max Beckmann war meersüchtig. Immer wieder suchte er es auf, um an der Brandung die eigenen Kräfte zu messen, im Kampf mit den Wogen Verjüngung zu spüren und aus der Wonne des vom Wasser Getragenwerden erneuerte Tatenlust zu gewinnen. Für ihn war das Meer verkörperte Vitalität, sein unaufhörliches Anbranden und Zurückfluten Symbole des sich unentwegt erneuernden Lebens. Beckmann erlebte es wie ein übermächtiges, aber ansprechbares Gegenüber.» Er war ein waschechter Meerestyp – ebenso wie sein Kollege George Grosz, der die Küstenlandschaften der Ostsee liebte, deren Verlust ihn im amerikanischen Exil besonders schmerzte. 1939 schrieb er, wie er mit Cape Cod südlich von Boston eine Landschaft fand, die ihn an das Ahrenshoop der zwanziger Jahre erinnerte: «Die Gegend mit ihren schönen hohen Dünen entsprach ganz einer sozusagen ‹inneren› Landschaft, die ich längst in mir herumtrug und nun hier realiter vorfand.»

Auch Heinrich Heine war ein solcher Meerestyp, wie ein Erlebnis belegt, das er in der *Vorrede zu Salon I* beschreibt: «Bis tief in die Nacht stand ich am Meere und weinte. (...) Auch ich hörte eine Stimme im Wasser, aber minder trostreich, vielmehr aufweckend, gebietend und doch grundweise. Denn das Meer weiß alles, die Sterne vertrauen ihm des Nachts die verborgensten Rätsel des Himmels, in seiner Tiefe liegen, mit den fabelhaft versunkenen Reichen, auch die uralten, längst verschollenen Sagen der Erde, an allen Küsten lauscht es mit tausend neugierigen Wellenohren, und die Flüsse, die zu ihm hinabströmen, bringen ihm alle Nachrichten, die sie in den entferntesten Binnenlanden erkundet oder gar aus dem Geschwätze der kleinen Bäche und Bergquellen erhorcht haben.»

Meerestypen zeichnet eine intensive Beziehung zu dieser Landschaft aus. Ich vermute übrigens von jeher, dass sie vor allem die bequemeren und lustorientierteren unter den Zeitgenossen sind. Denn das, was sich Bergtypen mit stundenlangen Kraxeltouren erarbeiten – den grandiosen Blick über eine weite Landschaft –, damit werden Meerestypen gleich bei ihrer Ankunft am Strand belohnt. Sie betreten die Szenerie und sind schon da, wo sie hinwollten. Bergtypen zögern den Moment des Ankommens hinaus. Für sie ist der Weg das Ziel. Vielleicht sind sie letztlich auch die stärker prozessorientierten Menschen. Klischees?

Diese Berg- und Dünen-Psychologie findet sich durchaus in gängigen Werbespots wieder. In all den Bier-, Rum- und Eis-Spots, wo glückliche Menschen zu beschwingter Musik unter Palmen tanzen, würde es diesem speziellen Lebensgefühl kaum entsprechen, sich erst drei Stunden lang in dicken Wanderstiefeln zur einsamen Bacardi-Hütte hochzuarbeiten. Ich kam, sah und tanzte – so das Motto der Strand-Spots. Und wenn der Rum alle ist, schlafen sie am Strand ihren Rausch aus. Da denkt keiner zwei Stunden vor Sonnenuntergang an den Abstieg. Keiner fragt sich, ob das Wetter mitspielt oder Nebel aufkommen könnte, ob die Steigeisen scharf genug sind und die Karabinerhaken vollzählig. Lust und Genuss *hic et nunc*.

Auch Thomas Mann versuchte, lange vor dem ersten Bacardi-Spot, die unterschiedlichen Landschaftstypen zu deuten. Er kam allerdings zu etwas anderen Ergebnissen. In der Sommerfrische am Ostseestrand sinnierte er darüber, welcher Menschenschlag wohl dem Meer den Vorzug geben mochte und welcher dem Gebirge. In den *Buddenbrooks* versucht er eine Antwort, die deutlich weniger hedonistisch ausfällt als meine: «Was für Menschen es wohl sind, die der Monotonie des Meeres den Vorzug geben? Mir scheint, es sind Solche, die zu lange und tief in die Verwicklungen der innerlichen Dinge hineingesehen haben, um nicht wenigstens von den äußeren vor allem Eins verlangen zu müssen: Einfachheit ... Es ist das Wenigste, dass man tapfer umhersteigt im Gebirge, während man am Meere still im Sande ruht. Aber ich kenne den Blick, mit dem man dem einen, und jenen, mit dem man dem anderen huldigt. Sichere, trotzige, glückliche Augen, die voll sind von Unternehmungslust, Festigkeit und Lebensmut, schweifen von Gipfel zu Gipfel; aber auf der Weite des Meeres, das mit diesem mystischen und lähmenden Fatalismus seine Wogen heranwälzt, träumt ein verschleierter, hoffnungsloser und wissender Blick, der irgendwo einstmals tief in traurige Wirrnisse sah ... Gesundheit und Krankheit, das ist der Unterschied.»

Könnte es sein, dass mein Bild vom gutgelaunten, lustbetonten Meerestyp falsch ist und Mann mit seiner Wirrnis-Hypothese recht hat? Sollten wir Meerestypen am Ende doch nicht die freiheitsliebenden Genussmenschen sein, wie uns die Werbung gerne vorgaukelt? Fragen wir die Psychologen.

Richard Müller-Freienfels vermutete schon in den 1920er Jahren, dass die Vorliebe für Landschaften in den «unbewussten Tiefen des Charakters» wurzelt und für bestimmte Persönlichkeiten charakteristisch ist. Der Tourismuspsychologe Klaus Hartmann wollte es genauer wissen und hat Urlauber interviewt, welche Motive bei der Auswahl bestimmter Landschaften im Vordergrund stehen, aber auch, welche Eigenschaften für die Bevorzugung bestimmter Urlaubsregionen typisch sind. Solche Typologisierungen treffen natürlich nicht immer komplett und zwingend auf jeden zu, und auf längere Sicht kann die Vorliebe für einen Landschaftstyp durchaus wechseln. Aber Urlaubertypologien beschreiben die Vorlieben größerer Gruppen. Psychologen sind überzeugt, dass ein Mensch, der in einer Landschaft besonders gerne seinen Urlaub verbringt, auch etwas über sich selbst verrät, ebenso wie seine Kleidung, seine Freizeitbeschäftigungen oder Besitztümer, an denen sein Herz hängt.

Welche Landschaft wen glücklich macht, ist von komplexen Ausleseprozessen abhängig – die eigene topographische Vorliebe ist eine Art psychologischer Fingerabdruck: Man identifiziert sich mit dem Charakter einer Landschaft. Damit wird das Landschaftserleben auch zu einem Mittel der Selbstgestaltung und der Selbstdarstellung. Jeder Mensch entwickelt aufgrund persönlicher Erfahrungen, seines Bildungsgrades und Geschmacks ein individuelles Verhältnis zu Landschaften. Und jeder sucht nach Möglichkeit im Urlaub, der für die meisten Menschen die wichtigste Zeit des Jahres ist, einen Landschaftstypus, in dem er sich besonders wohlfühlt. Wenn man von Urlaubertypen spricht, sind also relativ konstante Einstellungen und Verhaltensweisen von Menschengruppen gemeint, die gemeinsame psychologische und soziale Merkmale aufweisen.

Auch das Image einer Landschaft spielt dabei natürlich

eine Rolle. So wird man kaum einen Jugendlichen zu einem Urlaub mit beschaulichen Spaziergängen durchs Mittelgebirge bewegen können. Bildungsbürger dürfte es vor den Ballermann-Stränden grausen. Und distinguierte Akademiker brechen eher selten zu organisierten Gruppenfahrten nach Helgoland auf.

Die Bergtypen

Den Urlauberbefragungen von Hartmann zufolge muss man sich den durchschnittlichen Mittelgebirgstyp etwa so vorstellen: «Das Mittelgebirge spricht diejenigen Menschen an, die auf der Suche nach Harmonie sind. Keine starken Reize, keine scharfen Kontraste dringen auf den Besucher ein, nichts Forderndes geht von der Landschaft aus (wie etwa vom Hochgebirge oder von der Nordsee). Man kann dort den Alltag vergessen, ohne zu Ablenkungsmitteln greifen zu müssen, man wendet sich nach innen. Urlaub im Mittelgebirge ist gemütlich, beschaulich, geruhsam; sein Charakter ist bieder und bürgerlich.» Reine Bergtypen, die das Meer meiden, zeichnen sich demnach durch folgende Aversionen aus: «Denjenigen, die nicht gerne am Meer Urlaub machen, ist vor allem die raue Luft, der Wind und der Sturm unangenehm. Die Weite des Raumeindrucks ist für sie ängstigend; sie haben zum Teil auch Angst vor dem Wasser, vor der Tiefe des Meeres und gefährlichen Strömungen.» Bergtypen mögen also nicht, was Meeresliebhaber besonders schätzen: die Weite, die Unendlichkeit des Horizontes und den grenzenlosen Blick. Nach der Erfahrung des Tübinger Hypnotherapeuten Dirk Revenstorf brauchen Bergtypen stets einen festen Untergrund und eine klare Zielrichtung. Sie beharren darauf, wenn sie etwas erreichen wollen, und kommen nicht gerne vom Weg ab. Wassertypen dagegen lassen sich leichter treiben, sie passen und schmiegen sich leichter an.

Mittelgebirgsurlauber lehnen außerdem Ehrgeiz und Angeberei ab; sie legen wenig Wert auf Äußerlichkeiten. Und sie zeigen kein besonderes Interesse an Zerstreuungsmöglichkeiten; im Mittelgebirge mangelt es an Kneipen, Kulturdenkmälern und Vergnügungsstätten. Der Mittelgebirgsurlauber hat touristischen Studien zufolge das Seniorenalter erreicht. Ältere Menschen bevorzugen Sicherheit suggerierende und liebliche Landschaften. Jüngere dagegen zieht es mehrheitlich in die herausfordernden und geheimnisvollen Gegenden.

Das Hochgebirge dagegen steht für Klettern, Berghütten, Gämse, Gletscher, schroffe Gegensätze und ein raues Klima. Dorthin zu reisen ist mit Anstrengungen verbunden. Nimmt man die auf sich, wird man mit einer grandiosen Fernsicht belohnt. Urlaub im Hochgebirge bedeutet Kräftemessen mit der Natur, das Hochgefühle produziert. Deshalb hat das Hochgebirge das Image von Männlichkeit und Kraft. Insbesondere im Alpinismus bietet es Möglichkeiten der Selbstbestätigung. Hochgebirgsurlauber entpuppen sich in der Studie von Hartmann als Willenstypen, als energische, resolute, dominierende Persönlichkeiten mit ausgeprägten Ansichten, von denen man sie schwer abbringen kann. Diese Typen sind aufgeschlossen, geistig rege und rational. Hartmann erlebte sie im Gespräch meist als gesellig und entgegenkommend. Ein Hochgebirgsurlauber fällt psychologisch vor allem durch seine Selbstbehauptungstendenzen auf; er ist ein lebendiger und dynamischer Typ. Ein Traum von einem Schwiegersohn.

Nun aber zu den Meerestypen. Genauso wenig wie es *den* Bergtyp gibt, gibt es *den* Meerestyp: denn das Meer in den nördlichen und westlichen Gebieten Europas vermittelt völlig andere Erlebnisqualitäten als das Meer im südeuropäischen Raum oder gar die Südsee. Beginnen wir mit einer gemütlichen Spezies:

Der Ostsee-Typ

Die wichtigsten Charakteristika der Ostsee sind Ruhe und Ausgeglichenheit. Mehr noch als die Nordsee ist sie deshalb ein klassisches Familienurlaubsziel. Der Urlaub hier ist durch Strandkorbidyll, Geselligkeit und Sandburgenbauen gekennzeichnet. Entsprechend sind die Urlauber stärker familienorientiert als andere Meerestypen. «Ostseeurlauber sind meist Menschen, die in ihrem Leben nach Sicherheit und Geborgenheit suchen. Ihre familiären Bindungen sind stark ausgeprägt und sie wünschen sich stärker Kontakt zu anderen Menschen am Urlaubsort. Zwar träumen sie von der Freiheit, die durch das weite Meer symbolisiert wird, doch lassen sie sich nicht zu wirklichen Abenteuern hinreißen.» Die Qualität der Ostsee sei insgesamt weicher, weiblicher als an der Nordsee, so Hartmann. Daneben ziehe es eher pflichtbewusste, ordnungsliebende und sparsame Menschen an die Ostseestrände, die seltener die Eigeninitiative ergreifen als andere Urlaubertypen.

Der Nordsee-Typ

An der Nordsee ist das Klima rauer. Die See ist unberechenbar, das Strandleben unterliegt den Gezeiten. Deshalb vermittelt ein Urlaub an der Nordsee ein Elementarerlebnis wie
wenige andere Urlaubsgebiete: «Wer an der Nordsee Urlaub
macht, will sich in irgendeiner Weise bewähren, erwartet eine
Steigerung des Selbstgefühls. Die Nordseeurlauber sehen sich
als kräftige, dynamische, ‹männliche› Typen, die sich behaupten
wollen, als Individualisten, die viel Freiheit haben wollen.» Man
könnte die Nordsee-Typen wohl als die Alpinisten unter den
Meeresliebhabern bezeichnen.

Nordseeliebhaber sind aufgeschlossene Menschen, interessiert und sachlich, sie handeln spontan. Und zu diesem Typus
gehört nach Hartmann auch eine ernste, zuweilen melancholische
Grundstimmung. Was allerdings nicht heißt, dass sich in den Dünen nur introvertierte Typen herumtrieben. Es ist durchaus ein
Großteil an dynamischen, aktiven und beweglichen Menschen
dabei. Und noch etwas zeichnet den Nordsee-Typ aus: «Bemerkenswert ist das Fehlen jeglicher Aggressivität. Diese Personen
erscheinen häufig ruhig, daneben offen, aufgeschlossen, interessiert, sachlich, gelassen, entspannt. Sie haben überwiegend guten
Kontakt und bemühen sich um vorurteilslose Stellungnahmen»,
so Hartmann. (Das gilt allerdings nicht, wenn Hundebesitzer
und Hundehasser einander in den Dünen begegnen, nachdem
Rex dort ein Häufchen hinterlassen hat.)

Der Mittelmeer-Typ

Beim typischen Mittelmeerurlauber verbindet sich die Liebe zum Meer mit der Sehnsucht nach Sonne: Der wichtigste Grund, das Mittelmeer als Urlaubsziel zu wählen, ist die Sonnengarantie und das beständige Wetter, vielleicht auch die Sehnsucht nach dem «schöneren» Meer, nach pittoresken mediterranen Uferorten und lieblichen Buchten. Nicht selten stecke, so Hartmann, dahinter auch der Ansatz, beim Urlaub kein Risiko einzugehen. Wer viel Geld ausgibt und eine lange Anfahrt in Kauf nimmt, will auch garantiert gutes Wetter haben. Vor allem junge Leute locken die Fluten im Süden, denn ein Urlaub dort garantiert neben Sonne auch, dass man für eine gewisse Zeit keinen Kontakt zur eigenen Gesellschaft hat. Diese Vorstellung sei traditionell mit einem gewissen «Sex-Appeal» verbunden, konstatiert Hartmann: «Dieser wird keinesfalls immer in konkreten Abenteuern zur Verwirklichung gelangen, aber es genügt offenbar die Vorstellung, die Atmosphäre davon, um die Urlaubsziele am südlichen Meer besonders begehrenswert zu machen.» Urlaub am Mittelmeer ist in dieser Hinsicht anregender als ein Aufenthalt auf einer stürmischen Nordseeinsel.

Entsprechend zeichnet sich der Mittelmeerurlauber durch die Interessen des typischen Badeurlaubers aus. Für ihn stehen Baden, Ausruhen, leichter Sport und viel Vergnügen im Vordergrund: «In der Persönlichkeitsstruktur ist dieser Gruppe gemeinsam eine gewisse Neigung zum Prestige, Imponieren, einer gewissen Selbstbezogenheit.» Statische und unbewegliche Personen seien hier eher selten zu finden. «Macht, Kraft, Expansion, Erfolg haben bei diesen Personen eine Leitbildfunktion.»

Und: «Echte geistige Interessen scheinen selten zu sein; wo sie vorhanden sind, stehen sie im Dienste des Prestigestrebens.» Und so wünscht denn auch der typische Mittelmeerurlauber statt Ruhe und Erholung eher die Vergnügungen einer lebhaften Umgebung. Das Lebensmotto dieser Gruppe lautet: Es muss immer was los sein. Aktivitäten stehen im Vordergrund. Gerade diese Gruppe dürfte sich von den Werbebotschaften mit tanzenden Nackedeis unter Palmenblättern besonders angesprochen fühlen. Mittelmeerurlauber legen dementsprechend sehr viel Wert auf Äußeres, auf einen modischen Auftritt und einen gebräunten Körper.

Das Alter derjenigen, die das Mittelmeer als Urlaubsziel bevorzugen, liegt nach Hartmanns Studie bei durchschnittlich 34 Jahren. Die Nordsee bevorzugt man mit einem Durchschnittsalter von 41 Jahren, die Ostsee mit 45. Und ins Mittelgebirge reist man in einem Durchschnittsalter von 51 Jahren. Glückssuche am Meer ist also auch eine Altersfrage.

Aber egal, ob Meer-, Berg- oder Taltyp, gemeinsam ist allen, dass sie die Verbundenheit mit der Natur suchen, mit etwas, das größer ist als der Mensch. Dazu der Psychoanalytiker Hans-Jürgen Wirth: «Das rückt die Dinge wieder zurecht, bringt die Weltsicht und die Verbundenheit mit der Welt wieder ins Lot. Indem wir die Übermacht der Natur erfahren, erleben wir uns wieder wie Kinder. Auch können wir von der letztlich illusionären Größenphantasie, wir könnten und müssten alles kontrollieren und steuern, ein Stück weit Abschied nehmen. Das entlastet die Psyche.»

Exklusiv und individuell

Die individuelle Glückssuche am Meer lässt sich gut an Moden ablesen. Mittlerweile finden sich an allen Küsten der Welt Spielautomaten, Billigläden und laute Vergnügungsmöglichkeiten, vom Bürgertum gerne als vulgär disqualifiziert. Ein eindrucksvolles Beispiel bietet die amerikanische Küstenstadt Atlantic City, wo eine Achterbahn bis ins Meer hinaus reicht, um Touristen den größten Kick zu bieten. Eine Atmosphäre wie auf dem Rummel.

Es gehört zum Standardrepertoire der Tourismuskritik, sich über Mitreisende, vornehmlich aus anderen sozialen Schichten, zu mokieren. Zuallererst litt der Adel unter dem vordringenden Bürgertum, das sich dann über die folgende Mittelschicht erregte, die wiederum über die urlaubshungrige Unterschicht die Nase rümpfte. Massentouristen werden gerne als «Neckermanntouristen» verunglimpft. Über andere Urlauber zu lästern hat Tradition, nicht nur in Deutschland. Meist setzt man sich durch das Ausweichen an andere Urlaubsorte von *den anderen* ab. So fanden Tourismusforscher heraus, dass die englische Oberschicht von den eigenen Seebädern an die französische Riviera auswich, als die Mittelschicht mit Macht in die Bäder drängte. Und als der Rest der Gesellschaft sein Handtuch an Mittelmeer und Adria ausrollte, zogen die Wohlhabenden weiter auf die Seychellen und Hawaii. Auch unter deutschen Urlaubern kamen nach den deutschen Küsten Nizza und Saint-Tropez an die Reihe. Als der Massentourismus Kurs auf das Mittelmeer nahm, wich man in Karibik und Südsee aus. Tiefseetauchen vor Tonga statt Wassertreten in Warnemünde. Als dann die ersten Pauschalreisenden auf der Jagd nach den schönen Bildern auch in der Karibik landeten, erlebten die alten Seebäder plötzlich wieder eine Renaissance. Während die Pauschalurlauber im Flieger nach Mallorca ihr Glück suchen, finden es Akademiker heute wieder in Bad Boltenhagen – ein ewiges Hase-und-Igel-Spiel.

Der Blick der Psychoanalyse

Sigmund Freud war überzeugt, dass das Glück nicht von Dauer, sondern nur ein momentaner Zustand sein kann. Die plötzliche Befriedigung von Bedürfnissen mache glücklich, danach flaue das Ganze in Wohlbefinden ab oder schlage gar in Unglück um. Nur im Kontrast des Alltags zu solchen besonderen Momenten sei Glück überhaupt zu verspüren. Eine Möglichkeit, diese Art von Glück am Meer zu finden, ist die plötzliche Übereinstimmung der Landschaft mit der inneren Welt des Betrachters, also die Erfahrung, auf eine besondere Weise mit dem Meer in Verbindung zu stehen und sich dadurch aufgehoben und geborgen zu fühlen. In seiner Textsammlung *Die Nordsee* verrät Heine, wie sich ein solcher Moment anfühlt: «Ich liebe das Meer wie meine Seele. Oft wird mir sogar zumute, als sei das Meer eigentlich meine Seele selbst; und wie es im Meere verborgene Wasserpflanzen gibt, die nur im Augenblick des Aufblühens an dessen Oberfläche heraufschwimmen, und im Augenblick des Verblühens wieder hinabtauchen: so kommen zuweilen auch wunderbare Blumenbilder heraufgeschwommen aus der Tiefe meiner Seele und duften und leuchten und verschwinden wieder ...»

Der Vergleich Meer/Seele hat Tradition. So war William Sommerset Maugham der Meinung: «Der Stille Ozean ist unbeständig und wandelbar wie die Seele des Menschen.» Und Georges-Arthur Goldschmidt schreibt in seinem Essay *Als Freud das Meer sah:* «Seele und Sprache sind so eng verwandt, dass im Deutschen sogar die Seele, die bei Freud eine so große Rolle spielt, aus dem Wasser kommt.» Alten germanischen Vorstellungen zufolge wohnen die Seelen der Ungeborenen und Verstorbenen im Wasser – Seele und See sind etymologisch eng verwandt. Freud blieb in diesem Bild und verglich die Bewusstmachung des Unbewussten mit der Trockenlegung der holländischen Zuidersee. «Aus psychoanalytischer Sicht ist das Meer ein Symbol für das Unbewusste», erklärt auch der Psychoanalytiker Hans-Jürgen Wirth. «So wie das Meer alles verschlingen kann, was sich auf die See hinauswagt, Schiffe, Menschen, diese aber auch wieder ausspucken kann, an Land schwemmt oder an die Oberfläche drückt, so verhält es sich mit dem Unbewussten: Gefühle, Affekte, Gedanken, Phantasien, Konflikte werden verdrängt, aber auch wieder an die Oberfläche des Bewusstseins emporgetrieben. Sie tauchen wieder auf, meist in veränderter Gestalt.»

Dabei fällt auf, dass diese Momente oft durch ein Gefühl des Verschmelzens mit der Landschaft charakterisiert sind. Wie löst dieser Vorgang Glücksgefühle aus? Eine Antwort bietet die psychoanalytische Deutung des Meeres. C. G. Jung setzte das Meer mit der Figur der Mutter gleich. Die Vorstellung, von der Tiefe des Wassers verschlungen zu werden, zeigte seiner Meinung nach den Wunsch nach einer Rückkehr in den Mutterleib.

Eine Vorstellung übrigens, die viele Schriftsteller teilen. Ein Aufenthalt am Meer wird oft wie die Rückkehr in einen glücklichen, vorindividuellen und vorbewussten Zustand geschildert. Der Schriftsteller Hans-Jürgen Heise schreibt: «Ich zumindest habe ein geradezu körperlich-erotisches Verhältnis zum Wasser. Es ist – mythisch wie psychoanalytisch gesprochen – das Sinnbild des Mütterlichen schlechthin. Alles Leben entstammt dem feuchten Element. Und so gesehen, steckt in der Liebe zum Meer stets noch ein wenig Inzest: Wir lassen uns mit unserer Urmutter ein. Das Meer, weil es unsere atavistische Heimat ist, wird immer wieder unser Ziel. Die Vision vom Paradies ist dämmernde Erinnerung, das Fernweh symptomverschleiertes Heimweh nach der verlorenen Kindheit.» Keine Verszeile sei deshalb so kraftvoll wie die heranrollende Brandung, an der letztlich alle Rhetorik zerbreche. Nicht jeder mag bei der Vorstellung, in den engen Mutterleib zurückzukehren, Glück empfinden, aber allen, die an der Geworfenheit in die Existenz leiden, mögen solche Augenblicke durchaus beglückende Gefühle der Sicherheit schenken.

Segler, die längere Zeit auf dem Meer unterwegs sind, berichten, dass sich ihre Träume veränderten. Ein Bekannter, der zwei Monate vor der afrikanischen Küste herumschipperte, erzählte mir: «Man bekommt das Gefühl, die paar Quadratmeter Schiff, auf denen man tagein, tagaus sitzt, schmelzen die Welt zusammen. Vieles, was auf dem Festland bedeutungsvoll erscheint und in Träumen auftaucht, verabschiedet sich. Große Plätze, hohe Berge oder Hochhäuser verschwinden aus der Erinnerung.» Das Seefahrergehirn scheint die Symbole der Festlandträume zu vergessen: «Wenn man den ganzen Tag nur mit einer Badehose bekleidet herumsegelt, schreckt etwa das Gefühl, nackt im Theater zu sitzen, nicht mehr. Auf See hatte ich solche Träume nicht. Auch andere Szenen, wie von einer Menschenmenge überrannt zu werden, mit dem Auto in einen Graben zu fahren oder aus großer Höhe abzustürzen, treten in den Hintergrund.»

Aber Träume verschwinden auf See nicht einfach, sie verändern sich. Segler, deren Bewusstsein Zeit genug hat, sich auf das Meer einzustellen, träumen von Seeungeheuern oder großen Fischen, die aus den Wellen auftauchen. Sie versuchen, Segel einzuholen oder zu setzen, die kein Ende haben. Starke Winde bringen das Boot ab vom Kurs. Wahlweise lösen sich Ankerketten von alleine, oder sie lassen sich nicht einholen. Natürlich gibt es auf See aber auch glückliche Träume: von Delphinen, die das Boot ins Schlepptau nehmen, vom perfekten Wind, von sonnendurchfluteten Korallenriffen.

Was aber bedeuten eigentlich Träume vom Meer, die wir an Land haben, und was verraten sie über das Glück und das Meer? In der psychologischen Symbolkunde wird dem Element Wasser als Lebensspender und -erhalter große Bedeutung beigemessen. Es gilt als Grundsymbol der unbewussten Energie und der tieferen Schichten der Persönlichkeit – dunkel, rätselhaft und unheimlich. Es ist der Ort der Verdrängung, der Verwandlung und der Geheimnisse. Es gilt als Lebens- und auch Todessymbol, gilt als günstig, wenn das Wasser als Teich, Fluss oder Meer an seinem Ort ruht, als gefährlich, wenn es in Träumen Grenzen übersteigt.

«Träume vom Meer verweisen oft auf die Geburt, das Auftauchen aus dem Fruchtwasser oder auf die Rückkehr in den Mutterleib, die Regression, die Sehnsucht danach, in einen Urzustand zurückzukehren. Insbesondere der Freud-Schüler Otto

Rank betonte, dass die Geburt, also die Trennung von der Mutter, das Ausgestoßenwerden aus dem paradiesischen Aufgehobensein im Mutterleib ein traumatischer Prozess ist», berichtet Wirth, der in eigener Praxis als Therapeut arbeitet. In einer Psychotherapie werden solche Bedeutungen herausgearbeitet, die so ein Traum für den Träumenden haben kann. «Auf diesem Wege sind seine Phantasiewelt, seine unbewussten Konflikte und unbewältigten Traumata, aber auch unerfüllte Wünsche, Sehnsüchte und Hoffnungen besser zu verstehen und damit in das Leben zu integrieren.» Träume vom Meer können also ein wichtiger Schlüssel zur Persönlichkeit eines Menschen sein.

Poseidons Apotheke

Wer die Schätze des Meeres erschließt
und zu nutzen weiß,
dem liefert es Nahrung und Wohlbefinden.

Hippokrates

*B*ereits in der Antike wusste man um die heilenden Kräfte des Ozeans. Die Stoiker waren überzeugt, dass er besondere vitale Kräfte enthält, die man sich zunutze machen kann. Hippokrates riet seinen Patienten zu heilenden Bädern im Meerwasser. Und der Dichter Euripides meinte gar, das Meer wasche alle Übel vom Menschen ab. Dabei wurden die heilenden Kräfte aus Poseidons Reich anfangs mehr erahnt als wirklich verstanden. Doch die Wissenschaft förderte immer mehr Fakten zutage. Heute segeln viele traditionelle Heilmethoden wie die Thalasso-Therapie unter der Wellness-Flagge, und auf der Meerespharmakologie ruhen große Hoffnungen. Längst ist ein weltweiter Kampf um biotechnologische Patente entbrannt.

Zwar glaubt heute niemand mehr, dass das Meer einfach alle Krankheiten abwasche, aber die Überzeugung, dass es in Zukunft bei vielen, auch lebensgefährlichen Krankheiten helfen könnte, findet zunehmend Verbreitung. Die biologische Produktivität und damit auch die Artenvielfalt ist im Meer weitaus größer als an Land. Entsprechend hoch ist auch sein medizinisches Potenzial. So extrahieren Wissenschaftler beispielsweise aus Korallen den Wirkstoff Eleutherobin, der das Zellwachstum hemmt und eines Tages dabei helfen könnte, Krebs zu heilen. Das Meer verspricht uns also auch ein ganz konkretes Glück für unsere Gesundheit.

Es dauerte, bis die Menschheit dahinterkam, wie die heilenden Aspekte des Meeres systematisch zu nutzen sind. Einen wichtigen Anteil an dieser Entwicklung hatten die Seebäder an Atlantik, Nord- und Ostsee, die heute eine erstaunliche Renaissance erleben. Vom Glücksort Seebad geht die Reise dann unter ärztlicher Aufsicht weiter am Strand entlang. Schauen wir im Vitarium der Wellness-Branche vorbei und werfen wir einen Blick in die Algenküche – um schließlich einen Ausblick auf die verheißungsvollen Perspektiven der Meerespharmakologie zu wagen.

Seebäder als Glücksorte

Nach der Antike geriet das meeresmedizinische Wissen vorübergehend in Vergessenheit. Den Menschen des Mittelalters wäre es absurd erschienen, das Meer als Ort der Gesundheit und Vitalität zu sehen. Dazu Alain Corbin: «Das Meer selbst ist fäulniserregend. Dass seine Ausdünstungen ungesunde Folgen haben, gehörte zu den am tiefsten verwurzelten Überzeugungen der neohippokratischen Medizin des 17. und 18. Jahrhunderts. Das Salz, in großen Mengen ein Mittel gegen den Zerfall, wirkt in kleinen Mengen genau umgekehrt. Die fauligen Dünste, die vom Meer aufsteigen, verbreiten an den Küsten einen üblen Gestank. Tang, Exkremente und organische Überreste, die allenthalben angespült werden, tragen – so glaubt man – zur Erzeugung der schlechten Luft bei, die oft an den Meeresufern herrscht.» So galt das Meer jahrhundertelang als Ort der Krankheiten und Pestilenz. Anteil an dieser Vorstellung hatten auch die miserablen hygienischen Zustände auf den Schiffen. Kehrten Matrosen krank und geschwächt zurück, konnte das nur am schlechten Einfluss des Meeres liegen. Aus den Schriften des Hippokrates und Galens war zwar bekannt, dass das Meerwasser bei vielen Beschwerden von Verstopfung bis hin zur Geisteskrankheit helfen sollte. Aber im Mittelalter badete man eher selten, und wenn, dann warm.

Interessanterweise erreichte der Widerwille gegen das kalte Salzwasser einen Höhepunkt, als unter Pionieren bereits ein Umdenken einsetzte und die ersten Ärzte (und Patienten) wieder erste Lobeshymnen auf die Heilkraft des Meeres anstimmten. Die britischen Mediziner Robert Whitie und John Floyer versuchten Ende des 17. Jahrhunderts zu beweisen, dass mit Bädern im Meer nicht nur Hühneraugen und Geschlechtskrankheiten, sondern sogar Taubheit und Lepra zu heilen seien. Hippokrates' Traktat *De liquidorum usu* (aus dem vierten vorchristlichen Jahrhundert), das Wasseranwendungen als gesundheitserhaltend pries, blieb nicht ohne Wirkung auf die Medizin des 18. Jahrhunderts; man entdeckte die stärkende Wirkung von Wasseranwendungen neu. Obwohl vor allem höhere Gesellschaftsschichten eine Aversion gegen kaltes Wasser hatten, änderte sich diese Sicht nach und nach. Medizinische Veröffentlichungen priesen jetzt das kalte Bad im Meer; nicht nur körperliche, auch seelische Leiden sollte der Schock des plötzlichen Eintauchens heilen. Ob Hautkranker oder Hypochonder – ihnen wurden nun kalte Meerbäder wärmstens empfohlen.

Mit der Aufklärung wurde die Meerestherapie zu einem festen Bestandteil der europäischen Heilkultur. In Deutschland war Christoph Wilhelm Hufeland, Professor der Medizin und Leibarzt am preußischen Hof, ein eifriger Förderer: Er propagierte die Einrichtung von Seebädern als nationale Notwendigkeit. Obwohl man noch wenige wissenschaftliche Erkenntnisse darüber hatte, wie das Meerwasser tatsächlich auf den Organismus wirkt, pries Hufeland es bereits wegen seiner Salze. Seine Kollegen taten es ihm nach, und so wurde das Bad im Ozean nicht nur bei Erkältungen und anderen Infektionen empfohlen, sondern auch bei Rheumatismus, Krämpfen, Hautausschlägen, Geschwüren, Epilepsie und Wahnsinn aller Art.

Ein Katalysator dieser neuen Mode war der sogenannte *spleen* englischer Adliger. Damit war nicht ein Spleen im heutigen Sinne einer Marotte gemeint, sondern eine eigenartige seelische Verstimmtheit und ein unbestimmtes Gefühl körperlicher Schwäche, die die aristokratische Oberschicht erfasst hatten. Gemeinsam war den Betroffenen eine gewisse Melancholie, ein Überdruss und die Sehnsucht nach einer frischen Brise, die in den stickigen Londoner Stadthäusern inmitten von kohlenrauchgeschwängerter Luft nicht befriedigt wurde. Man fühlte sich im Vergleich zum einfachen Volk verweichlicht, schwach und träge. Allenthalben wurde eine lähmende Schwermut konstatiert. Corbin vermutet, dass dieses Gefühl vom Müßiggang herrührte: «Übermäßige Zartheit und Blässe lösen in der Tat eine starke Beunruhigung aus. In ihrem Glauben, sie hätten keinen Anteil an der durch Arbeit erworbenen Kraft unterer Bevölkerungsschichten, fühlen die herrschenden Klassen sich von innen ausgehöhlt. Die Elite der Gesellschaft fürchtet ihre eigenen artifiziellen Wünsche, ihre Lustlosigkeit, ihre Neurosen, ihre Fieber und Leidenschaften. Sie fühlt sich wegen mangelnder Anteilnahme am Rhythmus der Natur mit dem sozialen Tod bedroht.» In der Vorstellung der Oberschicht verkörperte das Meer nun die wahre Natur – und wurde zum Mekka der psychischen und körperlichen Regeneration. «Hinfort begegnet man dem Meer mit der Erwartung, dass es die Ängste der Elite beruhigt, die Harmonie zwischen Körper und Seele wiederherstellt und dem Verlust der Lebensenergie einer Gesellschaftsschicht, die sich besonders um ihre Kinder, ihre Töchter, ihre Frauen und ihre Denker sorgt, entgegenwirkt», so Corbin.

Der englische Arzt Robert Buchan pries die Langlebigkeit der Bewohner der Orkneyinseln – und fand den Grund dafür in der frischen Meeresbrise. Beim Strandspaziergang sollte der Adel abhärten, der dermaßen verweichlicht war, dass er nur noch auf Teppichen laufen konnte. Die erste Welle der Kurgäste rollte an. Die Suche nach dem aus Meeresschaum geborenen Körperglück begann.

In der Anfangszeit der Seebäder verschrieben die Ärzte Meerwasser vor allem als äußeres Stärkungsmittel, um die Lebensenergie zu regenerieren, den Appetit zurückzugeben und wieder in den Schlaf zu finden. Überreizte Geistesarbeiter sollten bei kalten Bädern und kräftigenden Strandspaziergängen auf andere Gedanken kommen. Die Ärzte entwickelten differenzierte Badevorschriften und je nach Alter, Geschlecht und Beschwerden des Patienten eigene Methoden – baden vor oder nach Sonnenuntergang, morgens oder abends, mit unterschiedlicher Dauer und an verschiedenen Orten. Auch bei Sterilität und Impotenz sollten sich die Patienten in die Fluten stürzen – und regelmäßig Fisch essen (in Asien hält sich noch immer die Vorstellung, der Verzehr von Haifischflossen steigere die Potenz und trage zur Zeugungsfähigkeit bei). Frauen wurde bei Bleichsucht und Menstruationsstörungen zu kalten Bädern im Meer geraten. Der regelmäßige Rhythmus der Gezeiten sollte vor allem auf Letzteres positiv wirken.

Die Badeärzte verordneten auch die innere Anwendung von Meerwasser und empfahlen beispielsweise bis zu einem halben Liter gegen Verstopfung. Es ist überliefert, dass die Kurgäste diese Medizin gern mit einem guten Wein verdünnten. Erst später erkannte man auch die chemischen Qualitäten des Meerwassers. Wissenschaftler konnten zunächst Jod und Brom nachweisen, später noch viele andere Substanzen mehr. Die Idee der Meerwasseranwendung wurde gesellschaftsfähig, das Meer als therapeutischer Ort war entdeckt – schon bald gab es kaum noch eine Krankheit, gegen die das Meer *nicht* helfen sollte.

Mit Einrichtung der ersten Seebäder setzte auch eine intensive Forschung ein. In den Kurkliniken analysierten die Ärzte die Vorteile von Meerwasser und Reizklima. Sie experimentierten mit Inhalationen und Schlickpackungen und untersuchten die physischen Prozesse, die Kältereize und lange Strandspaziergänge in Gang setzten. Besonderes Augenmerk galt dabei der staubarmen, mit Salzpartikeln und anderen Stoffen angereicherten Meeresluft. Bis heute werden Patienten mit Atemwegserkrankungen oder chronischen Hautkrankheiten wegen der «guten Seeluft» ans Meer geschickt.

Die Idee der Meereskur machte die Runde. Georg Christoph Lichtenberg lernte 1774 auf seiner Englandreise die Vorzüge der Bäder kennen. Er regte an, an der Nordsee ein Seebad nach englischem Vorbild zu errichten, wo man das «unbeschreiblich große Schauspiel von Sonne, Wind und Meer» in seiner «Majestät» genießen könnte. Diese Idee verlief jedoch erst einmal buchstäblich im Sande, und es dauerte 20 weitere Jahre, bis an der Ostsee das erste deutsche Seebad Heiligendamm eröffnet wurde. Kurz darauf entstand 1797 auf Norderney das erste Nordseebad. 1804 folgte Wangerooge, 1809 Spiekeroog, 1816 Cuxhaven, 1826 Helgoland. Diese ersten Nord- und Ostseebäder wurden als Aktiengesellschaften von Ärzten gegründet, finanziert von Kaufleuten und örtlichen Honoratioren, so etwa das Seebad Travemünde, das spätere Sommerdomizil Thomas Manns.

Norderney avancierte im 19. Jahrhundert zum Königlich-Hannoverschen Staatsbad und entwickelte sich zum Treffpunkt von Adel, Diplomaten, Literaten und Künstlern. Auch Heinrich Heine war ein regelmäßiger Gast, denn für ihn war das Meer der beste Arzt der Welt. Dafür reiste er auch an die Atlantikküste, hoffte unter anderem, die fortschreitende Lähmung seiner Hand in Boulogne-sur-Mer zu kurieren.

Seebäder waren zunächst reine Kurstätten und Kliniken. 1834 konnte man in dem in Süddeutschland erscheinenden *Morgenblatt für gebildete Stände* über die Insel Föhr lesen: «Selten wird es einem Gesunden einfallen, bloß um des Vergnügens willen ein Seebad zu besuchen, da für Nichtleidende sich zu wenig Abwechslung findet, um die Zeit ohne Langeweile hinzubringen, und so schaudert man denn hier, wenn man von den mancherlei Übeln hört, welche die arme Menschennatur heimsuchen und hier, auf einem kleinen Punkt zusammengedrängt, dem Auge sich unverschleierter und auffallender darstellen, als es sonst in der Zerstreuung des gewöhnlichen Lebens der Fall ist.»

Im Unterschied zum reglementierten Badeleben in Nord- und Westeuropa ging es am Mittelmeer bedeutend freizügiger zu. Dort war das Meer schon immer auch ein Ort des Vergnügens gewesen. Man badete nicht, um seine Neurosen zu heilen, sondern um sich abzukühlen und herumzuplanschen. Italiener und Griechen, Türken und Kroaten nutzten den Strand zum Baden und Feiern.

Doch allmählich entfaltete sich auch im Norden etwas maritime Lebensfreude. Die Seebäder boten zunehmend auch Zerstreuung. Das erste deutsche Seebad Bad Doberan / Heiligendamm richtete kurz nach seiner Gründung ein Gesellschaftshaus ein, ebenso ein Theater und eine Promenade. Den Gästen wurden Konzerte, Bibliotheken, Tanztees und andere Formen der Unterhaltung geboten. Vor allem in den mondänen Seebädern Englands, wie Brighton, bildete sich rasch ein gesellschaftliches Leben heraus. Zu einem Aufenthalt dort gehörten Ausflüge, Jagden und Bootstouren ebenso wie gepflegte Konversation, Lektüre und Antrittsbesuche bei wichtigen Familien. Dennoch war es noch nicht vorstellbar, einfach nur zum Ausspannen ans Meer zu fahren. Das Spielerische und Sinnenfreudige hatte seinen Platz zwischen den Dünen noch nicht gefunden. Niemand lag den Tag über faul am Strand; das Badeleben diente der Gesundheit und dem sozialen Leben, nicht sinnlichen Genüssen.

Ohnehin waren die Unterkünfte wenig luxuriös und der Alltag am Strand durch Regeln und Vorschriften so eingeschnürt, dass man sich gefühlt haben mag wie in einem zu engen Badeanzug. Statt einfach ins Wasser sprinten zu können, mussten Badegäste einen Badekarren anmieten, mit dem sie aufs Meer hinausgeschoben wurden. Fernab von neugierigen Blicken können sie sich dann ins Wasser gleiten lassen. Zaghafte Adelsfräuleins wurden von Badewärtern mit starken Armen in die eiskalten Fluten getaucht und schnell wieder in den Karren gehoben. Männer verhielten sich sehr viel unverkrampfter am Meer. Dazu Corbin: «Dem männlichen Badegast wird in der Tat die Freiheit gewährt, sich den Fluten auszusetzen, seine Kraft mit der des Ozeans zu messen. Durch die Lust am peitschenden Wellenschlag, an der angeblichen Vernichtung beim Eintauchen in die schäumende Flut verwandelt das Bad sich in ein scheinbares Ertrinken und einen Sieg über die Elemente ... Die männliche Erregung, die er empfindet, ehe er sich ins Wasser stürzt, ähnelt einer Erektion, wobei die ungewöhnliche Nähe halbnackter Frauen, die den stürmischen Angriff beobachten könnten, ihre aufreizende Wirkung nicht verfehlt. Dass die Frauen an einem für sie reservierten Strandabschnitt, der wegen der Geschlechtertrennung wie ein Harem wirkt, unter sich bleiben, ändert daran nichts, ganz im Gegenteil: Ihre Anwesenheit wird durch die Vielzahl und durch das Zusammensein junger Frauen und gemütserregter junger Mädchen nur noch reizvoller.»

Meereskur-Mania

Das vielschichtige Glück am Meer blieb der Mittel- und Unterschicht lange verwehrt. Küstentourismus in größerem Stile wurde erst mit dem Bau von Eisenbahnlinien möglich. Zuvor war man per Schiff oder mit der Pferdekutsche angereist. Als auch andere gesellschaftliche Kreise die Bäder entdeckten, zogen sich die Adeligen zurück. Hocherhobenen Hauptes und mit gerümpfter Nase wich man in luxuriösere und edlere Bäder aus, wo man unter seinesgleichen blieb. Die geräumten Strandabschnitte übernahm das Bürgertum.

Im 19. Jahrhundert machte sich dann eine regelrechte Seebad-Manie breit. Ein kollektives Verlangen nach Küste und Meer erwachte, die nun auch breiteren Schichten die Erfahrung einer neuen Körperlichkeit ermöglichten. Das selbstbewusster werdende Bürgertum erhob einen eigenen Erholungsanspruch und strömte in immer größeren Scharen an die Strände. In der Folge wurden die Bäder stetig ausgebaut und entwickelten sich zu Forschungsstätten der Meeresheilkunde. Mit dem heutigen Massentourismus hatte das freilich immer noch nichts zu tun. Man saß züchtig gekleidet vor dem Strandzelt und prostete einander mit geschliffenen Sherrygläsern zu. Der Strand glich einem Salon unter freiem Himmel. Doch die ärztlichen Verordnungen führten Hand in Hand mit der wachsenden Reiselust und dem Bedürfnis nach Abwechslung dazu, dass sich die Kuranstalten zu Stätten alljährlichen Sommervergnügens entwickelten.

Zunehmend fuhr man nicht nur wegen der Gesundheit, sondern auch mit der Hoffnung auf Zerstreuung, Erholung, Spaß und sinnliche Erfahrungen ans Meer – das Seebad wurde zu einem rundum verheißungsvollen Glücksort. Damit war der Grundstein der Tourismusindustrie gelegt.

Die erste Welle des modernen Massentourismus spülte der Nationalsozialismus an die Strände. Mit den «Kraft durch Freude»-Programmen kamen unzählige Menschen ans Meer und lernten eine neue Landschaft kennen – und lieben. Auf Rügen

sollte das «Bad der 20 000» entstehen, ein riesiger, nie fertigge-
stellter Gebäudekomplex. Erholung und Regeneration wurden
von Staats wegen verordnet und finanziert, um die Nation gesund zu halten (und natürlich, um sie für sich zu gewinnen – eine
Idee, die auch der späteren DDR nicht ganz fremd war). Das
KdF-Programm ermöglichte Millionen Menschen entspannende
Urlaubswochen, um sie danach umso besser für politische, wirtschaftliche und militärische Ziele einspannen zu können.

Nach dem Zweiten Weltkrieg setzte sich der Erholungs-
urlaub als Massenphänomen endgültig durch, und was einst
elegant und mondän gewesen war, wurde nun dem Geschmack
der Menge angepasst. Ein Aufenthalt am Meer war nun weniger
exklusiv, aber nicht weniger glückverheißend als zu früheren
Zeiten. Die Seebäder wurden zu Orten von Jubel, Trubel, Heiterkeit. Es waren nicht mehr die ernsten Bildungsreisenden oder an-
ämischen Adelsfräuleins, die am Strand promenierten, sondern
mehr und mehr Angestellte, Arbeiter und Handwerker. Mit ihren Bedürfnissen veränderten sich die Kurorte. Uferpromenaden
entstanden, Gastronomie für den großen und kleinen Geldbeu-
tel, Spiel- und Freizeitangebote und andere Formen der Zerstreuung bis hin zur Hüpfburg heutiger Tage.

Dr. med. Sonnenlicht

Frühere Kurgäste mieden die Sonne wie der Teufel das Weihwasser. Hochgeschlossene Kleidung, Hauben auf dem Kopf und ein Sonnenschirm schützten vor der Sonnenstrahlung. Gebräunte Haut galt als Insignium niederer Gesellschaftsklassen. War das Näschen eines Fräuleins unfreiwillig gebräunt worden, verhalf weißer Puder wieder zur ursprünglichen Blässe. Bis zur Wende zum 20. Jahrhundert herrschte eine ausgesprochene Sonnenfeindlichkeit. Der Badeanzug und sein knapperer Bruder, der Bikini, tauchten in Europa erst im 20. Jahrhundert aus den Fluten, obwohl ihre Urahnen bereits auf römischen Mosaiken abgebildet sind. In den 1980er Jahren reduzierte sich der Bikini schließlich zum Tanga nach seinen Vorbildern an der Copacabana. Jetzt war es möglich, am ganzen Körper braun zu werden und damit einen wichtigen Gesundheitsaspekt von Meer und Strand zu nutzen.

Für die Entdeckung, dass Lichtwellen heilen können, erhielt der Däne Niels Ryberg Finsen 1903 den Nobelpreis für Medizin. UV- und Rotlicht werden seither erfolgreich zu dermatologischen Zwecken eingesetzt. Zwar warnen Mediziner längst wieder vor zu viel Sonneneinstrahlung, kranke Haut aber braucht das Sonnenlicht, und zwar vor allem die ultraviolette Strahlung. Die Zahl der Sonnenstunden und die Intensität der Strahlungswirkung ist am Meer, wo das Wasser die Strahlung reflektiert, viel höher als in waldreichen Gebieten mit viel Schatten. Die heilenden UVA-Strahlen dringen in tiefere Hautschichten ein, lassen Entzündungen abklingen und kurbeln die Vitamin-D_3-Produktion an. D_3 schützt vor spröden Knochen sowie einigen

Krebsarten. Der Bostoner Dermatologe Michael Holick ist der Meinung, dass die Leiden vieler Menschen vor allem in Mitteleuropa auf einen Vitamin-D-Mangel zurückzuführen sind. Vor allem im Winter kann die höhere UV-Strahlung am Meer sehr heilsam sein, etwa bei der typischen Herbst- und Winterdepression. Dazu später mehr.

Wie für alle Klimakuren gilt allerdings, dass die Gewöhnung an die veränderten Bedingungen schrittweise erfolgen sollte; ein Sonnenbrand dürfte das Meeresglück bei den meisten rasch dämpfen (britische Jugendliche einmal ausgenommen). Man sollte also nicht gleich am ersten Tag mehrstündige Sonnenbäder nehmen, sondern die Anwendungen langsam steigern und sich nie zwischen 11 und 14 Uhr, während der intensivsten Strahlung, in die Dünen legen. Selbst ein erklärter Verfechter des Sonnenlichts wie Holick rät gesunden Menschen zu täglichen Sonnenbädern von höchstens zwölf Minuten. Außerdem sollte eine Lichttherapie unter ärztlicher Aufsicht erfolgen. Dass *zu viel* Sonne ein Risiko für die Gesundheit darstellt, gilt mittlerweile als gesichert.

Immunsystem im Trainingslager

Die Klimatherapie am Meer bringt auch das Immunsystem auf Trab – eine weitere Quelle des Körperglücks. Vor allem in Zeiten, in denen Ärzte weder so gut ausgebildet noch so leicht verfügbar waren wie heute, war man auf alternative Heilmethoden und Hausmittel angewiesen. Bei einer Lebenserwartung von 40 bis 50 Jahren noch um das Jahr 1900 herum verwundert es nicht, dass immer auch nach Möglichkeiten gesucht wurde, körpereigene Abwehrkräfte zu mobilisieren. Die Idee, das natürliche Klima für diesen Zweck zu nutzen, griffen die Badeärzte auf und empfahlen das Reizklima am Atlantik, an Nord- und Ostsee. Immer häufiger wird dieses Wissen, das früher auf Volksweisheiten beruhte, von der modernen Medizin bestätigt. Kaltes Wasser etwa unterstützt nachweislich das Immunsystem. So zeigte eine jüngst an der Universitätsklinik Jena durchgeführte Studie, dass kalte Güsse die Infektanfälligkeit senken und damit ein klarer Abhärtungseffekt erreicht werden kann.

Das Küstenklima bietet starke Reize: Der Wind, niedrigere Temperaturen als im Binnenland, starke Temperaturschwankungen, das kalte Wasser, die salzhaltige Luft und die hohe UV-Strahlung stellen das Immunsystem vor ungewöhnliche Herausforderungen. Sie beeinflussen die Atmungstiefe und den Blutdruck, kurbeln die körpereigene Wärmeregulation und den Stoffwechsel an. Ein Strandspaziergang hilft bei Asthma, Allergien, Erkrankungen des Herz-Kreislauf-Systems und macht Erschöpfte wieder munter. Auch bei erhöhter Infektanfälligkeit und zur Regeneration nach langer Krankheit ist ein Aufenthalt am Meer empfehlenswert.

Die Klimatherapie ist längst etabliert und anerkannt: Ihre Wirksamkeit beruht auf der gesteigerten Anpassungsfähigkeit an Klimareize und Witterungseinflüsse. Gerade die ist bei vielen Menschen, die sich fast nur noch in gleichmäßig klimatisierten Räumen aufhalten, verlorengegangen, was die Erklärung dafür ist, dass man sich bei der kleinsten Temperaturschwankung erkältet. Heutige Büromenschen zeigen wieder ähnliche Schwächen wie die Earls des 18. Jahrhunderts.

Ein weiterer Baustein des exklusiv maritimen Körperglücks ist das salzhaltige Aerosol. Direkt am Ufer, möglichst nah bei der Brandung, ist die Luft am besten. Dort entsteht das sogenannte Brandungsaerosol mit einem hohen Gehalt an Jod, Magnesium und verschiedenen Spurenelementen. Im Brandungsbereich enthält ein Kubikmeter Seeluft bis zu einem Milligramm Salz. Der Anteil dieses Schwebsalzes in der Luft nimmt landeinwärts rapide ab. Schon 100 bis 200 Meter von der Brandung entfernt enthält die Luft nur noch ein Zehntel dieser Menge. Das Aerosol wirkt schleimlösend auf die Atemwege, es regt die Immunreaktion der Haut und der Atemorgane an. Kranken *und* Gesunden kommt außerdem zugute, dass die Seeluft meist frei von Abgasen, Pollen und Milben ist. Kein Wunder also, dass Menschen es genießen, am Meer endlich wieder frei durchatmen zu können. Fragt man nach, was Genuss am Meer ausmacht, kommt gerne das Gute-Luft-Argument. Wohl stellvertretend für Viele antwortete Sportmoderatorin Monica Lierhaus in einem Fernsehinterview auf die Frage, was für sie ein Aufenthalt am Meer bedeutet: «Mal richtig durchatmen können.»

Thalasso – Vitalkur aus dem Meer

Ein Zauberwort der Wellness-Branche heißt Thalasso-Therapie – abgeleitet vom griechischen Wort *thalassa,* das Meer. Es steht für die Behandlung mit Meerwasser, Algen und Schlick, möglichst direkt an der Küste. Die griechische Antike brachte schon im fünften vorchristlichen Jahrhundert die Idee des heilenden Salzwassers auf. Hippokrates (460–370 v. Chr.) beobachtete eine positive Wirkung bei Rheumatikern. *Sanus per aquam* (SPA), rieten die alten Römer – eine Idee, die zum festen Bestandteil der Volksheilkunde wurde. Dabei wurde nicht nur Salz-, sondern auch Süßwasser aus Quellen, Flüssen oder warmen Thermen angewandt.

1899 entstand das erste Thalasso-Therapie-Institut an der bretonischen Küste, wo wie im alten Griechenland rheumatische Patienten behandelt wurden. Der Name geht auf den Arzt La Bonnadière zurück, der 1865 seine Doktorarbeit mit dem Titel «Thalasso-Therapie» veröffentlichte. Doch erst durch den legendären Tour-de-France-Sieger Louison Bobet erlebte die Therapieform 100 Jahre später ihren Durchbruch. Bobet lernte sie nach einem Sturz bei einem Rennen kennen – und war begeistert. Damit das Ganze weniger nach Krankenhaus und mehr nach Gesundheitsvorsorge roch, baute er neben das Therapiezentrum ein luxuriöses Hotel. Mit der Gründung des Instituts von Quiberon 1961 trat Thalasso einen Siegeszug rund um die Welt an. Quiberon gilt als Wiege und Hochburg dieser Therapieform. Mittlerweile gibt es mehr als hundert Einrichtungen, die meisten an der französischen Atlantikküste. In Deutschland gibt es Zentren an Ost- und Nordsee; das größte ist das Badehaus auf Norderney.

Eine Kur dauert in der Regel eine Woche. Der Kunde hat die Qual der Wahl zwischen Hydrotherapie, Massagen, Physiotherapie, Bädern, Packungen mit Algen und Schlick, speziellen Duschen, Inhalationen mit Aerosol und Wassergymnastik (Thalasso kann zur Lebensaufgabe werden). Die Indikationen decken fast alle modernen Plagen ab: Verspannungen, Stress, Erschöpfung, Rheuma, Neurodermitis, Rückenprobleme, Durchblutungsstörungen oder Verdauungsbeschwerden. Während Thalasso anfangs ausschließlich bei Kranken angewendet wurde, dient das Programm heutzutage mehr der Gesundheitsvorsorge und dem Erhalt von Fitness und Leistungsfähigkeit.

Worin liegt das Geheimnis dieser Anwendungen? Der unbelastete Meeresboden ist reich an Magnesium und Calcium. Schlickpackungen lindern Muskelverspannungen, Gelenkbeschwerden oder Ischias. Außerdem lässt Thalasso auch die Pfunde schwinden, das macht es vor allem beim weiblichen Publikum so beliebt. Heute kann man Rundum-sorglos-Verwöhnpakete buchen, die neben dem Meerwasser auch stoffwechselaktivierende Algenpräparate oder Schlickpackungen enthalten. Bei der Behandlung wird der Körper mit Mineralien aus dem Meerwasser versorgt, das auf Körpertemperatur erwärmt wird. Bei Magen-, Darm- und Lebererkrankungen wird Meerwasser verdünnt auch zur inneren Anwendung verschrieben. Bei Atemwegsinfektionen wiederum, etwa Nebenhöhlenentzündung oder Asthma, wird es vernebelt und dann inhaliert. Und die Meerwasser-Auftriebstherapie hilft bei Muskelerkrankungen, Wirbelsäulenproblemen oder Bandscheibenschäden.

Da der Begriff *Thalasso* nicht geschützt ist, werden auch im Binnenland bis ins tiefste Bayern hinein Thalasso-Anwendungen mit Algen- und Meersalzprodukten angeboten. Es gibt zwar keine verbindlichen Kriterien für medizinische Thalasso-Kuren. Vertreter der reinen Lehre fordern allerdings die Einhaltung bestimmter Mindeststandards. So hat der Europäische Heilbäderverband festgelegt, dass eine echte Thalasso-Einrichtung maximal 300 Meter vom Meer entfernt liegen darf. Die Patienten müssen mit frischem Meerwasser behandelt werden. Darüber hinaus sind eine allergenarme und reine Seeluft, die Heliotherapie mit natürlicher Sonnenstrahlung und spezielle Bewegungsangebote am Meeresufer unerlässlich. Ohne Meer also kein echtes Thalasso.

Schlick-Schick

Von den ernsten Erkrankungen ist es nur ein kleiner Sprung zu den weniger ernsten, aber durchaus lästigen Schönheitsproblemen: Falten, trockene Haut, Cellulite. Entsprechend hat auch die Schönheitsbranche das Meer für sich entdeckt. Es gibt zahllose Pflegeserien, übrigens auch für den Herrn. Vieles wird in der Werbung mit badenden Nackedeis versprochen: Problemzonen, ade, straffe Haut und gesundes Haar. Diese Hoffnungen haben eine lange Tradition. Schon die ägyptische Königin Kleopatra badete aus Gründen der politisch wichtigen Schönheitspflege in Salz und Schlamm des Toten Meeres. Tatsächlich sind in Meeressedimenten viele Mineralstoffe und Vitamine in einer Kombination gebunden, die vom Körper gut aufgenommen werden kann. Einzelne Wirkstoffe binden die natürliche Hautfeuchtigkeit – das macht sie zu einem Traumstoff der Kosmetikindustrie. Und da Kosmetik heute immer auch Anti-Aging heißt, tut sich in den alternden westlichen Gesellschaften ein hochinteressantes Anwendungs- und Vermarktungsfeld auf. Als besonders effektiv gilt die gleichzeitige Behandlung von innen und außen. Algendrinks, Algenkapseln oder das Kochen mit Algen einerseits, die Anwendung von Algen- und Tangextrakten in Cremes andererseits. Schlickpackungen und Salzbäder sollen die Durchblutung anregen, Entzündungen lindern, Muskeln entspannen, Cellulite mindern, Salzpeelings den Teint erneuern.

Stars weltweit schwören zum Beispiel auf die als «Wundercreme» gelobte *La Mer.* Entwickelt wurde sie in den 1960er Jahren von dem NASA-Physiker Max Huber, der bei einer Explosion schwere Verbrennungen im Gesicht erlitten hatte. Da ihm damals keine Salbe half, soll er jahrelang selbst nach einem Wirkstoff gesucht haben und dabei im Meer fündig geworden sein. Das Ergebnis war die mit Meereswirkstoffen angereicherte *La Mer,* die auf Hubers Haut wahre Wunderdinge bewirkt haben soll. Heute gehört die Creme zu den teuersten der Welt.

Auch für die Nutrikosmetik, also die Ernährung, die der Schönheit dient, spielen Meeresalgen eine große Rolle. In Sonnenschutzkapseln sollen sie das Immunsystem stärken, als Antioxidans wirken, in Fettblockern beim Abspecken helfen. Und die Schönheitsindustrie hat längst noch weitere Wirkstoffe entdeckt. Zum Einsatz kommen etwa Glykoprotein aus dem Südpolarmeer, marines Collagen aus der Haut der Seezunge, Chitin aus Krabben und Shrimps oder Radikalenfänger aus der Tiefsee: Hightech aus den Tiefen des Ozeans.

Was ist aber dran an den blumigen Versprechungen der Kosmetikindustrie? Das lässt sich nicht pauschal für alle Produkte beantworten, wie überall gibt es auch hier Scharlatane, die ihrer Kundschaft Wunder versprechen, ohne sie halten zu können. Aber es gibt seriöse Studien, die einzelne Effekte nachgewiesen haben. Algenkosmetik beispielsweise hilft der Haut nachweislich, sich nach langen Sonnenbädern zu regenerieren. Bestimmte Algenarten, die knapp unter der Wasseroberfläche wachsen, schützen sich mit Hilfe eines Reparatur-Enzyms vor der UV-Strahlung der Sonne. «Aus der Alge *Anacystis nidulans* kann das Enzym gewonnen werden, das auch in menschlicher Haut Sonnenschäden behebt. Der Mensch kann, im Gegensatz zu bestimmten Bakterien, Algen und Fischarten, dieses Enzym nicht selbst produzieren. In seiner Haut entfaltet es jedoch die gleiche natürliche Reparatur-Wirkung», sagt Jean Krutmann, Professor am Institut für umweltmedizinische Forschung der Universität Düsseldorf. Der Extrakt stellt nach Krutmanns Beobachtungen auch das Immunsystem der Haut wieder her. Je mehr Wirkstoffe bekannt werden, desto hoffnungsvoller gerät der Blick in die Fluten. Und Algen können noch mehr!

120 werden in der Algenküche?

Die japanische Pazifikinsel Okinawa liegt etwa 400 Seemeilen vom Festland entfernt; ein subtropisches Eiland wie aus einem Reisekatalog: mildes Klima, schöne Vegetation, einsame Strände, gelassene Menschen. Aber die Insel ist nicht nur eine maritime Naturschönheit, sie beheimatet auch vierzigmal mehr Hundertjährige als der Rest des Landes. Daher ihr Beiname «Insel der Hundertjährigen». Die Einwohner kennen kaum Zivilisationskrankheiten, und selbst Demenz ist unter den Älteren seltener als anderswo. Die durchschnittliche Lebenserwartung der Frauen beträgt 86 Jahre, fünf mehr als hierzulande. (Fünf Jahre mehr für Kreuzfahrten, Tauchkurse – und fürs Rückwärtseinparken.) Zum einen tragen sicher der entspannte Lebensstil, der Familienzusammenhalt und das ideale Klima dazu bei. Aber auch der Speiseplan der Inselbewohner erregte das Interesse von Wissenschaftlern: Fisch, Algen, Soja, Gemüse und Kräuter. Diese Kost könnte der Schlüssel zur Langlebigkeit der Insulaner sein.

Allerdings zeigt das Inselparadies inzwischen Risse: Die Jugend greift wie überall auf der Welt lieber zu Hamburgern und Cola und verschmäht Fisch im Algenmantel. Autos, Mopeds und Computerspiele tun ein Übriges. Und schon gibt es die ersten Anzeichen, dass die durchschnittliche Lebenserwartung sinkt. Vielleicht sollte die Jugend doch häufiger zum Algen-Burger greifen?

Japaner leben traditionell von dem, was das Meer hervorbringt. In Japan gibt es einen Feiertag, den «Tag des Meeres», der am dritten Montag im Juli begangen wird und der Ehrerbietung des Meeres dient. Meeresfrüchte heißen dort «Glück des

Meeres» *(umi no sachi)*. Eine besondere Rolle spielen neben dem Fisch die Algen. Studien zufolge sind japanische Frauen durch die Algenküche dauerhaft besser vor Brustkrebs und Osteoporose geschützt. Und auch für die deutlich höhere Lebenserwartung sollen unter anderem die Algen verantwortlich sein. 300 000 Tonnen wandern in diesem Land jährlich über die Teller.

Schon im alten China wurden Schilddrüsenerkrankungen mit Algen behandelt. Auch in Südamerika wird die Meerespflanze traditionell als Nahrungsergänzung und zur Schönheitspflege genutzt. Die Azteken bauten sie in «schwimmenden Gärten» an und aßen sie neben Bohnen und Mais als normales Gemüse. 1750 rückte der englische Arzt Richard Russel Hautkrankheiten mit Algenauflagen zuleibe. Und 100 Jahre später gab man in Frankreich an Rachitis erkrankten Kindern Algen zu essen.

In Deutschland sind Algen vor allem als Pest bekannt, als die sie alle Jahre wieder durch die Medien gehen, Schwimmbad- und Aquarienbesitzer rücken ihnen mit Algen-Ex zuleibe. Die meisten aber können einfach überhaupt nichts mit ihnen anfangen: «Das grüne Glibberzeug aus dem Meer?» Doch auch hierzulande finden die essbaren Meerespflanzen wachsenden Anklang. Mittlerweile kann man sie – zum *Powergemüse* geadelt – sogar sackweise im Internet bestellen. Bäckereien bieten ihre Brötchen mit Algenzusatz an. Und der Kunde hat die Qual der Wahl zwischen unzähligen Pillen, Kapseln und Pülverchen zur Nahrungsergänzung.

Algen werden mit Spezialmaschinen vom Meeresboden gezogen oder mit Sicheln von Hand geerntet, anschließend luftgetrocknet und zu Pulver zerstoßen. So können sie ins Essen gemischt oder zu Tabletten gepresst werden. Zunehmend wird das

Meeresgemüse in großen Anlagen gezüchtet und geerntet – vor allem in Asien, Afrika und Amerika. Die größten europäischen Erntebecken liegen vor der Bretagne.

Was aber macht die vermeintlichen Wunderpflanzen so wertvoll für die Gesundheit? Wissenschaftler haben die Bestandteile verschiedener Algensorten untersucht und sind auf viele Vitamine, Eiweiße und Mineralstoffe gestoßen. Über 80 Substanzen sind bisher nachgewiesen. Algen haben eine enorm hohe Nährstoffdichte, regen Stoffwechselvorgänge an und revitalisieren den Körper. In der Bretagne gelten sie deshalb auch als das «Brot des Meeres». Anders als Landpflanzen haben Algen keine Wurzeln, durch die sie die Nährstoffe und Wasser aufsaugen. Mineralstoffe und Spurenelemente aus dem Meer nehmen sie über ihre gesamte Oberfläche auf. Auf diese Weise filtern und speichern sie die Stoffe in hohen Konzentrationen. Ihre ungesättigten Fettsäuren etwa sind gut für die Nerven und das Immunsystem. Außerdem weisen Algen von allen Pflanzen den höchsten Proteinanteil auf, enthalten das stoffwechselfördernde Vitamin B_{12}, Magnesium für die Nerven, Eisen für die Blutbildung, Vitamin C für das Immunsystem. Und auch als Jod-Lieferant sind sie unschlagbar. Da sie auch alle essenziellen Aminosäuren enthalten, können sie glatt das tägliche Schnitzel auf dem Teller ersetzen, ohne dass dem Körper etwas fehlen würde. (Den Geschmackszellen vielleicht schon eher.)

Von den vielen tausend Arten eignen sich nur einige zum Verzehr. Die Nori-Blätter werden als Verpackung für Sushi verwendet, die Braunalge Wakame landet in Suppen wie Salaten und ist Bestandteil von Algennudeln. Die Rotalge Agar-Agar dient als Geliermittel, während die jodfreien Mikroalgen Spirulina und Chlorella zu Nahrungsergänzungsmitteln verarbeitet werden. Und die haben viele Menschen heute nötig, denn ein Mangel an Vitaminen, Mineralstoffen, Spurenelementen und Aminosäuren, wie ihn die moderne Fastfood- und Convenience-Ernährung mit sich bringt, wird zunehmend als Ursache vieler Krankheiten erkannt, von chronischer Müdigkeit, Allergien, Depressionen bis hin zu Knochenabbau und Infektionen. Selbst bei Krebs werden Algen schon in der Begleittherapie eingesetzt, als Alternative zu synthetischen Vitamin- und Aufbaupräparaten.

Die französische Biologin Mireille Guillou erforscht die Wirkung von Algen auf den menschlichen Körper seit 40 Jahren und ist zu dem Schluss gekommen, dass die Urpflanzen ein wertvolles Nahrungsmittel sind und eigentlich zu kostbar, um sie ausschließlich für die Schönheit zu verwenden. Summa summarum besteht die Hoffnung, dass die kleinen Alleskönner einige Zivilisationskrankheiten verhüten können. Allerdings sollte man bei allzu sensationellen Wirk-Versprechungen skeptisch sein. Und auf keinen Fall sollten Algen eine medizinische Therapie ersetzen, in der Hoffnung, dass sie schon irgendwie rundum gesund machen.

Neben Algen lassen sich im Meer auch spektakuläre biochemische Verbindungen finden, von denen man heute oft nur ahnen kann, in welchen Bereichen sie künftig eingesetzt werden können. Die marine Biomedizin ist eine relativ junge Disziplin, die viele Hoffnungen nährt. Von Haien über Schwämme, Seegurken bis zu Korallenpolypen produzieren marine Organismen viele bioaktive Substanzen, die zu hochwirksamen Medikamenten verarbeitet werden können. Sie geben der Suche nach dem Körperglück aus dem Meer immer neue Nahrung.

Meeresmedikamente

Bereits 1930 zeigten Untersuchungen von Inuit, dass entzündliche rheumatische Erkrankungen im ewigen Eis selten sind. Das liegt nach Ansicht von Medizinern an der fischreichen Kost. Schlagzeilen wie «Gesundheit aus der Tiefsee gegen den Rheumaschmerz» lassen Patienten aufhorchen. Omega-3-Fettsäuren aus Fischöl, antioxidative Vitamine und Spurenelemente aus Meerespflanzen und -tieren sollen kleine Wunder wirken. Sie reduzieren zum Beispiel die Bildung entzündungsvermittelnder und schmerzauslösender Stoffe, wie das Deutsche Institut für Ernährungsmedizin und Diätetik (DIET) feststellt. Die besten Lieferanten für die wertvollen Fettsäuren sind Makrele, Lachs, Hering, Thunfisch und Sardine. Wer keinen Fisch mag, kann sich mit Fischölkapseln oder Fischölperlen behelfen.

Pharmazeuten, Meeres- und Mikrobiologen suchen stets nach weiteren Substanzen und werden im Meer immer wieder fündig: Pilze wirken wie Antibiotika, Schwämme stoppen Entzündungsprozesse oder töten Malariaerreger ab. Ein entzündungshemmender Korallen-Wirkstoff könnte eines Tages das Cortison ersetzen. Aus einem Moostierchen wurde ein Stoff extrahiert, der gegen Blutkrebszellen wirkt. Und aus dem Seehasen, einer Art Schnecke des Indischen Ozeans, wurde ein Stoff gewonnen, der möglicherweise Hautkrebs heilt. Die grüne neuseeländische Muschel hilft bei Arthrose und Rheuma. Algen senken hohe Blutfettwerte und schützen vor Thrombosen. Viele Arten haben auch antimikrobielle Fähigkeiten – sie enthalten Acrylsäure, die Bakterien den Garaus macht. Eine wichtige Entdeckung, da immer mehr Bakterien gegen herkömmliche Antibiotika re-

sistent sind und das herkömmliche medizinische Arsenal allmählich erschöpft ist. Wissenschaftler in den USA entdeckten
vor kurzem ein Eiweiß aus Rotalgen, das sogar die Übertragung
des HI-Virus stoppen soll. In Japan wurde ein Algenextrakt gefunden, der Erreger der Schlafkrankheit daran hindert, sich zu
vermehren.

Und die Möglichkeiten sind noch nicht ausgeschöpft.
In den Meeren haben Lebewesen und Pflanzen eine gewaltige
Bandbreite an Überlebens- und Schutzmechanismen entwickelt.
Ein Seitenblick in die marine Giftküche: Viele Meeresbewohner
schützen sich mit medizinisch interessanten Giften vor Angriffen
ihrer Nachbarn. Sie haben damit individuelle Waffen entwickelt,
um im täglichen Überlebenskampf selbst gegen große Feinde zu
bestehen. Ihre Kontaktgifte setzen die Nervenfunktionen der
Angreifer außer Gefecht. Kegelschnecken zum Beispiel verschie-
ßen giftige Harpunen, Quallen haben kleine Nesselkapseln, die
bei Berührung explodieren. Solche Gifte können Grundstoffe für
neue Medikamente liefern. Man kann aus ihnen Schmerzmittel
herstellen und Medikamente, die die Nervenfunktionen steuern,
denn was in hoher Dosis das Nervensystem von Tieren außer
Kraft setzt, könnte niedriger dosiert Störungen des Nervensys-
tems positiv beeinflussen. Die großen Pharmafirmen testen die
Gifte bereits auf mögliche Anwendungsbereiche.

An den Universitäten Greifswald und Rostock wird zu
marinen Wirkstoffen und Biomaterialien geforscht. Die Pharma-
zeutin Ulrike Lindequist und der Mikrobiologe Frieder Schauer
untersuchten über 300 Algen, Pilze, Muscheln, Schnecken und
Würmer, aus denen sie verschiedene Wirkstoffe isolierten. Dann
testeten sie diese Substanzen auf ihre Reaktion mit Viren, Bak-

terien und Pilzen, Tumorzellen, auf Knochen- und Hautzellen sowie verschiedene Enzyme. Lindequist und ihre Mitarbeiter entwickelten auf der Basis von Mikroalgen eine Creme, die die Besiedelung der Haut mit multiresistenten Bakterien verhindert. Sie ist bereits im Handel, während sich die meisten anderen marinen Wirkstoffe noch in der Testphase befinden. Zugleich suchen Lindequist und ihre Kollegen nach neuen Antibiotika, Wirkstoffen zum Osteoporoseschutz und zum Schutz vor UV-Strahlen sowie Hautalterungsprozessen. Auf den ersten Blick kurios mutet die Entwicklung eines biologisch abbaubaren Klebers an, der dem Klebstoff der Miesmuschel nachempfunden ist und im Zusammenspiel mit Enzymen aus holzzerstörenden Pilzen wunderbar klebt – er soll schon bald bei inneren Wunden nach chirurgischen Eingriffen oder Knochenverletzungen eingesetzt werden.

Viele Wissenschaftler schwärmen vom pharmazeutischen Potenzial der Meere. So auch Ulrike Lindequist, die aber zugleich vor übertriebenen Erwartungen warnt: «Arzneimittelentwicklung ist risikoreich, sehr teuer und langwierig. Oftmals ist auch die Bereitstellung ausreichender Substanzmengen ein Problem. Vor allem bei Antitumor- und bei Schmerzmitteln erwarte ich für die Zukunft die größten Fortschritte.»

Nicht immer haben die Forscher Erfolg, und viele Substanzen, die in den Labors geprüft werden, kommen nie zur Anwendung, weil ihre Wirkung zu gering oder zu schwer zu steuern ist. Bevor neue Stoffe überhaupt Patienten verabreicht werden können, müssen sie ein Marathon an klinischen Tests absolvieren. Außerdem wird die massenhafte Produktion für die Pharmaindustrie nicht über die «Ernte» vor den Küsten realisiert werden können. Die Pflanzen und Tiere müssen in geschlossenen Systemen unter sterilen Bedingungen gezüchtet werden, um die natürliche Flora und Fauna zu schützen. Doch für das Körperglück aus dem Meer wird die Biotechnologie in Zukunft ganz sicher eine große Rolle spielen.

Wenn es um das Glück am und auf dem Meer geht, kann man es freilich nicht bei der Heilung körperlicher Krankheiten bewenden lassen. Die Idee, das Meer auch gezielt einzusetzen, um Menschen bei psychischen Problemen zu helfen, ist noch gar nicht so alt. Wie der Ozean als eine Art Co-Therapeut für die Psyche funktioniert, erfahren Sie im nächsten Kapitel.

Wie der Stress baden geht

Dem Vergnügten genügt
das Sandkorn des Festlandes,
dem Missvergnügten nicht,
er braucht das Riechsalz der See.

Kurt Schwitters

*S*ie sitzen auf einem Zahnarztstuhl, helles Licht strahlt in Ihren Mund, ein Mann mit Mundschutz beugt sich mit dem Bohrer in der Hand über Sie. Jetzt ertönt das metallische Sirren, der Bohrkopf dringt in Ihren Backenzahn – wohl kaum jemand, dessen Puls sich in dieser Situation nicht beschleunigt, der keine Schweißperlen auf der Stirn spürt und unwillkürlich eine angespannte Verteidigungshaltung annimmt. Sollten Sie demnächst in diese Lage kommen, nehmen Sie eine CD mit Meeresrauschen mit. Bitten Sie Ihren Zahnarzt, einen Fernseher aufzustellen und ein Video mit Strand, Dünen und Wellen abzuspielen. Es wird Ihnen sofort bessergehen: Ihr Puls wird ruhiger bleiben, und Sie werden weniger Angst empfinden.

An der Universität Witten/Herdecke wurde vor einigen Jahren untersucht, wie sich Wellenrauschen, Entspannungsmusik und Ozeanbilder auf gestresste Zahnarztpatienten auswirken. In den meisten Fällen blieben die meeresumbrausten Patienten ruhiger, Schmerz- und Angstempfinden waren deutlich reduziert. Die Vorstellung, am Strand zu sitzen, aufs Meer zu schauen und in aller Ruhe dem Flüstern der Wellen zuzuhören, wirkt sich so positiv auf die Psyche aus, dass man selbst seinem Zahnarzt gefasst gegenübertreten kann.

Martin Buntrocks CD *Meer,* die für diese Studie verwendet wurde, wird mittlerweile in vielen therapeutischen Zusammenhängen – von der Geburtshilfe bis zur Sterbebegleitung – eingesetzt.

Der Komponist selbst vermutet, dass Meeresrauschen wie ein psychischer Anker wirkt: «Erinnerungen, Bilder von schönen Erlebnissen am Ozean werden zurück ins Bewusstsein geholt, wenn wir diese Klänge hören.» Und für Viele ist das Meer eben ein Synonym für Freude, Freiheit und Glücksgefühle. Erinnerungen an solche Momente sammeln sich im Langzeitgedächtnis, und sobald man daran erinnert wird, ist sie wieder da, diese leichte Euphorie. Die Tatsache, dass seine CD aber auch zu früh geborene Babys beruhigt, die noch keine Erinnerungen an sinnenfreudige Strandurlaube haben können, erklärt sich Buntrock damit, dass das rauschende Wasser die Frühchen an die Geräuschkulisse im Mutterleib erinnert. Da sich der Hörsinn beim Fötus schon recht früh entwickelt, leuchtet der Gedanke durchaus ein.

Die simplen Freuden wie Muschelsuchen, Wellenspiele, Faulenzen und Aufs-Wasser-Schauen begeistern unabhängig von Alter und sozialem Status. Unsere Urgroßeltern waren davon genauso begeistert wie wir. Doch es scheint, dass wir Entspannung heute nötiger haben denn je. In einer immer schneller immer komplizierter werdenden Welt, in der mittlerweile selbst ein Fahrkartenautomat mit modernster Computertechnik und Touchscreen ausgestattet ist, bereitet es Scharen von Urlaubern und Ausflüglern eine unübersehbare Freude, am Meer ganz einfachen, archaischen Tätigkeiten nachzugehen. Warum das so ist, verrät ein Seitenblick auf den Seelenzustand des modernen Menschen.

Gestresste in Erholungslaune

Seit Jahren verzeichnen die Krankenkassen einen Anstieg psychischer Erkrankungen. Jeder siebte Fehltag in einem deutschen Unternehmen hat heute psychische Ursachen. Depressionen spielen dabei eine zentrale Rolle: allein vier Millionen Menschen sind hierzulande betroffen, und mehr als jedem zweiten der jährlich rund 11 000 Selbstmorde liegt diese Krankheit zugrunde. Studien der WHO zufolge werden Depressionen im Jahr 2020 weltweit nach den Herz-Kreislauf-Krankheiten an zweiter Stelle der lebensverkürzenden Erkrankungen stehen.

Der ehemalige Direktor der psychiatrischen Klinik der Universität Mainz, Otto Benkert, geht noch einen Schritt weiter und erklärt die Stress-Depression zum neuen Massenleiden unserer Zeit. Nicht nur einschneidende Erlebnisse, auch normale Belastungen wie Zeitdruck, familiäre Konflikte oder Überforderung reichen nach seinen Beobachtungen aus, um uns in Dauerstress zu versetzen. Dazu kommen Misserfolge, Ängste um den Arbeitsplatz oder permanenter Konkurrenzdruck. Aktuellen Studien zufolge fühlt sich jeder dritte Arbeitnehmer in Deutschland gestresst. Erste Anzeichen sind Schlafstörungen, Schwindelattacken, Unruhe, Aggressionen, Erschöpfung. Stress führt zu gravierenden Fehlregulationen im Nervensystem, zu vermindertem Zellwachstum in bestimmten Hirnregionen, Herzinfarkt und chronischen Schmerzen.

Wie können wir uns schützen? Stress-Management, lautet ein wichtiger Rat: Mittagsschläfchen halten, pünktlich Büroschluss machen, Entspannungstechniken praktizieren, mehr körperliche Aktivität und mehr Momente der Gelassenheit – und öfter mal ans Meer! Entspannung ist ein entscheidender Faktor für die körperliche und seelische Gesundheit. Der Frage, warum sie nicht nur glücklich, sondern auch gesund macht, sind Psycho-Neuroimmunologen auf der Spur, die herausgefunden haben, dass an der Entstehung von Krankheiten Körper *und* Psyche beteiligt sind. Über die biochemischen Voraussetzungen dafür konnte lange nur spekuliert werden. In den letzten Jahren aber konnten etliche Beziehungen zwischen der Psyche und den körpereigenen Abwehrkräften nachgewiesen werden. Man weiß heute, dass Entspannung viele Krankheiten lindern oder sogar verhindern kann, weil dabei wichtige Selbstheilungskräfte aktiviert werden. Negativer Stress dagegen führt dazu, dass die Resistenz gegenüber Krankheiten abnimmt. Neben biologischen Krankheitsursachen werden heute deshalb auch psychologische Komponenten intensiv erforscht. So zeigen etwa Studien aus den USA, dass Anti-Stress-Programme die Abwehrkräfte von HIV-Patienten stärken. Entspannung tut not – und da kommt das Meer gerade recht.

Stärkung für ramponierte Nerven

Schon im zweiten vorchristlichen Jahrhundert zogen sich römische Senatoren während der Sitzungspause an die küstennahen Erholungsorte zurück. Die Auszeit aus dem Tagesgeschäft wurde damit begründet, dass man neue Kräfte für die aufzehrende Arbeit in Rom sammeln müsse. Die Reichen und

Mächtigen bauten ihre *villae maritimae* auf ufernahe Anhöhen mit Blick über das Meer oder gleich direkt ans Ufer (eine Vorliebe, die sie mit den Reichen und Mächtigen unserer Zeit teilen). Hier verbrachten sie die Tage bei gutem Essen in angenehmer Gesellschaft. Ab und zu brach man zu einer Vergnügungsfahrt in einem Ausflugsboot auf oder ließ sich von Sklaven in einer Sänfte an den Strand tragen.

Ein paar Jahrhunderte später entdeckt auch der Rest Europas, wie trefflich es sich am Ozean entspannen lässt. Vor allem die sensiblen, oft überreizten Künstler können als Vorreiter und Propagandisten dieser Form der «Landschaftstherapie» gelten. George Grosz verbrachte seine Sommerurlaube immer wieder an der Ostsee, vor allem die Seebäder Zingst, Hiddensee und Ahrenshoop hatten es ihm angetan. Kurz nach seiner zweiten Einberufung zum Kriegsdienst wurde er 1917 in eine Brandenburger Nervenheilanstalt eingewiesen. Die Armee entließ ihn als dienstuntauglich. Um sich von seinem «Nervenleiden» zu erholen, fuhr Grosz mit Freunden nach Zingst. Das tat ihm so gut, dass er in den Folgejahren immer wieder zurückkam.

Der Maler musste sich Prozessen wegen Gotteslästerung, politischer Provokationen und Angriffen auf die öffentliche Moral unterziehen. Der Strand wurde ihm zum wichtigen Rückzugsgebiet. In einem Brief von 1930 schrieb er: «Schön sich einfach auszuspannen. Herrlich einfaches Leben ... Man empfindet wieder den Sand unter den Füßen und auf dem Rücken der Hand das endlose Wehen des strengen Windes.» Er fühlte sich verjüngt, genoss die Nacktheit am Strand und den Kampf mit den Wellen. All das war eine «wunderbare Kur». In einem Brief von 1931 schwärmte er von der Freude, am Ostseestrand spazieren zu gehen: «Die Entspannung ist nach Berlin wundervoll.» Und später vermerkte er in seiner Autobiographie *Ein großes Ja und ein kleines Nein* über seinen Aufenthalt am Strand: «Es war friedlich und die Stadt war verblasst, wie die unechte Farbe eines billigen Hemdes.» Gerade Großstädter auf Landpartie genießen das Meer und die Küsten in der Regel ganz besonders.

Ähnlich erging es Theodor Fontane, der sich am Meer trotz aller Entbehrungen, die das Reisen mit sich brachte, wunderbar entspannen konnte. 1863 berichtete er: «Es lässt sich gegen diese Badereiserei gewiss sehr viel sagen, in hundert kleinen Dingern verschlechtert man sich, es fehlt an Komfort und manchem anderen noch, aber man hat Ruhe und frische Luft, und diese beiden Dinge wirken wie Wunder und erfüllen Nerven, Blut und Lungen mit einer stillen Wonne.»

In Krisen fuhr auch Max Beckmann stets ans Meer, wie ein Brief von 1926 aus Italien zeigt: «Ich bade hier sehr intensiv im wunderschönen grünen Meer und hoffe, meine Nerven, die ein wenig ramponiert waren, für den Winter wieder ganz in Stand zu setzen.» In Briefen und Tagebuchaufzeichnungen beschrieb er, wie das Meer ihn gelassener machte, ihm für die Arbeit und den Alltag Kraft gab. Beim Baden konnte er alles vergessen und fühlte sich auch im hohen Alter frisch und verjüngt. Sein Lieblingshotel an der Riviera war das Grand Hotel du Cap, kurz Cap Martin genannt. Von dort schrieb er 1939: «Cap Martin hat mir ganz großartig getan und alle meine Nerven und Ideen neu gefestigt. Ganz neue Sachen sind mir aufgegangen und ich werde 20 Jahre zu tun haben, um alles zu realisieren.»

So wie diese Künstler mit ihren ramponierten Nerven zieht es bis heute viele stressgeplagte Menschen an die Küsten.

Wohl kaum ein erschöpfter Zeitgenosse, der nicht vom «Häuschen am Meer» träumt. Auch der renommierte Soziologe und Gründer des Instituts für wissenschaftliche Glücksforschung in Vallendar, Alfred Bellebaum, antwortete kürzlich in einem Interview auf die unausweichliche Frage, ob er selbst denn glücklich sei: «Ja, natürlich. Wenn ich am Meer entlanggehe oder in den Bergen bin ...»

Lob des Nichtstuns

Dass am Meer eine besondere Entspannung und psychische Regeneration möglich sind, ist also keine Entdeckung des ausgehenden 20. Jahrhunderts mit seinem Wellness-Boom. Schon lange bevor das erste Handy klingelte, flohen die Menschen aus einer großen Sehnsucht nach Naturerleben und Glück heraus zum Auftanken an den Strand. Touristikunternehmen nutzen diesen Aspekt bewusst, um Kunden mit Erholung, Entspannung, Regeneration zu locken; so bewirbt zum Beispiel die Kurverwaltung der Insel Baltrum ihre Wellness-Angebote mit dem Slogan: «Soll Ihr Stress doch baden gehen».

Gerade die Tatsache, dass am Strand fast nichts geschieht und auch nicht zwingend geschehen *muss,* wie das Ufer-Kapitel zeigte, trägt zum besonderen Reiz des Urlaubs am oder auf dem Meer bei. Darin sind sich Touristen und Forscher einig. Hat der moderne Mensch im Alltag grundsätzlich zu wenig Zeit, bleibt sie am Meer plötzlich stehen.

Eben dieser Zustand sei äußerst erstrebenswert, meint Owe Wikström, Professor für Religionspsychologie an der Universität Uppsala. Er befürchtet, dass es mit der wachsenden Hetzerei zu einer Aushöhlung humanistischer Werte und der Nachdenklichkeit im Allgemeinen kommen könnte. Deshalb fordert er dazu auf, sich widerständige tatenlose Freiräume zu schaffen, und ermutigt dazu, sich das Recht zu nehmen, nicht immer nützlich sein zu müssen. Diese Verweigerung, so Wikström, gebe die Möglichkeit, sich mit existenziellen Fragen zu befassen. Nur eine kultivierte Form des Nichtstuns schaffe die Grundlage für psychische Gesundheit und eine lebendige Kreativität – zwei wichtige Voraussetzungen für Glück.

Segeln unter der Wellness-Flagge

Die Reiselust der Deutschen ist ungebrochen, mehr als 63 Millionen Urlaubsreisen gönnen wir uns jedes Jahr. Die Ziele am Meer nehmen auf der Beliebtheitsskala immer noch die Spitzenposition ein, wie Reiseveranstalter berichten. Allerdings verändert sich die Art und Weise, wie Bundesbürger Urlaub machen: Es gibt einen Trendwechsel vom Erlebnis- zum Wellness-Urlaub, also vom Wohlstands- zum Wohlfühl-Tourismus. Der Freizeitforscher Horst Opaschowski von der Universität Hamburg beobachtet diesen Wandel. Wellness könne heute geradezu als Erfolgsformel für Reiseanbieter gelten, die Lebensfreude, Genuss und Wohlergehen versprechen. In den deutschsprachigen Ländern werben mittlerweile über tausend Hotels mit Wellness-Angeboten. Im Urlaub werden immer öfter Gesundheitsdienstleistungen in Anspruch genommen; besonders gefragt: Heilfasten, Fango – und die schon erwähnte Thalasso-Therapie. Nach den Erkenntnissen Opaschowskis sind heute 40 Prozent der Bundesbürger an solchen Fitness-, Beauty- und Wellness-Angeboten im Urlaub interessiert. Und gerade die Ferienregionen an den Küsten sehen gute Chancen, von diesem Trend zu profitieren.

Viele der Verwöhnprogramme von Aqua-Balancing bis zum Bad im Whirlpool sind allerdings alte Hüte: Schon die Römer ließen sich in Dampfbädern massieren, im Orient war der Hamam wichtiger Teil der Badekultur. Die Griechen reisten zu Entspannungsbädern ans Meer, in Finnland gilt Eisbaden als Volkssport, und die Skandinavier entwickelten mit ihrer Saunakultur einen frühen Prototyp der Wellness-Oase. Der moderne Kopfmensch wird von seinem verspannten Muskelapparat täglich daran erinnert, dass ihm Bewegung fehlt, Fehlhaltungen schmerzen; Stress nagt an den Nerven. Wellness ist gefragt, weil vielen Menschen Körpergefühl und Sinnlichkeit abhandengekommen sind: Es bleibt immer weniger Zeit für Düfte, beruhigende Klänge, lange Bäder und intensive Berührungen.

Kein Wunder also, dass die Umsätze der Branche steigen wie ein Thermometer in der Sauna. Wellness soll aus Lebenskrisen helfen, länger jung halten, fit machen, zu mehr Sinnlichkeit und Lebenslust verhelfen. Umfragen zeigen, dass die meisten Kunden Thalasso oder Aqua-Boxen auch nutzen, um sich seelisch widerstandsfähiger zu machen. Wellness ist zu einer Art Therapieersatz einer gestressten und zunehmend depressiven Gesellschaft geworden.

Fragt man, was Kunden von Wellness erwarten, fällt auf, dass die Psyche eine zentrale Rolle spielt: Zufriedenheit und Lebensfreude, Selbstbewusstsein, Sinnfindung und Selbstverwirklichung. Viele versprechen sich eine «seelische Veränderung». Die Werbung bedient solche Sehnsüchte und lockt mit Formeln wie «Lassen Sie die Seele baumeln», «Trinken Sie aus der Quelle innerer Kraft» oder «Endlich Zeit für Gefühle».

Die österreichische Psychologin Elisabeth Honemann ist überzeugt, dass Wellness im Grunde klassische Aufgaben der Gesundheitspsychologie erfüllt: «Übersetzt man die Angebote in psychologische Begriffe und Konzepte, geht es dabei um Ziele wie Stressverarbeitung, Selbstwirksamkeit, um Vitalität und Genussfähigkeit.» Sie sieht deshalb keinen Grund, den Boom als Geldmacherei oder Hysterie einer gestressten Schickeria abzutun. Auch Lutz Hertel, Psychologe und Vorsitzender des Deutschen Wellness Verbandes, ist dieser Ansicht: «Ich habe die Erfahrung gemacht, dass Wellness im Kern ein rein psychologisches Thema ist.»

Erholung und seelische Balance sind ureigene Aufgaben der Psychotherapie. Was liegt da näher, als die vielfältigen Glückskulissen des Meeres zu nutzen – wie etwa den Sonnenaufgang?

Zur See, zur Sonne, zum Serotonin

Diogenes, ungekrönter König der Asketen, bat, von Alexander dem Großen nach seinem größten Wunsch gefragt: «Geh mir aus der Sonne!» Er könnte damit auch als Schutzpatron sonnenhungriger Meeresliebhaber gelten. Doch was vordergründig nur der Erlangung eines ästhetischen gebräunten Körpers dient, den man in Badebekleidung besonders gerne zeigt, hilft auch der Psyche. Davon profitieren vor allem Menschen mit einer Herbst- und Winterdepression: In der kalten und dunklen Jahreszeit nimmt die Zahl depressiv verstimmter Menschen zu. Häufigkeit und Auswirkungen der Winterdepression werden nach Ansicht von Psychologen unterschätzt. Ein Viertel der Bevölkerung verspürt saisonale Stimmungsschwankungen, fünf Prozent leiden darunter. Ursache ist die Dunkelheit. Eine weitere Rolle spielen die Einschränkungen, die das schlechte Wetter mit sich bringt, vermutet Wolfgang Miltner, Professor für biologische und klinische Psychologie an der Universität Jena: «Lange Abende zu Hause, weniger Sport und kaum noch Aktivitäten im Freien schlagen zusätzlich aufs Gemüt.» Deshalb gilt: im Winter nicht nur des intensiveren Lichts wegen ans Meer, auch der Bewegung und der schönen Aussicht wegen.

Auf der Haut erzeugt Sonnenschein Wärme und sorgt damit für Genuss. Doch nicht nur das. «Licht, das wir über das Auge aufnehmen, wirkt direkt auf unser Gehirn und hat positive Auswirkungen auf den Hormonhaushalt. Es baut den Müdemacher und Stimmungsdrücker Melatonin ab», berichtet der Schlafforscher Jürgen Zulley von der Universität Regensburg. Gut 2500 Lux braucht der Körper, um Melatonin abzubauen. An trüben Wintertagen erreicht das Licht jedoch nur eine Intensität von 1500 Lux – zu wenig, um die körpereigenen Glückshormone anzukurbeln. In einem Büro herrschen im Winter sogar nur 500 Lux. «In den meisten Zimmern sitzen wir in der trüben Jahreszeit also im biologischen Dunkel», warnt Zulley. In dieser Zeit lohnt sich ein Ausflug ans Meer, denn dort ist die UV-Strahlung am stärksten.

Der amerikanische Dermatologe Steven Feldman von der Wake-Forest-Universität in Winston-Salem / North Carolina vermutet gar, dass es passionierten Sonnenanbetern gar nicht um den Teint, sondern vor allem um die Wirkungen des UV-Lichts auf die Psyche geht – nur seien sich die meisten dessen nicht bewusst. Feldman zeigte, dass sich UV-Licht positiv auf die Stimmung auswirkt, indem die Verarbeitung des Lichts im Gehirn die Ausschüttung von Serotonin und Noradrenalin fördert, die die Stimmung heben. Sein Team wies 2005 sogar eine schmerzlindernde Wirkung nach – auch das eine typische Wirkung der bei Sonnenlicht ausgeschütteten Endorphine. Feldman hält es für denkbar, dass deren Freisetzung Sonnenanbeter ähnlich motiviert wie Sportler.

Menschen mit einer Herbst-Winter-Depression wird deshalb eine Lichttherapie mit entsprechenden Geräten empfohlen. Statt UV-Lampen hilft aber auch ein langer Spaziergang am Strand. Der bietet überdies frische Luft und befreiende Aussichten, die den Genuss zusätzlich erhöhen.

Der Fisch, mein Psychotherapeut

Fragt man Besitzer von Aquarien oder Goldfisch-bestückten Gartenteichen, hört man unisono, welch beruhigende Effekte die Beobachtung der Fische hat. Kein Wunder: Diesen Tieren geht jede Hektik ab, sie machen keinen Lärm und kratzen die Tapeten nicht von den Wänden. Und selbst auf dem Teller tragen sie zur Entspannung bei. Joseph Hibbeln, Psychiater am National Institute of Health in Washington, vertritt die These, dass die Depressionsepidemie in der westlichen Welt vor allem mit dem stark gestiegenen Verzehr von Nahrungsmitteln mit hohen Anteilen an Omega-6-Fettsäuren zusammenhängt, also Fleisch, Butter und anderen tierischen Fetten. Zugleich mangelt es dem modernen Menschen an Omega-3-Fettsäuren, die vor allem in Seefisch enthalten sind und sich positiv auf die Stimmung auswirken. Die Folgen: Gedächtnis- und Konzentrationsschwächen sowie starke Stimmungsschwankungen. Hibbeln stellte fest, dass überall dort, wo viel Fisch gegessen wird, weniger Depressionen auftreten.

Da die Membranen unserer Nervenzellen im Gehirn zu einem Fünftel aus essenziellen Fettsäuren bestehen, funktioniert der Signaltransport zwischen den Zellen nur, wenn Omega-3 und Omega-6 in einer ausgewogenen Kombination vorkommen. Sind zu wenig Omega-3-Fettsäuren vorhanden, produziert der Körper weniger Serotonin. Und niedrige Konzentrationen dieses Neurotransmitters sind typisch für psychische Tiefs und Niedergeschlagenheit; depressive Menschen haben oft einen zu geringen Serotoninspiegel. Dass die Omega-3-Fettsäuren einen positiven Einfluss auf die Psyche haben, wies der israelische

Psychiater Boris Nemets nach. Er gab Depressiven, denen andere Therapieformen nicht geholfen hatten, über einen längeren Zeitraum reichlich Omega-3-Fettsäuren. Mehr als die Hälfte seiner Patienten fühlte sich hinterher besser. Und einer Studie der britischen Universität Surrey zufolge besänftigt eine Kur mit den «guten» Fettsäuren sogar tendenziell gewalttätige Strafgefangene. Wie langfristig die Therapie gegen seelische Tiefs wirkt und ob sie auch in der Lage ist, schwere Depressionen auf Dauer zu heilen, ist noch umstritten Bis die Wissenschaftler das herausgefunden haben, kann ein regelmäßiges Filet therapeutischen Seefischs jedoch sicher nicht schaden.

Ozean homöopathisch

Die klassische Homöopathie setzt seit rund 200 Jahren Heilmittel aus dem Meer ein. Sie ist zwar umstritten, hält sich aber dennoch hartnäckig im Angebotsspektrum – und erzielt oft beeindruckende Erfolge. Die Heilmethode ist nicht nur in Indien und Südamerika weit verbreitet, sondern auch in reichen Industrieländern, die sich die moderne Apparatemedizin leisten können. In der Homöopathie werden Austern, Medusen oder Seesterne zu Arzneien gegen psychische (und körperliche) Störungen verarbeitet. Nervosität, Überreiztheit und übersteigerte Empfindsamkeit werden damit ebenso kuriert wie Erschöpfungszustände, Schulängste oder Schüchternheit. Die Namen der Meeresmittel klingen lyrisch: *Sepia, Medusa, Spongia tosta, Ambra grisea, Asterias rubens.* «Charakteristisch für Menschen, die auf diese Mittel ansprechen, ist das Gefühl der mangelnden Unterstützung von außen. Sie suchen Halt und Stabilität im Leben, brauchen stützende Strukturen und eine feste Basis», berichtet die Homöopathin Anna Koller-Wilmking aus dem bayerischen Brannenburg.

Aus Austernschalen wird das Mittel *Calcium carbonicum* gewonnen, das häufig bei Kindern zum Einsatz kommt, deren körperliche und geistige Entwicklung verlangsamt ist und die ein launisches, mürrisches und eigensinniges Verhalten an den Tag legen. Das Mittel soll die Entwicklung beschleunigen und die Psyche ausgleichen. «Erwachsene Patienten, die dieses Mittel benötigen, erkennt man schon daran, dass sie mindestens einmal pro Woche in der Praxis anrufen und Zuspruch brauchen», erzählt Koller-Wilmking. Und sie kennt auch ein Mittel für junge Frauen mit Essstörungen: *aqua marina,* homöopathisch aufbereitetes Meerwasser. Das noch relativ neue Mittel zeigt vor allem bei einem geringen Selbstwertgefühl und sozialen Ängsten, oft Ursache von Essstörungen, gute Erfolge.

Das Mittel *Sepia* wiederum wird aus der Tinte des Tintenfischs hergestellt. Sepia ist in der Homöopathie eines der wichtigsten Frauenmittel. Es wird vor allem Personen verschrieben, die sich entweder aus ihrer traditionellen und passiven Rolle als Hausfrau und Mutter oder beruflichen Schwierigkeiten befreien wollen, also sowohl der «erschöpften Hausfrau» als auch der «gestressten Karrierefrau».

Die heilenden Kräfte des Seesterns, der in der Antike beispielsweise bei Epilepsie angewendet wurde, hatte schon Hippokrates beschrieben. Dem Mittel *Asterias rubens* wird in der

Homöopathie eine Wirkung auf das Gemüt und den Kopf nachgesagt. Dazu gehören nervöse Störungen, Neuralgien und Hysterie. Angewendet wird es übrigens auch bei starker sexueller Anspannung (wobei in diesem Fall vielleicht auch ein Kurztrip nach Marbella weiterhilft).

Bewegung für die Seele

Aus den Tiefen des Meeres noch einmal zurück an den Strand: Strandleben ist mehr als in der Sonne herumlungern. Forscher am Institut für Medizinische Klimatologie der Universität Kiel haben nachgewiesen, dass der Aufenthalt an Meeresküsten zu leichten sportlichen Tätigkeiten anregt. Carsten Stick, Direktor des Instituts, ließ Urlauber zu Beginn und am Ende eines dreiwöchigen Urlaubs auf Sylt auf dem Fahrradergometer strampeln. Das Ergebnis: die Touristen erbrachten am Ende des Aufenthalts dieselbe Leistung mit weniger Anstrengung als zu Beginn, zeigten also eindeutige Trainingseffekte. Die Versuchspersonen hatten allerdings nie gezielt Sport getrieben, nur viel Zeit damit verbracht, am Strand spazieren zu gehen, was die Mehrheit der Probanden als allenfalls mäßig anstrengend empfand. Durch den beständigen Wind und die niedrigeren Temperaturen schwitzt man weniger, fühlt sich frischer und steckt daher auch körperliche Anstrengungen besser weg.

«Das Seeklima ist hervorragend geeignet, der Bewegungsarmut, die für das Arbeitsleben von heute kennzeichnend ist, entgegenzuwirken», schließt Stick aus der Studie. «Offenbar übt das nie ganz ruhige, ständig bewegte Meer mit seinen unablässig heranrollenden Wellen, die sich immer gleich und doch stets anders brechen, eine solche Faszination aus, dass selbst die Inaktivsten motiviert werden, sich zu bewegen. Der Blick auf den weiten Horizont und den sich lang hinziehenden Strand täuscht über die zurückgelegte Strecke. Wandernde Wolken, Wellen mit ihren funkelnden Lichtreflexen und die oft wechselnde Beleuchtung lassen die Zeit vergessen. Abends müde geworden werden sie sagen, die frische Luft habe so müde gemacht. Dass sie eigentlich Sport getrieben haben, kommt niemandem in den Sinn.»

Zeitgenossen mit einem Bewegungsdefizit sind Strandspaziergänge also wärmstens zu empfehlen. Dazu Oliver Stoll, Professor für Sportpsychologie an der Universität Halle: «Experimentelle Längsschnittstudien weisen darauf hin, dass ein moderates, wettkampffreies regelmäßiges Sporttreiben auf alle Fälle das Körperkonzept sowie sportspezifische Fähigkeitseinschätzungen positiv beeinflusst.» Und das fördert letztlich die psychische Balance.

Dazu trägt auch ein Sprung ins Wasser bei: Die Schwerelosigkeit im Salzwasser wird schon lange zur Steigerung des Wohlbefindens genutzt. Zahlreiche Methoden wurden ersonnen, vom Aqua-Boxen bis zum Aqua-Walking. Hochleistungssportler nutzen das Wassertraining nach Verletzungen zur Regeneration. Es entlastet die Gelenke, entspannt die Muskeln und hilft bei Rückenschmerzen. Aber auch Gesunde fühlen sich in der salzigen Schwerelosigkeit behaglich. «Der Aufenthalt und das Bewegen im Wasser unterstützen Entspannungsprozesse. Untersuchungen von Physiologen zeigen, dass während des Aufenthaltes im angenehm temperierten Wasser um die 34 Grad die Konzentration von Stresshormonen reduziert wird und sich die Konzentration von Endorphinen erhöht», berichtet der Sportwissenschaftler Andreas Hahn von der Universität Halle. Er untersuchte, wie sich Bewegung im Wasser auf Probanden auswirkt, und fand heraus, dass sie muskuläre Dysbalancen beseitigt, die durch die meist sitzende Körperposition in der modernen Arbeitswelt verursacht werden. Sie steigert aber auch das Selbstbewusstsein und Selbstwertgefühl und entwickelt das Körperbewusstsein. Nach einem zehnwöchigen Aqua-Training zeigten sich bei den Teilnehmern eindeutige psychische Effekte: Gereiztheit, Ärger, Deprimiertheit nahmen ab, während sich Positives wie Aktiviertheit, Stimmung, Ruhe verbesserte.

Das Gefühl des schwerelosen Treibens im Wasser kann auch systematisch zur Stabilisierung der Psyche eingesetzt werden, wie Jürgen Beckmann, Sportwissenschaftler an der Technischen Universität München, berichtet. Er stellte bei seinem Projekt *Tauchen mit Behinderten und Nichtbehinderten* eine signifikante Abnahme der Depressionswerte bei den behinderten Teilnehmern fest. Natürlich ist Bewegung in jedem Wasser positiv, also auch im Baggersee oder Schwimmbad um die Ecke. Doch am Meer kommen nach Meinung von Sportwissenschaftlern besondere Aspekte dazu. «Nach meiner Ansicht ergibt sich die entspannende Wirkung des Meeres vor allem aus dem komplexen Einfluss von Wasser, Luft, endloser Weite, spezifischer Akustik und vielen anderen Bedingungen, die an den Küsten vorzufinden sind», fügt Andreas Hahn hinzu. Wer es gerne noch eine Spur euphorischer hätte, sollte einmal in einen Floating-Tank steigen.

Euphorie im Floating-Tank

Viele Menschen lieben das Schweben im Meerwasser und können sich dabei besonders gut entspannen. Das höchste Glück bieten ihnen sogenannte *Floating Tanks* – Badekammern mit einem extrem hohen Salzgehalt des Wassers, in denen man sich, gegen Licht und Geräusche abgeschirmt, wie im Toten Meer sorglos treiben lassen kann.

Der Begriff *Floating* stammt aus dem Englischen und meint den Zustand des losgelösten Schwebens: Der Floating-Tank wurde in den 1950er Jahren vom Gehirnforscher John C. Lilly im Auftrag der US-Regierung entwickelt. Lilly sollte herausfinden, wie das menschliche Gehirn auf Reizentzug reagiert, etwa ob es Zellen einbüßt. Lilly bewies mit dem ersten Isolationstank, dass in einer solchen reizarmen Umgebung ganz im Gegenteil verschiedene Gehirnfunktionen angeregt werden und dass mit einem längeren Aufenthalt im Tank letztlich sogar eine gesteigerte Kreativität einhergeht. In den USA nutzen seit Ende der 1970er Jahre viele Profisportler und andere Leistungsträger die Schwebetanks. Zu den prominenten Fans gehört der Athlet Carl Lewis, der sich für die Olympischen Spiele in Seoul 1988 im Floating-Tank vorbereitete. Natürlich schwappte die Idee schließlich auch nach Europa hinüber: Nicht nur Wellness-Zentren, auch Kliniken und Praxen bieten das Floaten zum Stressabbau oder als ergänzende Behandlung akuter und chronischer Erkrankungen sowie zur Rehabilitation an.

Wissenschaftler schätzen, dass unsere grauen Zellen zu rund 90 Prozent damit beschäftigt sind, Umgebungsreize wie Berührungen, Telefonanrufe, rote Ampeln, Kälte oder Hitze zu verarbeiten. Der Salzwassertank schaltet solche Reize aus. In dem licht- und geräuschdichten Raum treibt man auf der Wasseroberfläche wie ein Astronaut im Weltall. Die Muskeln arbeiten nicht mehr gegen die Schwerkraft, Gelenke und Muskeln können entspannen. Die Wasser- und Lufttemperatur liegt bei konstant 35 Grad, was der Hauttemperatur im entspannten Zustand entspricht. Die Nerven der Hautoberfläche nehmen keinen Temperaturunterschied mehr wahr – es ist weder heiß noch kalt. Dieser absoluten körperlichen Entspannung kann dann die psychische folgen.

Menschen, die die Reise in die Schwerelosigkeit ausprobiert haben, berichten von einer tiefen Ruhe und sogar euphorischen Erlebnissen. Obwohl sie in einer engen Kammer liegen, die von außen zuweilen an einen Sarg erinnert (es gibt auch Tanks in Muschelform), verspüren viele Kunden eine Weite und Freiheit wie am Meer. Sie genießen es, sich fallenlassen zu können und sich dennoch gehalten zu fühlen – eine ganz neue Erfahrung der Leichtigkeit des Seins.

In Deutschland gibt es mittlerweile rund dreißig Floating-Einrichtungen. Ein Kurztrip ans Tote Meer kostet etwa 50 Euro pro Stunde. In das Dresdener Schwebebad beispielsweise ist auch eine Heilpraxis integriert, sodass das Schweben gezielt bei Stress oder gesundheitlichen Beschwerden eingesetzt werden kann. Nach Meinung des Inhabers Hendrik Köpper ist das Potenzial der Floating-Tanks auch auf psychotherapeutischer Ebene noch nicht ausgeschöpft. Köpper prognostiziert, dass dieser Bereich in den kommenden Jahren weiter an Bedeutung gewinnen wird.

Rituelle Bäder

Der Mensch nutzte das Wasser zur Verbesserung seines psychischen Gleichgewichts schon lange vor der Erfindung der Floating-Tanks. Zum Beispiel in Japan: Öffentliche Bäder *(Onsen)* spielen dort bis heute eine wichtige gesellschaftliche Rolle, Angestellte nehmen gerne ein gemeinsames Bad mit den Kollegen, wobei auch die Chefs mit von der Partie sind. Auch andere Kulturen kennen rituelle Bäder: etwa das hinduistische Bad im Ganges. Beim Xochiquetzal-Fest im alten Mexiko musste die gesamte Bevölkerung frühmorgens baden. Auch Islam und Judentum kennen rituelle Waschungen. Diese Bäderkultur kann durchaus als frühe Form der Psychotherapie interpretiert werden. Die Menschen glaubten, dass sich mit Wasser nicht nur Krankheiten heilen, sondern auch kleinere Verfehlungen und ausgewachsene Sünden abwaschen ließen. Taufen oder rituelle Waschungen von Neugeborenen sollten die Übel entfernen, die dem Kind durch das Erbe seiner Eltern anhaften. Diese Befreiung von Schuld und allem Bösen durch das Wasser dürfte das Seelenleben in früheren Zeiten enorm stabilisiert haben, als noch keine diplomierten Therapeuten helfen konnten.

Die Japaner fühlen sich noch heute vom Wasser vor «Gefühls-Verunreinigungen» geschützt und praktizieren nach Beerdigungen ein Reinigungsritual namens *shio-ke*. Es soll den sogenannten Seelenschmutz *(kegare)* abwaschen, also die Trauer und den Schmerz, den der Tod eines geliebten Menschen hinterlässt. Auf der Insel Okinawa geht man zu diesem Zweck mit der Familie im Meer baden: einmal unmittelbar nach der Beerdigung im Meer, dann noch einmal nach Ablauf der vorgeschriebenen Trauerzeit.

«Schon in der ältesten japanischen Mythologie befreit man sich von *kegare* durch Waschen in fließendem Wasser. Gemeint ist damit einerseits Verschmutzung und Verunreinigung, im übertragenen Sinne aber auch ein Pendant zur Sünde im christlichen Denken», erklärt Klaus Antoni, Japanologe an der Universität Tübingen. Im religiösen Denken Japans gelten Krankheit und Tod eben als die größten Verursacher ritueller Unreinheit. «Anders als im Buddhismus, der dieser Verunreinigung durch Feuer zu Leibe rückt, reinigt man sich im Shinto-Denken durch Wasser. So ergibt es auch einen großen Sinn, wenn eine Familie nach einer Beisetzung badet. Denn die Ansteckung durch den Tod ist potentiell sehr gefährlich», fügt Antoni hinzu.

Außer Wasser wird auch Salz verwendet. «So ist es bis heute üblich, nach einem Begräbnis – selbst wenn es nach christlichem Ritus verlief – den Teilnehmern in einem kleinen verschlossenen Umschlag etwas Salz mitzugeben, das sie dann vor dem Eintritt in ihre Wohnung über die Schulter streuen sollen. Das wird zwar nicht mehr praktiziert, aber die kleinen Säckchen mit Salz nimmt man trotzdem gerne entgegen», berichtet Josef Kreiner, Japanwissenschaftler an der Universität Bonn.

Ozeanische Trancen

«Schließen Sie jetzt bitte die Augen. Stellen Sie sich das Meer vor, eine weite, glitzernde Wasserfläche. Achten Sie auf Ihren Atem. Bei jedem Ausatmen hören Sie eine Welle heranrauschen. Die Kraft der Welle strömt durch Ihren Körper. Jetzt ist das Meer ganz still. Sie sind ruhig und entspannt. Atmen Sie tief ein. Das Wasser ist klar und kühl. Mit jeder Welle atmen Sie aus. Eine frische Brise weht über das türkisfarbene Wasser und streicht über Ihr Gesicht. An Ihren nackten Füßen spüren Sie den warmen, weichen Sand. Eine Möwe zieht ihre Bahn am wolkenlosen Himmel, langsam, bis an den weiten Horizont. Und wieder rollt eine Welle heran, und Sie atmen tief aus ...»

Wenn Entspannungstherapeuten vom Meer erzählen, dann tun sie das, um ihren Patienten zu einer inneren Ruhe zu verhelfen und ihre Konzentrationsfähigkeit zu steigern. Wenn es um Frische und einen klaren, kühlen Kopf geht, sind Phantasiereisen ans Meer besonders geeignet. Das wirkt sogar bei Kindern.

Aber auch bei ernsten psychischen Störungen können Meeresbilder helfen, wie das Beispiel Hypnose zeigt. Die klinische Hypnose ist ein wissenschaftlich abgesichertes Verfahren der Psychotherapie und hat mit der effektheischenden Bühnenhypnose nichts zu tun. Es geht darum, Patienten zunächst in einen tiefen Entspannungszustand zu versetzen, um dann psychische Probleme anzugehen. Mit Hilfe solcher Trancezustände lassen sich von Sucht- und Stressproblemen bis hin zu schweren Traumata viele Schieflagen ausgleichen. Angstpatienten überstehen Zahnarztbesuche leichter, und mittlerweile werden sogar Operationen in Trance durchgeführt, die eine Vollnarkose ersetzt.

Das Meer rauscht dabei auf verschiedene Arten durch die Trance. Zum einen wird es als Hintergrundmusik verwendet. Es bildet einen Geräuschteppich, auf dem die Stimme des Therapeuten den Zuhörer anleitet. «Das regelmäßige Rauschen ähnelt dem Atemrhythmus und unterstützt damit den Entspannungsprozess», berichtet Dirk Revenstorf, Professor für Klinische Psychologie an der Universität Tübingen und renommierter Hypnotherapeut. Er verwendet das Meer aber nicht nur, um seine Patienten in Trance zu versetzen, sondern auch, um mit seiner Hilfe seelische Probleme zu lösen: «Die Suggestion von Meeresbildern ermöglicht viele Metaphern wie *Welle, weiter Strand* oder *tiefes Wasser,* über die innere Veränderungsprozesse ausgelöst werden können. Wellen mit ihren Bergen und Tälern können beispielsweise als Symbol des Lebens verstanden werden. Damit können wir Patienten deutlich machen, dass man eine Welle reiten kann, wenn sie kommt, also gute Lebensphasen aktiv nutzen kann, und ein Lebenstief wie ein Wellental aushalten muss, bevor wieder der nächste Wellenberg kommt.» Das Meer hilft, Ich-Grenzen zu lockern und Lebensenergie freizusetzen. «Die Meeresbilder sprechen tief verwurzelte archetypische Vorstellungen des Getragenwerdens an. Das verbindet Patienten mit ihrem tieferen und urgründigen Selbst», fasst Revenstorf seine Erfahrungen zusammen.

Bevor man sich in eine Trance versetzen lässt, ist es wichtig, einen individuellen Ort der Sicherheit zu finden, an dem die Phantasiereise starten kann. Meist ist das ein hoher Berg, ein lauschiger Garten oder eben ein Meeresstrand. «Wir suchen für jeden

Patienten eine Ausgangssituation, in der er sich wohl fühlt. Und für viele ist der Strand ein solcher Ort der Sicherheit, sie haben das Gefühl, schon aus der Ferne zu sehen, ob etwas Bedrohliches auf sie zukommt», erzählt der Psychologe. Aber selbst für erklärte Bergtypen, die einen festen Untergrund brauchen und das Strukturierte als Bewältigungsstrategie vorziehen, können Wasser- und Meeresbilder heilsam sein. Hypnotherapeuten wenden dann einen kleinen «Trick» an, wie Revenstorf verrät: «Wir starten auf einem Berg, dann taucht ein kleiner Bach am Rande des Weges auf, der allmählich in einen Fluss übergeht und letztlich ins Meer mündet. So können auch Erdtypen die Erfahrung machen, sich einmal treiben und vom Wasser tragen zu lassen. Das kann zu tiefen Veränderungen im Erleben führen.» Diese Qualitäten machen sich auch psychologische Berater zunutze, die Coachings am und auf dem Meer anbieten.

Beach-Coaching und Business-Sailing

Landschaftspsychologische Studien zeigen, dass die Empfänglichkeit für die Natur mit zunehmendem Alter wächst. Und je unberührter eine Landschaft, desto größer ist ihr Erholungswert. Das macht den besonderen Reiz der Südsee-Eilande aus, wo Touristen in kleinen, mit Bananenblättern gedeckten Hütten wohnen. Wer es sich leisten kann, bucht weit weg von Betonburgen und Bausünden. Die Vorstellung einer reizvollen Landschaft landet in Befragungen immer wieder auf einem Spitzenplatz der Reisemotivation. Nun wird das, was Menschen im Urlaub guttut, zunehmend auch eingesetzt, um bestimmte psychische Effekte im Berufsleben zu erzielen – etwa für Entscheidungsträger.

Nachdem Manager sich jahrelang bei Urschreitherapien die Seele aus dem Leib brüllten oder beim Survival-Training durch den Morast robbten, setzen sich allmählich sanftere, aber nicht weniger wirkungsvolle Methoden durch. Wer heute gecoacht werden möchte, hat die Wahl zwischen Tausenden von Angeboten, darunter auch das noch recht seltene Beach-Coaching. Hier bieten Seminarleiter und Berater ihre Dienste in den Dünen an. Einzelpersonen, Paare oder ganze Abteilungen, die auf der Suche nach Neuorientierung sind, können in freiheitverheißenden Meereskulissen nach neuen Perspektiven suchen. Ob Gruppencoachings auf Korfu oder intensive Einzelcoachings an der Ostsee – das Meer dient mit seiner speziellen Atmosphäre der Selbstfindung und dem Abstand vom hektischen Alltag. Alle psychisch unterstützenden Aspekte von Strand und Meer, von denen in diesem Buch bisher die Rede war, helfen dabei.

Noch einen Schritt weiter geht das Business-Sailing. Ziel solcher Seminare auf hoher See ist es, segeltypischen Sports- und Teamgeist mit dem Geschäft zu verbinden, Kameradschaft und Kooperationsfähigkeiten (wieder) zu entdecken. Dabei schippert eine Gruppe von Führungskräften samt Geschäftspartnern oder wichtigen Kunden durch das Mittelmeer oder die Nordsee. Neben dem gemeinsamen Segeln stehen Fachvorträge, Diskussionsrunden und Workshops auf dem Programm. Man kann sogar eine Schatzsuche in der Karibik buchen.

Die Unternehmerin Sabiene Münch aus Bonn eröffnet

mit ihren Business-Sailing-Seminaren gestressten Chefs neue Horizonte. Münch entdeckte bei ihrer Arbeit als Unternehmensberaterin, dass gute Segler und Topmanager einiges gemeinsam haben. Da lag die Idee nahe, beides miteinander zu verbinden. Es ist für Manager immer schwieriger, dem wachsenden Konkurrenzdruck standzuhalten, und nicht selten mangelt es auch an der richtigen Kommunikation. Das fällt auf hoher See leichter: Auf einer Yacht entstehen intensive Gespräche und zwanglose Kontakte. Und abseits vom Tagesgeschehen inmitten des Ozeans sieht man Vieles einfach aus einer neuen Perspektive.

Doch nicht nur gestresste Manager leben auf hoher See wieder auf, auch problematischen Jugendlichen helfen solche erlebnispädagogischen Trips. «Sie bieten Jugendlichen besondere Erlebnisse, Action, Grenzerfahrungen und Gemeinschaft», berichtet Peter Alberter vom Regensburger KAP-Institut, das sich auf Outdoor-Trainings spezialisiert hat. Alberters Team begleitet Jugendliche auf dem Segelschiff oder mit Kajaks und Kanus. Seinen Erfahrungen nach eignet sich die Methode für vernachlässigte Jugendliche ebenso wie für solche mit psychischen Auffälligkeiten oder unsozialen Verhaltensweisen, bei denen die normale Erziehungshilfe nicht mehr wirkt. Die neuen Herausforderungen an Bord geben das Gefühl von Abenteuer, schenken Erfolgserlebnisse, Anerkennung durch die Gruppe und das Gefühl, gebraucht zu werden. Ziel ist ein gesundes Selbstbewusstsein und Selbstwertgefühl. «Wasser, Wind und Wellen helfen dabei, bieten sinnliche Erfahrungen und Herausforderungen», berichtet Alberter. Zusammen mit den Vorstellungen der Bewährung auf hoher See bilden sie einen wirkungsvollen Mix. Auf dem Schiff erleben die Jugendlichen Naturgewalten direkt und unverfälscht, einmal nicht durch die Medien vermittelt. Der spielerische Umgang mit der Wassergewalt schult die Konzentration in schwierigen, aber nicht wirklich gefährlichen Situationen.

Auf einem Segelschiff lernen Manager wie Teenager schnell, dass es besser ist, für die Gemeinschaft mitzudenken. Hier ist jeder bei Wind und Wetter auf seinem Posten verantwortlich – nicht die schlechteste Lektion. Die Abgeschiedenheit, gepaart mit dem ozeanischen Freiheitsgefühl, tut ein Übriges. Das Ergebnis in vielen Fällen: mehr Selbstwertgefühl, soziale Kompetenz und allgemeine Lebensfitness.

Der Psychologe und Glücksforscher Philipp Mayring beschreibt als Quintessenz vieler Studien den Zustand des Glücks so: «Im Glück fühlen wir uns stark, wach, befreit, entspannt, sensibel, geborgen, erscheint uns das Leben lebenswert, während Essen und Trinken, Fernsehen und Sich-Zurückziehen keinen Zusammenhang zum Glück zeigen.» Wach, befreit, geborgen, sensibel, entspannt – das ist genau das, was viele Menschen bei ihren Meeresaufenthalten erleben. Urlauber therapieren sich also quasi selbst. Das ließe sich ausweiten und professionalisieren.

Der Tourismusforscher Walter Kiefl bemerkt allerdings, dass die Psychotherapie den Tourismus bis heute nicht wirklich entdeckt hat. Das sei ein «Randphänomen» geblieben. Eigentlich verwunderlich, da Entspannung, Phantasiewelten, Regeneration und Motivation, die mit einem Aufenthalt am Meer verbunden sind, für Psychotherapeuten und ihre Klienten durchaus von Interesse sind. Sie entsprechen den Zielen der Positiven Psychologie, die versucht, solche Zustände zu fördern, *bevor* es zu Störungen kommt. Anstatt sich auf die Behandlung seelischen

Leidens zu konzentrieren, beschäftigt sie sich mit der Frage, wie positive Emotionen entstehen und wie man sie gezielt herstellen kann. Anstatt nur Depressionen und Neurosen auf den Zahn zu fühlen, widmen sich Forscher zunehmend den stärkenden Mechanismen, etwa dem «erlernten Optimismus». Dem liegt der Gedanke zugrunde, dass sich Glück, Optimismus, Freude und Lebensgenuss nicht automatisch einstellen, sondern aktiv hervorgerufen und unterstützt werden können.

Dabei könnten landschaftspsychologische Erfahrungen eine größere Rolle spielen als bisher. Ging es anfangs vor allem um die Frage, wie man Naturparks, Outdoor-Erlebnisbereiche und touristisch interessante Gegenden möglichst attraktiv gestalten kann, damit die Besucher sich dort wohlfühlen und immer wieder zurückkehren, könnten die Ergebnisse dieser Forschung viel stärker Eingang in die Psychotherapie finden. Je mehr Wissenschaftler über die Wirkungen von Landschaften wissen, desto gezielter könnten Therapeuten diese für ihre Zwecke nutzen. «Auch im Bereich von Therapie und Rehabilitation können die Grunderkenntnisse der Landschaftspsychologie von Nutzen sein», sagt Rainer Brämer von der Universität Marburg. «Wenn wir die Bedürfnisse unserer eigenen Natur gezielt mit den seelenwirksamen Potentialen der äußeren Natur in Einklang bringen, tun wir vermutlich mehr für unsere Gesundheit als in den Maschinenhallen der Sportstudios oder den Tempeln der Pharmazie.» Der Theologe Reinhard Deichgräber zählt schöne Naturbilder sogar zu den «Grundnahrungsmitteln unserer Seele». Er fordert, dass die Psychotherapie, die meist in geschlossenen Räumen zu heilen versucht, die Weite und Schönheit ausschließen, viel stärker das heilende Potenzial von Landschaften nutzen sollte.

Das könnte letztlich eine neue Kultur des Glücks schaffen. Schon die alten Griechen sahen Glück übrigens als Folge des richtigen Tuns, nicht als zufälliges Geschenk. Die Wahrnehmung von Glück kann dabei durchaus trainiert werden. Die moderne Hirnforschung ist der Auffassung, dass das Glücksprogramm des Gehirns zu bedienen sei wie ein Computerprogramm – man muss nur seine Mechanismen kennen. Dieses Programm springt an bei sinnlichen Anregungen, in bestimmten Landschaftsformationen, bei Gerüchen oder Klängen, beim Gefühl von Sonnenwärme auf der Haut, beim Sex und bei anderen körperlichen Herausforderungen. Es springt an, wenn wir ans Meer kommen, wo uns ein Konzentrat von Glückserfahrungen erwartet. Aktivitäten am Meer geben die Möglichkeit, persönliche Leistungsgrenzen auszutesten, sich als lebendig, aktiv und stark zu erleben.

Glücksmaschine Meer

So schließt das Meer das Herz auf.
Der Härteste noch
unterliegt seinem Bann.
Wie auch immer,
man wird wieder zum Menschen.

Jules Michelet

Glück ist eine höchst individuelle Angelegenheit, aber das Glück am und auf dem Meer ist so verbreitet, dass man es getrost als kollektive Erfahrung bezeichnen kann. Der große und kleine Glücksrausch speist sich dabei aus den unterschiedlichsten Quellen: Es ist ein Genießerglück am Ufer und das Badeglück des Urlaubers in sinnlicher Atmosphäre. Es ist die Liebkosung durch Sonne und Wasser und das Gefühl von Schwerelosigkeit. Das Meer ist ein Ort der ästhetischen und erotischen Ausblicke, es ist ein Farbenglück und das kurze Glück des lustvollen Blicks. Es ist ein Ort berauschender Aussichten und beglückender Bilder. Wenn das Sonnenlicht auf der Wasseroberfläche tanzt und durch Palmenblätter zwinkert, verwandelt es Reisende in glücksuchende Bilderjäger. Das Meer schenkt das Glück der Kontemplation, lässt uns zur Ruhe kommen, verspricht wohlige Apathie, Entspannung und Gesundung. Es erlaubt ein passives Genießerglück. In einer Gesellschaft, die in Arbeitswelt und Alltag große Belastbarkeit und ständige Aktivität einfordert, bietet das Meer ein geradezu archaisches Refugium.

Nur wer *will,* kann am Meer auch aktiv glücklich werden: bei Strandspaziergängen, beim Schwimmen, Segeln oder Tauchen.

Das Entdecker- und Forscherglück, der Kitzel der Bewährung lockt auf die hohe See. Die Ozeane vermitteln uns ein Gefühl grenzenloser Freiheit. Als Quelle euphorischer Rauschzustände sind sie zugleich Projektionsflächen, die für Psychotherapien von großem Nutzen sind. Vor allem aber bietet das Meer eine Gegenwelt zur Monotonie des Alltags, zum grauen Beton, zu den überfüllten U-Bahnen; sein gleichmäßiges Rauschen bildet einen reizvollen Kontrast zur urbanen Kakophonie. Das Meer bietet uns eine abwechslungsreiche, sich ständig verändernde Kulisse, die den sinnenverarmten Alltag vor dem Bildschirm vergessen lässt.

Und Glück am Meer ist auch die Erfahrung des Fließens: der Gezeitenrhythmus, die aufeinanderfolgenden Wellen, das gleichmäßige Rauschen, der ruhige Rhythmus dieser Landschaft. So produziert das Erleben von Meereslandschaften eine Art *Flow*.

Der *Flow*-Begriff wurde vom Doyen der internationalen Glücksforschung, Mihaly Czikszentmihalyi, geprägt. *Flow* steht für das Gefühl, ganz in einer Tätigkeit aufzugehen, einen Zustand der Selbstvergessenheit zu erreichen und eins mit seiner Umwelt zu werden. Diese Art der Verschmelzung produziert Glücksgefühle in unserem Gehirn. Ein solches Fließen findet sich auch auf dem weiten Feld der zwischenmenschlichen Beziehungen wieder: Man schmilzt dahin, taucht ein in sein Gegenüber, dürstet nach einem geliebten Menschen und geht schließlich in einem Strudel des Begehrens unter. Das sind mehr als Metaphern; die Sprache spiegelt hier das Glück fluidaler Erfahrungen.

Wer am Meer steht oder darüberfährt, erlebt Ich-Auflösung, Entgrenzung und das Aufgehen in landschaftlichen Perspektiven, er steht mitten in einem Bilderstrom. Die Bilder selbst zerfließen, gehen ineinander über, verändern Wahrnehmung und Emotionen. Diese Erfahrung geht wie beim *Flow* mit positiven Gefühlen wie Angstlosigkeit und Hingabe einher. Die Zeit bleibt stehen, wir kommen zur Ruhe. Im kreativen *Flow*-Rausch sind psychische Blockaden aufgehoben. Am Meer erleben wir Konzentration, Selbstvergessenheit, Erfüllung und Transzendenz bis hin zu ekstatischen und metaphysischen Erlebnissen. Dieses Glück setzt allerdings voraus, dass wir unsere Umgebung *bewusst* wahrnehmen. Glücklich werden wir am Meer nur, wenn wir es mit wachen Sinnen erfahren.

Sigmund Freud schrieb einmal einem seiner Kollegen einen langen Brief über das Glück. Darin steht der lapidare Satz: «Man muss es nehmen, wie es kommt, und froh sein, dass es kommt.»

Und *damit* es kommt, fahren wir ans Meer – denn da ist es, «hols der Deibel, immer schön».

Bücher rund um Meer und Glück

Afflerbach, Holger: Das entfesselte Meer.
  Die Geschichte des Atlantik, München 2001
Ballard, Robert: Abenteuer Ozean. Unterwasser-
  expeditionen lüften die letzten Geheimnisse
  der Weltmeere, Hamburg 2001
Beckmann, Max: Menschen am Meer, Ausstellungs-
  katalog, hg. von Heinz Spielmann und Ortrud
  Westheider, Hamburg 2003
Bellebaum, Alfred (Hg.): Glücksforschung.
  Eine Bestandsaufnahme, Konstanz 2002
Beckenhagen, Ekhart: Schiffahrt in der Welt-
  literatur. Ein Panorama aus fünf Jahrtausenden,
  Bremerhaven 1995
Berger, Beate: Bikini. Eine Enthüllungsgeschichte,
  Hamburg 2004
Böhme, Hartmut (Hg.): Kulturgeschichte des
  Wassers, 1988
Clarke, Thurston: Die Insel. Eine Welt für sich,
  Hamburg 2003
Corbin, Alain: Meereslust. Das Abendland und
  die Entdeckung der Küste 1750–1840, Berlin 1990

Elsner, Alfredo: Die Sehnsucht nach dem Meer, Würzburg 1990

Fischer-Defoy, Christine: George Grosz am Strand. Ostsee-Skizzen, Berlin 2001

Feldbusch, Thorsten: Zwischen Land und Meer. Schreiben auf den Grenzen, Würzburg 2003

Finlay, Victoria: Das Geheimnis der Farben. Eine Kulturgeschichte, München 2003

Gernhardt, Robert: Meer von, Hamburg 2002

Grage, Joachim: Chaotischer Abgrund und erhabene Weite. Das Meer in der skandinavischen Dichtung des 17. und 18. Jahrhunderts, Göttingen 2000

Grübel, Rainer Georg: Sirenen und Kometen. Axiologie und Geschichte der Motive Wasserfrau und Haarstern in slavischen und anderen europäischen Literaturen, Frankfurt/M. 1995

Hartmann, Klaus D.: Zur Psychologie des Landschaftserlebens im Tourismus, München 1982

Heller, Bruno: Glück. Ein philosophischer Streifzug, Darmstadt 2004

Heller, Eva: Wie Farben auf Gefühl und Verstand wirken. Farbpsychologie, Farbsymbolik, Lieblingsfarben, Farbgestaltung, München 2000

Heyerdahl, Thor: Kon Tiki. Ein Floß treibt über den Pazifik, Wien 1949

Hobert, Ingfried: Heilung aus dem Ozean. Vitalität, Kraft und Schönheit durch Algen- und Thalassotherapie, Zürich 2003

Hunt, Samantha: Nixenkuss, Hamburg 2006

Kaufmann, Jean-Claude: Frauenkörper –
Männerblicke, Konstanz 1996

Keller, Ulrike (Hg.): Reisende in der Südsee
seit 1520, Wien 2004

Kiefl, Walter: Schlaraffenland, Bühne und Ventil.
Ein Plädoyer für den ganz normalen Bade-
und Pauschaltourismus, München – Wien 2002

Kimpel, Harald; Johanna Werckmeister:
Die Strandburg. Ein versandetes Freizeitvergnügen, Marburg 1995

Klein, Stefan: Die Glücksformel oder Wie die
guten Gefühle entstehen, Reinbek 2002

Kludas, Arnold: Vergnügungsreisen zur See.
Eine Geschichte der Kreuzfahrt, Bd. 1:
1889–1939, Hamburg 2001, Bd. 2: 1952 bis heute,
Hamburg 2003

Kortländer, Bernd: Die Erfindung des Meeres aus
dem Geist der Poesie. Heines Natur, in:
Ich Narr des Glücks. Heinrich Heine 1797–1856,
Ausstellungskatalog 1997, S. 261–269

Krahé, Peter: Literarische Seestücke.
Darstellungen von Meer und Seefahrt in der
englischen Literatur des 18. bis 20. Jahrhunderts,
Bremerhaven 1992

Leopold, Joest: Das Meer: Urquell und Abgrund,
in: Kulturnotizen Nr. 25, 1996, S. 5–13

Liebke, Frank: Omega-3-Fettsäuren. Gesundheit
aus dem Meer, Niedernhausen 2001

Michelet, Jules: Das Meer, Frankfurt / New York
2006

Moritz, Rainer: Und das Meer singt sein Lied,
Hamburg 2004

Neuhoff, John (Hg.): Ecological Psychacoustics,
San Diego 2004

Neumeister, Christoff: Der Golf von Neapel
in der Antike. Ein literarischer Reiseführer,
München 2005

Perrottet, Tony: In Troja ist kein Zimmer frei.
Urlaubsparadiese der Antike, München 2004

Saison am Strand. Badeleben an Nord-
und Ostsee 200 Jahre. Ausstellungskatalog
des Altonaer Museums Hamburg,
Herford 1986

Schuh, Angela: Klima- und Thalassotherapie,
Stuttgart 2004

Seehafer, Klaus (Hg.): Im Mahlstrom des Grauens.
Unheimliche Geschichten von Strand und Meer,
Leer 2001

Souza, Philip de: Seefahrt und Zivilisation.
Wie die Beherrschung der Meere die Menschheitsgeschichte prägte, Hamburg 2003

Sprawson, Charles: Ich nehme Dich auf meinen
Rücken, vermähle Dich dem Ozean. Die Kulturgeschichte des Schwimmens, Hamburg 2002

Stark, William F.: Das letzte Mal ums Horn.
Das Ende einer Legende, erzählt von einem,
der dabei war, Hamburg 2003

Stolzenberger, Günter: Meer Geschichten.
Ein literarisches Lesebuch, München 2000

Stuby, Anna Maria: Liebe Tod und Wasserfrau,
Mythen des Weiblichen in der Literatur,
Opladen 1992

Thomas, Sven: Ursprung des Lebens, Frankfurt/M.
2005

Thöming, Jürgen: Ästhetische Vermittlung von
Glücks-Vorstellungen durch literarische Meeres-
Landschaften, in: Zeitschrift für Literaturwissen-
schaft und Linguistik 13/1983, S. 70–98

Welsch, Norbert: Farben. Natur, Technik, Kunst,
Heidelberg, Berlin 2003

Wüstner, Andrea (Hg.): Das Meer. Gedichte,
Stuttgart 2005

Zehrer, Klaus Cäsar (Hg.): «Da: Das Meer!».
Das maritime Œuvre der Neuen Frankfurter
Schule, Hamburg 2005

Zirfas, Jörg: Präsenz und Ewigkeit. Eine Anthro-
pologie des Glücks, Berlin 1993

Danksagung

Ich freue mich, zum guten Schluss allen meinen Dank auszusprechen, ohne deren Unterstützung dieses Buch nicht zustande gekommen wäre:

- den Experten, die meine neugierigen Fragen beantwortet und geduldig von ihren Forschungen erzählt haben,
- meinem Mann Dirk und meiner Tochter Hannah, die ein Jahr lang bereitwillig das Meer als neues Familienmitglied aufgenommen haben,
- Nikolaus Hansen und Tim Jung vom **mare**buchverlag mit ihrer ansteckenden Begeisterung für alles Maritime,
- meinem Agenten Michael Gaeb, der zur rechten Zeit die richtigen Weichen stellte,
- und dem Meer selbst mit seinen inspirierenden Kulissen.